세상
살아가는
이야기

큰 산에 기대어 2

세상 살아가는 이야기

어른에게 길을 묻다

심연희 엮음

글머리에

어려움에 처할 때마다 상의할 수 있었던 어른에게 감사하며
–장성숙, 가톨릭대학교 심리학과 상담 전공 명예교수·극동상담심리연구원 소장

세월의 속도는 나이 들수록 빠르다더니 정말 그런 것 같다. 어렸을 때는 어른이 되고 싶어 안달해도 시간이 마냥 더디게만 흘렀다. 하지만 장년을 지나 노년에 이르러서는 세월이 쏜살같이 흘러간다. 첫 번째 책 『큰산에 기대어-내 삶의 어른께 드리는 감사』가 나온 지 어느새 15년이란 세월이 지났다. 철쭉님과 함께해 온 우리 또한 열다섯 살이나 더 먹었으니 그 세월의 빠름에 현기증이 일어날 정도다.

삶의 바다에서 어떤 연유로 우리는 철쭉호를 타고 함께 항해하게 되었는지! 어느 모로 보나 특이한 그분을 만났다는 것 자체가 희한하고 또 어떻게 그분과 온갖 희로애락을 나누며 끈끈함을 더해가게 되었는지 생각할수록 기이하다. 혈육으로 얽힌 부모 형제보다 더 진하게 울고 웃으며 세월을 함께한 것을 보면 지중한 인연임이 틀림없다. 필경 과거 어느 회상에서 함께했던 인연들이라 믿는다.

사람을 만물의 영장이라고 하는데 그렇게 되기까지의 과정은 참으로 길고 어렵다. 동물은 태어난 지 몇 달 만에 자립을 이룬다지만 사람은 근 20년 정도나 자라야 겨우 제 앞가림을 한다. 이렇게 긴 기간 아무런 굴절이나 상처 없이 성장하기란 여간 어려운 게 아니다. 온갖 것이 갖춰진 상태에서 최적의 보살핌을 받아야 하는데 어디 그게 쉬운 일이겠는가.

그 무엇보다 부모를 잘 만나야 하는데 골라서 태어날 수 있는 사람은 아무도 없으므로 여기서부터 여의치 않다. 더구나 한정된 관심을 놓고 치열하게 경쟁하는 자녀를 잘 다독여 아무도 치이지 않도록 하는 부모를 만나야 한다. 그런데 그럴 수 있는 부모가 몇이나 될까? 나아가 사회생활에서 각종 난관에 부딪힐 때마다 잘 이끌어주는 것도 빠트릴 수 없는 양육자의 역할이다.

많은 사람이 이러한 부모를 만나지 못해 상처를 입은 채 치우쳐 살기 일쑤다. 급기야 종교라도 붙잡고 막막함을 달래지만 합리적인 사고를 하도록 교육받은 현대인들에게 종교는 예전처럼 든든한 것이 못 된다. 설사 신을 믿는다고 해도 구체적인 지침을 받는 게 아니라 스스로 성찰해 들끓는 마음을 잠재우는 정도이다.

이런 시대에 나는 사람들의 적응을 돕는 상담자로 활동하는데 종종 내 능력을 넘어서는 사안에 부딪치곤 한다. 그럴 때마다 철쭉님에게 자문을 하여 내담자들을 도우려고 노력했다.

그런데 간혹 다급하게 도움을 요청하는 사람들도 있다. 그러면 먼저 내 나름의 해결방안을 제시하고 사후적으로 철쭉님께 여쭈어볼 때가 있다. 그러다 내가 잘못했다는 것을 발견하게 되면 하는 수 없이 내담자에게 말을 번복하고 철쭉님에게 들은 방안을 일러주곤 했다. 이런 과정에서 사람들은 철쭉님이 나보다 한 수 위라는 것을 알게 되었고 어떤 분인지 호기심을 내비쳤다.

나아가 나의 권유로 집단상담에 참석했던 사람들도 철쭉님의 활약상을 보면서 나를 넘어서 푹 빠져드는 것 같았다. 상식의 허를 찔러 반전을 이룬다든가, 추상같은 호령으로 사람을 꼼짝 못 하게 한다든가, 어떤 난제든 기어이 실마리를 찾아낸다든가 하는 그분의 기량은 정말 헤아리기 어려울 정도로 경탄과 흥미를 자아냈다.

이렇게 하여 철쭉님과 가깝게 지내기를 원하는 사람들이 생겨났고 철쭉님과 내가 주축으로 있는 심연회에 들어와 한 가족이 되고자 했다. 그들은 철쭉님을 좋아하기도 했지만 그 못지않게 든든한 울타리로 삼고 싶어 했다. 살면서 언제 어떤 어려움에 부닥칠지 모르는데 상의할 수 있는 어른이 곁에 계셨으면 하는 마음일 것이다. 철쭉님 또한 이러한 기대에 부응하듯이 심연회원이 도움을 청하면 최선을 다해 방향이나 방안을 찾아주셨다. 그 덕분에 어려움을 무사히 넘기거나 피해를 최소화한 사람들이 부지기수다.

오랫동안 이러한 광경을 지켜보던 나는 오늘날 사람들이 절실히 필요로 하는 게 '어른'이라는 것을 알았다. 그 어느 때보다 물질적 풍요를 누리며 살지만 심리적인 헛헛함은 더 커진 게 아닐까. 치열한 경쟁이 일상화된 우리 사회에서 언제부터인가 사람이 사람답게 사는 게 가장 어려운 일이 되었다. 대개의 부모는 자녀의 경쟁력을 키워주기에만 열중하고 그보다 더 소중한 가치에는 무지하기 짝이 없다. 가정에서뿐만 아니라 학교나 사회에서도 마찬가지다. 어른이라 하면 부모에 버금가는 존재로서 스승도 그 반열에서 빼놓을 수 없다. 그런데 이제는 스승이라는 개념조차 사라지고 사제관계 또한 형식적인 것이 되어버렸다.

뿔뿔이 흩어져 고아처럼 살면서도 으레 사는 게 그런 것이려니 하던 사람들이 뒤늦게 철쭉님을 보고 '아, 저런 게 어른의 모습이구나!' 하며 눈을 뜨는 것 같다. 그리고 그런 어른을 가까이하며 의지한다는 사실에 환호하며 든든함을 느끼고 있다. 설사 철쭉님이 대쪽 같이 불호령을 내리거나 쓴소리를 해도 그 곁이 얼마나 좋은지 떠나려 들지 않는다.

심연회의 우상인 철쭉님도 어느덧 연세가 적지 않으시다. 세월을 거스를 수 있는 사람은 없으니 사람들은 마음이 조마조마하다. 그동안 우리의 울타리가 되어주신 철쭉님을 이제부터는 미약하나마 우리가 지켜드리겠다는 다짐도 한다.

나 역시 누구보다 간절한 마음으로 철쭉님이 오래 우리 곁에 머물러 계시기를 빌고 또 빈다.

책을 펴내며

　15년 전 『큰산에 기대어-내 삶의 어른께 드리는 감사』를 접한 많은 이들은 의문을 가졌다고 한다. 이런 사람이 과연 실재할까? 사람으로서 이것이 정말 가능할까? 어떻게 그 많은 사람에게 그처럼 깊은 애정과 관심을 기울이고 그토록 강력한 영향을 미칠 수 있을까? 두 번째 책을 펴내는 지금도 그 의문은 여전하다.
　철쭉님께는 말로 다 표현할 수 없는 '징글징글함'이 있다. 사람과 상황을 읽으실 때 철쭉님은 놀라울 정도로 빠르고 정확하게, 그리고 냉철하게 '있는 그대로'를 보신다. 그러나 더 놀라운 것은 그 이후의 철쭉님이다. 그 한 사람에 대해 우리 중 가장 끝까지 믿으시는 분이고, 가장 나중까지 기대를 버리지 않으시는 분이며, 많은 이들이 실망하고 비판하고 비관하는 사람에게조차 희망을 발견하시는 분이다.
　철쭉님은 뜨겁다. 단숨에 누군가의 폐부로 다가가실 때도 그렇고 그의 아픔을 안으실 때도 그렇다. 그리고 그를 이끄실 때는 더욱 그렇다. 과연 저 언덕을 넘을 수 있을지 나조차 나를 믿지 못할 때 할 수 있다고, 해낼 것이라고 말해주는 사람. 가능한 방법을 찾아 손을 잡고 힘있게 끌어주는 사람. 그리하여 결국 내가 언덕을 넘었을 때 잘했다고, 무엇이든 이렇게만 하면 된다고 뜨겁게 격려해주는 사람.

철쭉님에 관한 두 번째 책을 펴내는 이유가 여기에 있다. 첫 번째 책이 나온 뒤 흐른 세월만큼 많은 이에게 그 뜨거움에 대한 이야기가 또 쌓였다. 나누고 싶은 마음에 글을 모았다.

많은 분이 선뜻 나서 주었다. 심연회원들은 묻어둔 마음속 이야기를 꺼내 들려주었다. 회원의 지인들, 그리고 집단상담으로 철쭉님과 연을 맺은 사람들도 메일로 글을 보내주었다. 회원들을 제외하고는 모두 일면식이 없는 분들이기에 감사함이 더욱 크다. 사연의 주인공을 보호하기 위해 이번에도 글쓴이의 이름은 밝히지 않는다.

철쭉님이 직접 하신 말씀을 담고 싶어 인터뷰라는 형식도 빌려봤다. 철쭉님은 늘 구체적인 사람과 상황에 집중하시기 때문에 세상만사 누구에게나 똑같이 적용하시는 원칙 같은 것이 없다. 그럼에도 불구하고 늘 강조하시는 내용이 있으니, 그것을 담고 싶었다. 좋은 말씀을 담기 위해서는 좋은 질문이 많이 필요했다. 더 많은 것을 담지 못한 것은 더 좋은 질문을 하지 못한 우리의 한계다.

누군가 세상을 어떻게 살아야 하는지 궁금할 때 이 책에서 방향을 찾았으면 좋겠다. 여기에 담긴 어른의 모습을 보고 마음을 기댈 수 있기를 바란다. 변화무쌍한 세상의 온갖 난제에 부딪힐 때 그 어른의 말씀에서 기준을 얻었으면 좋겠다.

그리고 무엇보다 따스함이 그리울 때 '징하게' 뜨거운 온도로 살아가시는 철쭉님을 보며 곁에 있는 이를 사랑하면 좋겠다. 누구보다 질기고 절절한 희망으로 사람을 품는 철쭉님을 보며 나를 실망시키고 나에게 상처를 주는 사람조차 내게 소중한 대상이고 그들과 함께 사는 것이야말로 삶을 받아들이는 일임을 깨닫게 되면 좋겠다. 존중받는 사람으로 스스로를 가꾸는 동시에 다른 이를 존중하고 사랑할 용기를 잃지 않기를.

철쭉님에 관한 이야기는 계속되고 책은 더 쓰일 것이다. 다음 책을 기다린다.

목차

글머리에 어려움에 처할 때마다 상의할 수 있었던 어른에게 감사하며 5
　-장성숙, 가톨릭대학교 심리학과 상담 전공 명예교수·극동상담심리연구원 소장

책을 펴내며 9

1　나를 다듬기 • 17

　양아치의 반성문 19
　일탈의 그늘 23
　사춘기 성장통 35
　결핍을 채워가는 여정 43
　합리적인 말의 힘 50
　또 한 분의 아버지 57
　슬기로운 직장 생활 64
　나를 위한 인내 72
　로마에서는 로마법을 78
　우울 벗어 던지기 85

2 있는 그대로 받아들이기 • 89

사랑과 집착 사이 · 91
알아도 모르는 척해야 할 때 · 97
나를 괴롭히는 사람, 나를 살리는 사람 · 102
자식이라는 인연 · 112
해야 할 말, 하지 말아야 할 말 · 119
아이는 열두 번 변한다 · 126
아상我相 내려놓기 · 136
억울함이 발목을 잡을 때 · 141
아버지라는 상像 · 146

3 내 정신으로 살기 • 151

주인의 무게 · 153
제자리의 위력 · 160
어리석음도 죄다 · 166
부모의 욕심은 무한대 · 173
불안의 감옥에서 벗어나 · 181
당당한 부모 노릇 · 192
내가 만든 허상의 늪 · 199
아쉬움에 끌려가지 않으려면 · 206
나로 서는 용기 · 212

전달의 기술 ... 219
밀어붙이는 힘 ... 226
잘 싸우는 법 ... 232

4 더불어 살기 • 237

말이 안 되는 소리를 해라 ... 239
마음까지 듣는 귀 ... 243
함께 이룬 성취 ... 249
혼사, 소풍 보내는 마음으로 ... 258
사람들 속으로 ... 266
밑지고 살아라 ... 272
주고받기의 균형 ... 277
수도자의 자유 ... 281
외로움을 녹이는 사람의 온기 ... 286
인간관계 첫걸음 떼기 ... 291
'교과서'가 터득한 유연한 세상 ... 298
사람이 제일 중하다 ... 302

5 인터뷰 • 309

상담에 대하여 311
직장 생활에 대하여 326
부모의 역할에 대하여 333
결혼에 대하여 349
사춘기 자녀의 양육에 대하여 359
노년에 대하여 367
부모님의 죽음과 상喪에 대하여 379
심연회에 대하여 390

에필로그 삶에 대한 연민
-철쭉, 극동상담심리연구원 원장 399

1
—
나를 다듬기

양아치의 반성문

"당신은 양아치요!"
"뭐라고요? 어떻게 말씀을 그렇게 하세요?"
"사전에 있는 말을 했을 뿐인데 기분이 상하는 모양이지요?"
"아니, 나도 사회생활을 하는 사람인데 처음 보는 사람한테 그렇게 무례하게 명예에 손상 가는 말씀을 하세요?"
"그런가요? 하지만 당신의 이야기를 소상히 듣고 보니 당신한테 딱히 다르게 부를 이름이 없소. 양아치란 말의 사전적인 뜻은 아주 형편없는데, 당신에게 틀린 말은 아닌 것 같소."
"뭐요?"

그러면서 양아치란 6·25 진쟁을 겪으면서 전쟁고아가 넘쳐나던 시절 생겨난 비속어이기도 하다는 설명까지 곁들이신다. 아니, 어디까지 나를 몰아붙이는가 싶었다.

오래전 가정 문제도 복잡하고 자녀 문제도 심란해 여러 곳을 전전하다가 지인의 소개로 집단상담에 참석해 철쭉님을 처음 만났다. 철쭉님은 나의 이야기가 끝나기가 무섭게 나에게 양아치라고 툭 내뱉으셨다. 말할 수 없을 만큼 기분이 상했고 인격적인 모독까지 느꼈다. 얼굴이 화끈거리고 창피한 느낌도 들었다. 울화통을 진정할 수 없어 화장실로 달려가기도 했다. 참다못해 쉬는 시간에 철쭉님을 찾아갔다.

그런데 개인적으로 이야기를 나누었더니 그럴 수 없이 다정다감하신 분이었다. 놀랄 만큼 천의 얼굴을 가지신 분이 아닌가. 순간 혼란이 왔다. 나도 사람을 겪을 만큼 겪어봤고 사회생활에 훈련됐다고 자부하는데 이런 사람은 처음이었다. 정말 이상한 사람을 만났다는 부담감이 나를 억눌렀다. 5박 6일 짧은 시간에 몇 번을 치받기도 했는데 눈길도 주지 않으시고 말 한마디로 제압하셨다. 나는 하는 수 없이 숨죽이고 지낼 뿐 다른 도리가 없었다. 집으로 돌아갈까, 몇 번 망설이기도 했다. 하지만 나를 소개한 사람의 얼굴도 있고 해서 참기로 했다.

당시 아내의 외도로 가정이 깨지고 아이들은 제어할 수 없을 지경에 이르러 있었다. 장 교수님께도 도움을 많이 받았지만 잘 해결이 되지 않아 만신창이가 된 심정으로 철쭉님을 만나게 되었다. 그런데 철쭉님은 정말 나를 사람 취급하지 않으셨다. 몸 둘 바를 몰라 쩔쩔매기도 했다. 그러던 어느 순간 철쭉님이 입을 여셨다.

"부인의 탈선으로 이혼하고 새로운 사람 만나서 잘 살고 있다면서 무슨 고민이 있나요? 하고 싶은 대로 했는데 왜 고민을 하나요?

새로운 여자를 만나면 잘 살 것이라 믿고 자식이 셋이나 되는 엄마를 내쫓지 않았소? 유책 사유를 빌미로 법을 이용하여 권리행사를 했는데 뭣이 불편한가요?"

아주 기분 나쁜 말만 하셨다.

"그렇지 않소? 재혼하는 것이 흉인가요? 아니지요. 당신 자신이 흉이라면 몰라도."

태어나 말문이 막힌 기억이 없는데 시간이 갈수록 바보가 되어 가는 느낌이었다. 어디서도 들어보지 못한 말에 참을 수 없는 분노를 느끼며 철쭉님이 어떤 근거로 나를 인간 이하로 취급하시는지 그 이유를 알고 싶다고 했다. 한심하다는 표정으로 한참이나 바라보시더니 잘 새겨듣기를 바란다며 말씀하셨다.

"당신은 지금 복잡한 마음으로 어딘가에 묶여 있소. 유책 배우자라고 해서 빈손으로 내쫓은 당신 부인이 지금 생활고에 시달리며 힘들게 살고 있다는 사실이 그 하나요. 당신 자녀들이 비참한 엄마의 현실을 알게 될까 봐 전전긍긍하는 마음이 또 다른 하나요. 새로 맞이한 부인과 정서적인 불화를 감당할 수 없는 지경에 이른 심정이 마지막 하나요. 이것이 당신의 현주소요.

전 부인의 실수를 용서할 수 없어 새로운 사람을 맞이했으나 시간이 갈수록 불화가 생기고 있지요? 아이들과 새 부인 사이에 엄청난 갈등이 있다는 것을 당신은 알고 있지만 교통정리할 엄두가 나질 않겠고요. 거듭 말하지만, 전 부인의 실수가 정당하다는 것은 절대 아니요. 잘못된 일탈행위는 비난 받아 마땅하지요. 당신의 충격도 컸으리라 짐작해요."

나는 마음으로 백기를 들고 말았다. "그러면 어떻게 하면 좋겠습니까?" 하고 여쭈었다.

"늦은 감이 있으나 지금이라도 다른 사람 모르게 아이들의 엄마를 찾아 경제적인 문제를 다소 해결해줘야 해요. 그래야 나중에라도 자식들에게 면목이 설 거요. 사실 당신은 입신출세에 매진하느라 사는 동안 부인을 얼마나 외롭게 방치했는지 한 번이라도 생각해본 적이 있는가요? 당신이 회사에서 인정받고 승승장구할 때 당신의 부인은 외로움이란 병을 앓고 있지 않았겠소. 성취감으로 목이 뻣뻣할 때 부인의 일탈행위를 알고 참 기세등등했겠지요. 한평생 동고동락한 사람을 잠시의 일탈을 이유로 빈 몸으로 버렸다고 하니 당신을 양아치에 비유한 것이요. 차제에 자녀들이 이런 아버지의 성품을 안다면 분명 당신을 외면할 거요."

구구절절한 철쭉님의 말씀을 듣고 곧 실행에 옮겼다. 그렇게 하고 나니 마음이 너무 편안했다. 그 얼마 후 큰아들이 군에 가면서 편지 한 통을 주고 떠났다. 편지에는 '아버지 고맙습니다.'라고 적혀 있었다. 아들은 이미 제 엄마의 사정을 훤히 알고 있었던 것이다. 한순간에 자식마저 놓칠 뻔했구나. 놀랍기도 하고 뭉클하기도 하고 종일 서글픈 마음이 들었다. 지금도 철쭉님에 대한 고마움을 새기고 있다. 진짜 양아치가 될 뻔했던 사람의 반성문이다.

일탈의 그늘

 유독 잊히지 않는 내담자가 있다. 십여 년 전에 나를 찾아온 40대 후반의 한 여성 내담자도 그랬다. 키가 크고 말끔한 차림이었지만 첫눈에 정신이 나간 사람처럼 보였다. 누구에게 쫓기는 것처럼 불안해 보였고 벼랑 끝에 선 것처럼 절박한 분위기를 풍겼다. 이야기를 들어보니 그럴 만했다.
 남편이 의사인 덕에 경제적으로 넉넉한 환경에서 전업주부로 살아온 내담자는 아들 하나 딸 하나를 두었는데 큰아들이 초등학생일 때부터 아이 학교 일에 관여를 많이 했다. 학부모 모임은 물론 학교 운영위원을 도맡아 하며 선생님들과 허물없이 어울린 모양이었다. 아이 4학년 때 담임 선생님이었던 사람과는 특히 자주 만나 친하게 지냈는데 그러다가 아이가 5학년이 될 무렵에 선을 넘고 말았다.

내담자는 경제적으로는 아쉬움이 없었을지 모르나 바쁜 남편으로 인해 결혼생활 내내 외로웠다고 했다. "인간적으로 외로웠다." 이것이 내담자의 말이었다. 남편과 결혼 초기부터 부부관계에 어려움을 겪었을 가능성이 커 보였다. 외롭다고 하면 남편은 돈으로 자신을 위로했다고 한다. 해외여행도 보내주고 명품 가방과 좋은 차도 사주었다. 아마도 미안한 마음에 그랬던 모양이다.

어느 부부라고 서로를 빈틈없이 채워주랴. 경제적, 정서적, 이성적인 여러 측면에서 아무 아쉬움 없이 살아가는 부부는 극히 드물다. 그런 아쉬움을 어떻게 조율하며 사느냐에 부부관계의 성패가 달려 있다고 해도 과언이 아니다. 그러나 많은 이들이 내가 선택하여 결혼한 사람과 씨름하기보다는 그 아쉬움을 핑계로 밖에서 재미를 찾으며 관계를 더 벼랑 끝으로 몰아가곤 한다. 그런데 부부 중 한쪽이 거침없이 밖으로 나도는 데는 반드시 자격지심이나 위축감 등에 발목 잡혀 그것을 은연중에 방치하거나 심지어 자기도 모르게 조력하는 상대가 있곤 했다.

내담자 역시 남편의 방임과 지원 덕에 자유롭게 아이의 담임 선생과 사귀었다고 한다. 같이 국내 해외를 가리지 않고 여행도 다녔다. 남편에게서는 느낄 수 없는 아기자기한 재미에 행복도 느꼈다. 그런데 언제부턴가 이 남자가 돈 얘기를 하기 시작하더란다. 처음에는 좋은 마음으로 주었다. 빌려준 것도 아니고 조건 없이 주었다. 얼마지 않아 또다시 돈을 요구했다. 고민이 되었으나 마지막이라고 하면서 주었다. 그렇게 넘어간 돈이 4억 원이 넘는다고 했다. 그런데 얼마 전 또다시 2억 원을 해달라고 하더란다. 그러자 도저히 견딜 수 없는 마음이 들었다. 이미 6년이나 된 관계라 익숙해질 수는 있지만 이건 아니지 싶었고 실망스러웠단다. 그래서 거절하자 남자의 태도가 달라졌다. "이제 마음이 변했냐?" 하며 화도 내고 만날 때마다 집요하게 푸념도 했다. 보고 싶다는 핑계를 대며 밤이나 새벽에 불쑥 전화하기도 했다. 남자의 그런 막무가내식 행동에 내담자는 남몰래 많이 시달려 온 모양이었다.

무엇보다 남편의 눈치가 달라지더란다. 이러다가 알아채는 것은 시간문제 같았다. 내담자는 남자에게 좀 조심하자고 얘기했지만 남자는 보란 듯이 더 자주 연락을 해왔다. 보고 싶다고 보채서 나가면 내내 돈 이야기를 하며 괴롭히는 식이었다. 그런 지 벌써 몇 개월째라고 했다. 견딜 수 없었던 내담자는 신경정신과에 가서 진단을 받고 약도 먹었다. 하지만 불안으로 인한 불면증은 사라지지 않았다.

내담자는 이미 이곳저곳에서 상담도 받아봤다고 했다. 그중에는 남자와 타협하라는 곳도 있었고 고소를 하라는 곳도 있었다. 심지어 큰마음 먹고 남편에게 다 털어놓으라는 곳도 있었다. 그 와중에 남자의 전화가 왔다. 집으로 사랑을 담은 엽서를 보냈으니 받아보라고 했다. 내담자는 마침 밖에 나와 있었는데 남편이 볼까 싶어 그 길로 집으로 달려갔다. 이러다가 남편 회사로까지 보내는 건 아닌가 싶어 그날 이후로 거의 한숨도 잘 수가 없다고 했다.

어떻게 하면 좋을까 묻는 내담자를 마주하니 말문이 막혔다. 무엇보다 급박하고 위중한 상황의 무게에 마음이 확 무거워졌다. 어쩌자고 남편과 아이들을 저버리고 불나방처럼 그런 관계에 뛰어들었는지 묻는 것은 의미 없는 일이었다. 그런 자책이나 후회라면 이 내담자가 이미 뼈저리게 하고 있지 않을까? 이미 벌어진 일, 벼랑 끝에서 나를 찾아온 초췌한 얼굴의 내담자를 살릴 방법이 있을까?

철쭉님께 전화했다. "아이고, ○○이구나. 어쩐 일이야?" 됐다 싶었다. 내담자의 양해를 구하고 자초지종을 말씀드렸다. "바꿔봐라." 내담자는 철쭉님과 긴 통화를 했다. 표정이 밝아졌다 어두워졌다 몇 번 뒤바뀌더니 통화를 마쳤다. 전화기를 돌려주는 내담자의 마지막 표정은 오묘했다. 내담자가 말했다. "제가 잘할 수 있을지 모르겠어요."

내담자가 전해준 말에 따르면 철쭉님은 처음에 그 남자에게 그냥 돈을 주면 어떤가 물으셨다고 했다. 그럴 수는 없다, 주면 또 달라고 할 것이다, 이제는 그럴 돈도 없다고 하자 "그러면 내가 말하는 대로 할 수 있겠어요?" 하고 물으셨단다. 이러다 미쳐서 정신병원에 입원하는 건 아닌가 하는 생각, 이렇게 사느니 차라리 죽는 게 낫겠다는 생각이 하루에도 수십 번씩 오가는 마당에 못 할 일이 뭐가 있겠나 싶어 그렇게 하겠다고 대답하자 정말이냐고 확인하시더니, 한번 해보자고 하시더란다. 그래서 무슨 말씀인가 하고 되물으니 이렇게 말씀하셨다고 한다. "정신병원에 입원합시다. 당신이 살길은 그거요."

그 뒤로 한 이삼 주 시간이 흘렀다. 다시 만난 내담자의 얼굴은 담담했지만 편안해 보였다. 철쭉님께 너무 감사한데 어떻게 전해야 할지 모르겠다고 하며 내담자는 내게 그간의 일을 들려주었다.

그다음 날 짐을 싸서 지방에 있는 정신병원으로 갔다. 막상 의사를 마주하자 가슴이 방망이질 쳤다. 처음 철쭉님께 그 말씀을 들었을 때는 "그렇게까지 해야 하나요?" 하는 소리가 절로 나왔다. 그러자 바로 "못 하겠어요? 그럼 하지 마세요!" 하는 냉정한 답이 돌아왔다. 결국 죽는 것보다는 낫겠지 싶은 마음으로 용기를 냈다.

결국 입원에 성공했다. 이미 정신적으로 쇠약해질 대로 쇠약해져 있어서 어쩌면 정말 입원이 필요한 상태였을지도 몰랐다. 입원하자마자 남자에게 전화했다.

"야, 이 씨발놈아. 너 때문에 병원에 와 있다!"

한 번도 내본 적 없는 목소리로 평생 해본 적 없는 욕을 했다. 남자는 놀란 것 같았다. 그만큼 낯설었던 것이리라.

"너, 나 좀 보자! 보고 싶어 미치겠다."

시도 때도 없이 전화를 걸어 치근덕댔다. 남자가 했던 것처럼 밤에도 하고 새벽에도 했다.

"왜 빨리 안 와? 헤어지고 나랑 살기로 해놓고. 왜!"

언제부터인가 남자는 전화를 받으면 바로 끊었다. 그러다가 한번은 전화를 받더니 어느 정신병원에 있느냐고 물었다. 또박또박 말해주었다. 그 뒤로 남자는 아예 전화를 받지 않았다. 오만 정이 떨어진 것 같았다. 입원병동 간호사실에 물어보니 진짜 입원한 것이 맞는지 묻는 어떤 남자의 전화가 왔었다고 했다. 이제 되었다. 남자 역시 선생이라는 직업, 그리고 자신의 가정이 소중한 사람이었다. 정신병원에서 걸려 오는 전화 몇 통에 그렇게 겁먹는 사람에게 그동안 그토록 벌벌 떨었나. 새삼 허무하고 참담한 기분도 들었다. 며칠 더 있다가 퇴원했다. 병원에서는 두툼한 약 봉투를 주며 증상이 나타나면 꼭 다시 와야 한다고 신신당부했다.

집으로 돌아가는 길에 쉼 없이 눈물이 났다. 철쭉님의 목소리가 떠올랐다. "이제 남은 평생 남편과 아이들에게 속죄하는 마음으로 살아가세요!" 그 말씀을 가슴에 새기리라 이를 악물었다.

나는 이야기를 마친 내담자를 바라보았다. 죽음 직전에 이를 정도의 고통을 겪으며 자신의 무책임한 행동의 대가를 치렀고 사력을 다해 그 지옥에서 빠져나온 만큼 착잡하고 무거운 얼굴이었다. 하지만 정말 미친 사람 같던 지난번 그 사람은 더 이상 없었다. 사실 얼마나 많은 가정이 저런 일로 아수라장이 되고 마는지. 상담자로서 드물지 않게 접하는 사례다.

하지만 철쭉님처럼 사태의 모든 것을 감당할 힘이 있는 분만이 그런 조언을 할 수 있고 또 그런 철쭉님으로부터 조언을 들은 사람만이 그 기운에 밀려 그런 용기를 낼 수 있다고 본다. 절박해서든 절실해서든 내담자가 쉽지 않은 그 조언을 실행에 옮겼기에 가까스로 최악의 파국을 피할 수 있었다.

또 다른 내담자는 비교적 최근에 만난 사람이다. 40대 중반의 남자로 종교인이었고 박사과정을 밟는 중이었다. 사십이 거의 다 되어 결혼했는데 아내는 공인중개사로 내담자의 종교 활동을 여러 면에서 내조하는 사람이라고 했다. 특히 경제적인 면에서 내담자는 아내에게 많이 기대고 있었다. 둘 사이에 자녀는 없었다. 첫 상담에서 내담자는 다음과 같은, 언뜻 잘 이해가 가지 않는 이야기를 풀어놓았다.

어느 저녁 집에 오니 안방 화장대 위에 웬 상자가 놓여 있었다. 열어보자 여자 속옷 세트가 나왔는데 색이나 옷감이 화려하고 남달랐다. 평소에 아내가 입는 스타일이 아니었다. 궁금했지만 아내에게 물을 엄두가 안 났다. 그런데 아내가 먼저 당신의 사촌 형이 주었다고 말했다. 백화점에서 자기 아내 것을 사다가 생각이 나서 하나 더 샀다고 하더란다. 그러면서 아내가 덧붙였다.

"당신도 알아야 할 것 같아서 얘기하는 거야. 혹시 이게 말썽이 되거나 오해로 번지면 안 되니까."

이건 또 무슨 얘기일까? 당황했지만 너무도 태연한 아내의 태도에 어버버하다가 그 순간을 넘기고 말았다.

말이 사촌 형이지, 먼 친척뻘이었던 그 형은 평소 종교 활동을 하는 내담자를 가까이하며 이것저것 많이 챙겨주었다. 내담자보다 열 살 정도 많고 건축사로서 사회적 활동도 왕성하고 경제적으로도 여유 있는 편이었다. 그 아내 역시 사람이 좋아서 부부 동반으로 가끔 만나 식사도 하고 집으로 초대도 하며 막역하게 지내왔다. 처음에는 번번이 대접받는 식이 되니 부담스럽기도 했는데 형은 본인이 천국 가고 싶어 그러는 것이니 편안하게 여기라고 거듭 말해주어 내담자는 마음을 놓았다.

그런데 그런 형이 자신뿐만 아니라 자신의 아내까지 챙긴다? 그것도 속옷까지? 이건 아니라는 생각이 들었다. 아무리 이리 생각하고 저리 생각해도 형이 아내에게 속옷을 주었다는 것도, 아내가 받았다는 것도 있어서는 안 될 일 같았다. 그런데 아내의 태도가 너무 태연하니 자신이 속이 좁은가 헷갈린다면서 내담자는 복잡한 마음을 호소했다. 속 안에 벌집이 들어앉은 것처럼 아무리 해도 시끄러운 마음이 가라앉지 않는다고 했다.

내담자는 결국 그 형을 만나 정말 그런 선물을 했는지 침착하게 물었다. 형은 당황하는 것 같았다. 잠시 말을 더듬더니 생각이 짧았다면서 별 뜻은 없었다고 했다. 하지만 정말 별 뜻이 없었다면 그렇게 당황할 일인가 싶어 내담자의 마음은 더욱 지옥으로 빠졌다. 도대체 무슨 생각으로 그런 행동을 한 것인지 형에게 캐물었고 그러자 그 형 역시 사람 잡는 소리를 한다며, 너한테 이런 취급이나 받자고 그동안 잘해준 게 아니라며 화를 냈다. 내담자는 발끈하여 내가 어렵게 사니 형이 내 아내까지 함부로 보느냐며 치받았다. 그날 그렇게 대판 싸우고 헤어졌다.

내담자는 형은 다시 안 보면 그만이지만 문제는 아내라고 말했다. 그날 이후로 아내를 볼 때마다 괴로운 생각이 들어서 미칠 것 같다는 것이다. 부부 동반으로 만났을 때 아내가 웃었으면 웃은 대로, 아니었으면 아닌 대로 자꾸 되짚어보게 되고 형과의 사이를 추측하게 되어 순간순간이 지옥이란다. 아내에게 자꾸 언성을 높이게 되니 다툼도 잦아졌다.

"앞으로 어떻게 살아야 하는 걸까요?" 내담자가 내게 물었다. 나 역시 속 시원한 답을 하기가 어려웠다. 부부 사이의 의심만큼 흔한 일도 없지만 그만큼 다루기 어려운 일도 없다. 게다가 이 경우는 좀 특이했다. 만약에 내담자의 아내가 그 형이라는 사람과 부적절한 관계라면 속옷 상자를 화장대에 올려놓고 형이 사주었다고 곧이곧대로 말하지는 않을 것이다. 일부러 알아달라고 시위를 하는 것도 아니고. 그렇다면 정말 별일이 없는 것일까? 하지만 나 역시 형이 동생의 아내에게 속옷 선물을 한다는 것이 평범하게 느껴지지는 않았다.

마침 집단상담이 코앞이었다. 나는 내담자에게 아내와 함께 살아야겠으면 불필요한 생각은 접어야 하지 않겠느냐는 원칙적인 이야기로 상담을 마무리하며 더 선명한 답을 원하면 철쭉님이라는 분이 계시는 집단상담에 가보라고 권했다. 내담자는 선뜻 내 제안에 응했다.

집단상담이 끝나고 한 일주일쯤 지났을까. 내담자에게서 연락이 왔다. 차마 입이 안 떨어져 시간을 보내다가 집단상담 일정이 끝날 무렵 개인적으로 철쭉님을 찾아가 고민을 말씀드렸다고 한다.

"아무리 가까운 사이라도 친한 동생의 아내에게 속옷 선물을 한다는 것이 세상에 진짜 있을 수 있는 일입니까?"

내담자가 어렵게 여쭙자 철쭉님은 숨도 쉬지 않고 잘라 말씀하시더란다.

"사람마다 다르겠지만 우리도 그래 합니다."

철쭉님은 내담자가 원하는 것이 무엇인지 아시기에 그렇게 말씀하신 듯했다. 내담자는 그 말이 반갑기도 했지만 긴가민가한 마음이 단숨에 정리되지는 않더라고 했다. 그러자 철쭉님이 못을 박듯 다시 말씀하셨다고 한다.

"당신은 오래 종교 생활을 한 사람 아닙니까? 하지만 그동안 헛일을 해온 것 같습니다. 아무리 못나도 그렇지, 증거도 없이 사람을 잡아요? 그것도 경제적으로나 정서적으로 당신을 지지하고 지원해온 아내를요? 그런 마음으로 다른 사람에게 어떤 아름다운 이야기를 합니까?"

 정신을 못 차릴 정도로 아픈 소리를 들으니 되레 마음이 편해지더란다. 내담자는 자신에게 그런 확신이 필요했던 것 같다고, 다시는 아내를 의심하지 않고 그 일은 묻고 살겠다고 했다. 사실 자신은 아내 없이는 살 수 없는 사람이라고 했다.

 약한 사람은 자신의 마음조차 원하는 대로 할 수가 없다. 내 것이지만 내 마음대로 하기 어려운 것이 그 '마음'이다. 더구나 의심이라는 것은 너무나 강력해서 한번 자리 잡으면 뿌리를 뽑기가 힘들다. 내담자는 분명 아내를 믿고 싶어 했다. 아내가 필요했기 때문이다. 그럼에도 불구하고 쉽게 마음을 정리할 수도 없었다. 100퍼센트 신뢰하는 누군가의 강력한 지지가 필요한 순간이었다. 모르긴 몰라도 내담자는 5박 6일 내내 철쭉님을 지켜봤을 것이고 '이분이다!' 하는 믿음이 생기니 고민을 털어놓았을 것이다. 집단장에서 공개적으로 이야기를 꺼내지 않은 것도 의미심장했다. 집단원들로부터 아내와 그 형이 보통 사이가 아닌 것 같으니 얼른 헤어지라는 말이라도 들을까 두려웠던 것이 아닐까.

 오랜 고민 끝에 원하는 것을 얻은 그는 내게 연신 감사하다고 했다. 내담자를 보내고 나 역시 철쭉님께 전화를 드렸다.

 "그래, 그 남자, 이혼하지 않고 잘 살기로 했다."

 그런데 궁금한 것이 있었다. 도대체 그 아내는 왜 그랬던 걸까? 철쭉님은 웃으시더니 "내가 그 아내를 만났다."라고 하셨다. 집단상담이 끝나는 날 내담자를 데리러 왔더란다. 내담자가 철쭉님께 아내를 인사시키니 철쭉님은 그 아내에게 시간이 좀 나느냐고 물으셨다. 철쭉님은 내담자를 차에서 기다리게 하고 그 아내와 간단히 차를 한잔하셨다. 다음은 철쭉님이 들려주신 이야기다.

"논문 쓰느라 바쁜 당신 남편이 왜 이 시골에 5박 6일이나 처박혀 있다가 가는지 알지요? 이혼하고 싶어 하는 남편의 마음을 알 것 아닙니까? 당신도 이혼을 원합니까?"

철쭉님의 물음에 그 아내는 세차게 고개를 저었다.

"지금부터 내가 하는 이야기를 수용할 거면 말을 할 것이고 아니면 안 합니다. 어떻게 하실래요?"

"이혼을 피할 수 있다면 무슨 말씀을 하시든 듣겠습니다."

"보통 사람들은 궁금해서 뭘 알려고 하다가도 그 실체가 드러나면 더 이상 안 묻습니다. 물으면 큰 사고가 나는 것일수록 그렇습니다. 그런데 당신은 순진한 사람인가요? 왜 의심 안 해도 될 일을 의심하게 만들었습니까? 그런 경우는 몇 가지이지요. 평소에 남편이 인색해서 불만이든지, 아니면 다른 억하심정이 있다든지, 그것도 아니면 당신이 그 형이라는 사람과 남모르는 거래를 했다든지. 어떻습니까? 이 중에 그 이유가 있습니까?"

그 아내는 고개를 숙인 채 말이 없었다.

"참 희한하지요? 많은 사람이 부적절한 관계에서 돈거래를 하면 그걸 갚을 생각보다는 안 갚을 궁리를 합디다. 그중에 간 큰 사람은 일부러 일을 시끄럽게 만들기도 해요. 부적절한 관계가 들통날까 봐 겁을 먹은 상대가 돈이고 뭐고 안 따지고 도망가기를 바라는 거죠. 아마 자기 배우자가 자신의 옳지 못한 행동을 알아도 이혼할 깜냥이 안 될 거라는 똥배짱이 있으니 그런 무리수를 두는 거겠죠? 하지만 그러다가 이혼당하는 경우가 왜 없겠어요? 계산대로만 되는 것이 사람이겠소?"

그러자 그 아내는 눈물을 흘렸다.

"잘 들으세요. 당신 남편이 아무 말 없이 속으로만 고민하는 것보다는 그동안처럼 기갈을 떠는 게 낫습니다. 당신은 괴로웠을지 몰라도 그게 문제가 아니지요. 앞으로 남편이 아무리 무슨 소리를 해도 평생을 엎드려 사세요! 얄팍한 계산은 이제 그만 버리고 남편을 이해하는 심정으로요. 알겠습니까?"

그 아내는 철쭉님께 연신 감사하다고, 은혜를 잊지 않겠다고 하며 남편이 기다리는 차로 돌아갔다.

이야기를 마친 철쭉님은 지친 듯 긴 한숨을 쉬셨다.

"세상에 참 별별 사람이 많다."

그랬구나! 그래서 그랬구나! 그 아내는 내연남에게 빌린 돈을 갚지 않으려고 일부러 남편에게 속옷 선물 받은 걸 알렸던 것이다. 둘 사이를 의심한 남편이 내연남을 만나 시끄러운 소리를 내면 내연남이 지레 겁을 먹어 돈을 포기하고 자신으로부터 물러설 것이라고 계산한 것이다. 남편이라는 사람을 정말 가볍게 여겨야 할 수 있는 행동이었다. 사람이란 도대체 어떤 존재인지, 막막하고 아득한 기분이 들었다.

그런데 철쭉님은 이 모든 걸 대체 어떻게 아셨을까? 연신 감탄이 나오는 동시에 상담이란 것이 참으로 무겁게 느껴지기도 했다. 나 역시 길고 긴 한숨을 쉬었다.

사춘기 성장통

어렸을 적에 난 건방지고 나대기 좋아하는 성격이었다. 그로 인해서 학창 시절 교우 관계는 물론이고 어른들과의 마찰도 심심찮게 생겼고 부모님은 언제나 나를 걱정하셨다. 그러던 어느 날 부모님이 가입한 심연회라는 모임의 단체 행사에 가게 될 일이 생겼고 그곳에서 철쭉님을 뵙게 되었다.

처음에 굉장히 놀랐던 기억이 난다. 자존심 강한 수많은 어른이 전부 고개를 숙이며 철쭉님을 대했기 때문이다. 그 때문일까. 나는 철쭉님을 내가 싫어하는 권위적인 어른의 대표로 받아들이게 되었다. 불편한 마음으로 인사를 드리고 나오면서 딱히 다시 만날 일은 없으리라고 생각했다. 하지만 큰 오산이었다. 심연회 행사는 일 년에 몇 번이고 있었고 부모님은 작정하신 듯 나를 데리고 나가셨다.

부모님 입장에서야 삐딱하고 건방진 아들을 교정하려고 철쭉님께 조언도 구하는 자리였겠지만 내 입장에서는 나답지 않게 얌전한 척해야 하는 불편한 자리였다. 그중에서 가장 불편했던 건 철쭉 님이었다. 말씀을 많이 하시는 편도 아니고 길게 시간을 내시는 분도 아니었지만 나를 불편하게 만드는 무언가가 있었다. 마치 얌전한 척하는 내 속을 꿰뚫고 계시는 것 같았다.

그렇게 여러 번의 짧은 만남이 있었고 그러자 어느새 내 쪽에서도 단순한 반감을 넘어 약간의 호기심이 생기기 시작했다. 부모님 손에 끌려 심연회 산행을 다녀온 뒤였던 것 같다. 2박 3일 동안 지리산 종주를 했는데 그때도 연세가 적지 않으신 분이 산을 거의 날아다니셨다. 어린 마음에 꼭 산신령 같았다. 그래서 저렇게 많은 사람이 의지하는 걸까? 궁금한 마음에 부모님에게 여쭈어봤다. "철쭉님은 어떤 분이야?" 대답은 간결했다. "지혜롭고 따뜻한 분." 그런가? 하지만 내 인생은 그분과 아무 상관이 없다고 생각했다. 또 언젠가 엄마가 무슨 말끝에 이런 얘기를 했다. "엄마 아빠에게 말 못할 큰 고민이 생기면 철쭉님을 찾아가. 언제든 네 편에서 도와주실 분이야." 그때도 속으로 평생 그럴 일은 없을걸 하고 생각했다.

그 뒤로도 몇 년 나는 더욱더 날카롭고 삐딱하게 성장했고 동급생은 물론 선생님과 어른들 심지어 부모님과의 마찰도 날이 갈수록 빈번해졌다. 그러다가 고2 때 결국 부모님과 대립 후 충동적으로 집을 나오게 되었다. 가출하면 엄청 좋을 줄 알았는데 자유로운 해방감은 잠시였다. 하루 이틀 지나자 초조하고 불안해졌다. 밖에서의 생활은 내 마음대로 할 수 있는 게 많다는 점을 빼고는 불편한 것이 많았다. 들어가긴 들어가야 할 텐데 어쩐 일인지 부모님은 나를 찾지 않으셨다. '그동안 엄마 아빠가 잘못했다. 네가 원하는 걸 다 들어줄 테니 들어오기만 해라.'라고는 안 해도 '일단 들어와라. 들어와서 해결하자.'라고는 하실 줄 알았다. 그런데 아무 말 없이 시간이 가니 막막했다.

그러던 중 갑자기 연락이 왔다. 철쭉님이셨다. 잠시 얼굴을 보자고 하시기에 당황했다. 허둥지둥 찾아가게 된 시내 호텔에서 철쭉님은 차를 들고 계셨다. 단둘이 만나는 건 처음이라 긴장한 내게 커피를 시켜주셨다. 그리고 다짜고짜 말씀하셨다.

"혹시 집에 들어갈 생각이라면 하지 마라. 한번 나온 거 끝까지 잘 살아야지. 걱정할 거 없다."

나는 놀라서 눈을 크게 뜨고 철쭉님을 바라보았다. 집을 나오다니 무슨 짓이냐며 당장 들어가라고 하실 줄 알았는데 전혀 뜻밖이라 어안이 벙벙했다.

"지금 얼마나 자유롭고 좋아. 낮에는 학교 가면 되고 학교 끝나면 피시방 가면 되고. 너 별로 고민도 없잖아. 조금 부대끼면 할아버지한테 가지? 거기 가면 용돈도 생기고 잠자리도 생기고. 계산 다 되어 있잖아. 나는 네가 집에 안 들어가고 이대로 살았으면 좋겠다."

진심으로 하시는 말씀인지 머리가 어지러웠다.

"네 집에서도 그래. 네가 한두 살 먹은 어린애도 아니고 제 발로 뛰쳐나갔는데 찾아 뭐 하겠냐? 너희 아버지는 네가 들어온다고 해도 받아줄 생각이 없을걸? 들어가도 또 나갈 걸 뻔히 아는데 뭐 하러 받아주겠냐. 안 그러냐?"

이대로 밖에서 계속 살라고? 공부하기 싫어서 나온 집이었지만 문득 그럼 대학은 어떡하지? 하는 생각이 들었다. 그런 내 마음을 아시는지 모르시는지 철쭉님은 계속 대수롭지 않게 말씀하셨다.

"어떤 성격 급한 아버지들은 아들이 집을 나가면 애먹이는 놈 그만 포기하고 만다고 호적을 정리해버리더구만. 너 호적 판다는 말 들어봤지?"

설마 우리 부모님이 그러실까 싶은 한편으로 진짜 그러시면 어떡하지 하는 걱정이 슬며시 올라왔다.

"○○이, 그동안 누구한테 맞은 적이 있나?"

철쭉님이 갑자기 화제를 바꾸셨다. 어리둥절했지만 대답했다.

"아뇨. 없는데요."

"참 운이 좋구나. 아주 운이 좋아. 원래 밖에 있는 애들은 많이 맞고 다닌다. 아니라니 기분 좋은 일이다."

골이 띵해지는 말씀이었다. 나는 얼굴이 벌게진 채 아무 말도 못하고 철쭉님이 시켜주신 커피만 몇 모금 마시다 자리에서 일어섰다. 그동안 마셔본 커피하고는 비교도 안 되게 썼다.

며칠 생각 끝에 나는 철쭉님께 연락을 드려 집에 들어가야겠다고 했다. 철쭉님은 네가 호텔 커피를 잘못 마시고 머리가 회까닥한 것 같다고, 생각을 잘못했으니 다시 잘 생각해보고 연락하라고 하셨다. 그 뒤로 나는 몇 번 연락드려 집에 들어가서 부모님 말씀 잘 듣고 열심히 생활하겠다는 결심을 거듭 말씀드렸다. 그러자 철쭉님은 나를 다시 호텔로 부르셨다.

철쭉님은 그제야 밖에서 생활하는 것이 얼마나 위험하고 고단한지, 그렇게 살다 보면 내 인생이 얼마나 비참해질 것인지를 마치

미리 한번 내다보신 분처럼 상세히 말씀해주셨다. 마지막으로 철쭉님은 부모님에 대해서도 말씀해주셨다.

"너희 아버지는 너 집 나가고 평소 같으면 술 한두 잔 마실 거를 서너 잔씩 마신다. 어떻게 생각하나?"

고개를 들기가 어려웠다. 철쭉님은 내가 얼마나 잘못된 생각을 하고 있는지와 그럼에도 불구하고 부모님이 나를 얼마나 사랑하시는지 얘기해주셨다. 그렇게 철쭉님은 내게도 '선생님'이 되셨고 나의 미성년자 시절도 별 탈 없이 지나갔다.

성인이 되자 부모님은 내게 집단상담에 갈 것을 강권하셨다. 물론 혈기 넘치고 놀고만 싶은 스무 살의 나는 가고 싶지 않았다. 하지만 선택권이 없었기에 결국 터덜터덜 끌려가게 되었다. 그렇게 하여 1년에 최소 한두 번 집단상담에 가게 되었는데 지금 생각하면 참 다행이었다. 많은 사람이 말하는 것처럼 철쭉님이 계신 집단상담처럼 세상 사는 지혜를 배울 수 있는 곳도 없으니 말이다.

집단상담은 거울 치료라는 말이 있다. 현실역동 집단상담은 거울을 눈앞까지 들이대어 직면하는 걸 도저히 피할 수 없게 만드는 것 같다. 물론 가장 중요한 거울 역할을 하는 사람은 철쭉님이셨다. 내게 집단상담은 철쭉님의 말씀을 가장 많이 들을 수 있는 곳인데 그 말씀을 듣다 보면 많은 생각이 든다.

철쭉님은 사람에 대한 애정으로 말씀하신다. 아무리 가시 돋친 말이나 강력한 말도 듣고 나서 생각해보면 그 애정을 느낄 수 있다. 사람에 대해 그런 애정을 갖는다는 게 얼마나 대단한 일인지 사실 상상도 할 수 없다. 거기서 받은 애정 어린 피드백들은 나 자신을 바라보는 데 큰 도움이 되었다. 나는 날카롭고 예민한 성격을 다듬기 위해 노력했다.

세 번째 집단상담을 다녀오고 군대에 갔다. 군대에서도 또 휴가 나와서도 철쭉님께 매번 연락을 드리고 만나 뵙고 인사를 드리면서 군 생활과 미래에 대한 조언을 구했다. 짧다면 짧고 길다면 긴 1년 6개월이 지나 전역했다. 그런데 군 생활 후반에 긴장이 너무 풀어진 탓인지, 전역 후 개척해나가야 할 새로운 생활에 대한 부담 때문이었는지 나는 다시 많이 방황했다. 또다시 공부에도 의욕이 안 났고 잡생각들이 나를 지배했다. 아르바이트를 많이 했지만 돈을 쓰기도 많이 썼다.

의미 없이 하루하루를 보내고 있는데 어느 날 철쭉님께서 부르셨다. 이번에도 호텔이었고 어김없이 같은 자리에서 나를 맞아주셨다. 요즘 어떻게 지내느냐는 말씀에 나는 할 말이 없었다. 최대한 나의 한심한 현실을 덜 한심하게 말하려고 끙끙댔다. 그러자 철쭉님은 조용히 하지만 힘 있는 목소리로 내가 해야 할 것과 하지 말아야 할 것을 말씀하셨다. 나도 알지만 못 하고 있는 것들이었다. 나는 다시 달려야겠다는 마음을 먹었다.

참 이상한 일이다. 어릴 때 나는 누군가의 말로 내 마음이 바뀔 것이라고는 생각하지 않았다. 그런데 철쭉님과 길지도 않은 말을 나눌 때마다 점점 태도가 바뀌는 기분이 들었다. 그뿐만 아니라 철쭉님의 말씀을 경청하게 되자 부모님의 말씀도 그리고 다른 사람의 말도 경청할 수 있게 되었다. 부모님과의 관계도 두 번째 집단상담을 기점으로 확실히 달라졌다. 나는 철쭉님을 선생님으로 생각하게 되었고 그 이상으로 의지하게 되었다. 마치 최후의 보루나 커다란 산처럼 말이다.

  하지만 부끄럽게도 그 뒤로도 1년 동안 나는 크게 바뀌지 못했다. 공부에도 의욕이 없었고 여전히 잡생각들에 지배당했다. 부모님과의 관계도 이런 이유 때문에 순탄치 않았다. 철쭉님께서 해주신 조언은 완벽했지만 나는 그걸 전혀 실천하지 못했다. 언제나 의지 부족이 문제였다. 무의미하게 1년을 보내고 다시 집단상담에 가게 되었다. 이번에는 정말 달라져 보자는 마음으로 예전과는 다르게 적극적으로 참여했다. 스스로 바뀌고 싶다는 마음이 강했다. 그리고 또다시 다양한 피드백들을 받았다.

  여름 집단상담을 마치고 학교에 복학할 무렵 철쭉님께 짧은 두 줄의 문자메시지가 왔다. "오늘 시간이 어떤가? 대답하라." 새삼 참 철쭉님다운 문자라는 생각이 들어 웃음이 나왔다. 즉시 출발했다. 호텔까지 약 한 시간. 가는 동안 여러 가지 생각이 들었다. 이번에는 어떤 이야기를 하시려나. 만나기 전에는 언제나 긴장과 기대가 동시에 높아졌다. 도착해서 인사드리고 자리에 앉았다. 철쭉님은 간단한 안부를 물으시더니 본론으로 들어가셨다. 공부와 사는 태도에 대해서였다. 사실 여러 번 말씀하신 내용이었다. 철쭉님이 해주시는 조언은 전부 피와 살이 되는 것이라고 나도 생각한다. 다만 나의 의지가 약해서 실행하기가 힘들고 차일피일 미루기만 할 뿐. 부끄러운 얘기지만 큰 절박감을 못 느끼고 있었는지도 모른다.

  철쭉님께서 갑자기 말씀을 멈추셨다. 갑작스러운 상황에 눈치를 보고 있는데 철쭉님이 내게 말씀하셨다.

"내가 살면 얼마나 더 살겠나?"

가슴이 쿵 내려앉았다.

"그전까지 ○○이 대학 졸업하고 결혼도 하고 그런 걸 봐야 하는데 시간이 너무 짧다."

내게는 늘 당연한 것들이 있었다. 철쭉님도 당연히 계속 옆에 계실 줄 알았다. 생각해보니 연세가 이미 많으셨다. 갑자기 마음에 파도가 치기 시작했다. 앞에 계신 철쭉님이 어딘가로 가버리실 것 같은 생각이 들었다. 길지 않은 만남을 마치고 돌아오는 길에 생각했다. 시간이 없구나. 여유를 부릴 때가 아니구나. 언젠가는 아버지도 어머니도 내게 같은 말씀을 하시겠구나. 지금껏 시간을 무의미하게 불태워온 내가 너무 부끄러웠다. 굉장히 비참한 기분이었다.

철쭉님께서 내게 귀중한 시간을 쓰며 살펴보시고 도와주실 때 나는 방만하게도 그것을 당연하게 여겼다. 내가 기대고 있는 큰산이 언제까지나 내 옆에 있지 않을 것이라는 생각에 너무나도 슬펐지만 내가 뭘 해야 하는지는 아주 명확해졌다. 앞으로의 걸음걸음을 철쭉님께 부끄럽지 않은 방향으로 내딛어야겠다. 지켜봐 주실 것이라고 믿는다.

결핍을 채워가는 여정

23년 전의 그날을 나는 잊을 수 없다. 지금도 마치 어제 일같이 생생한 그날의 기억은 떠올릴 때마다 언제나 나를 숨 막히게 한다.

나는 어린 시절 꿈조차도 꾸지 않는 메마른 사람으로 살았다. 하나밖에 없는 오빠가 몸이 불편했다. 엄마는 그런 오빠에게만 매달렸고 나라는 존재는 관심 밖 손님에 불과했다. 어린 나는 캄캄한 무덤에서 혼자 살아가는 기분이었다. 어릴 때는 그저 엄마의 사랑과 인정에 목말랐지만 성장하고 돌아보니 그때의 엄마를 이해하게 되었다. 하지만 그렇다고 해서 쓰린 과거가 잊혀지는 것은 아니다.

하루가 멀다고 아빠 엄마는 무엇 때문인지 다투지 않은 날이 없었다. 지금 생각하면 다혈질인 엄마로부터 항상 불화가 시작됐다. 그에 비하면 아버지는 너무 유순하셨다. 철부지인 나는 속사정을 알 수도 없거니와 간섭하거나 참견할 수도 없었다. 그저 매일 불안과 초조 속에서 살아남기 위해 이 눈치 저 눈치를 보며 혼자 투쟁을 벌이곤 했다.

나의 삶에 서글픈 한 줄의 획을 남긴 그날. 밖에서 놀다가 들어왔는데 아빠가 큰 트렁크에 짐을 주섬주섬 싸고 계셨다.

"아빠, 어디 가는 거야?"

한동안 대답을 안 하고 놀란 나를 물끄러미 바라보다가 고개를 돌리셨다.

"아빠 멀리 간다. 우리 ○○이 결혼할 때쯤에나 만날 수 있겠구나."

종이에 전화번호를 적어 내 손에 쥐어주셨다. 그리고 나를 끌어당겨 안으셨다. 그날따라 그 가슴이 너무 따뜻하게 느껴졌던 것 같다.

"○○아, 아빠 보고 싶을 때 전화해."

아빠는 한참이나 방에 서 계시다가 "○○아, 잘 있어라." 하고 현관문을 열고 나가셨다. 쾅. 문이 닫혔다. 아빠가 나가신 자리를 한참 동안 멍하니 바라보았는데 눈물이 서럽게 났다. 저녁에 엄마가 들어왔지만 나는 왠지 말을 할 수가 없었다. 말이 나오지 않았다. 당시 나는 아빠의 말이 무슨 의미인지 정확히 이해하지 못했기에 전화번호가 적힌 쪽지는 곧 잃어버렸다. 집안은 더욱 적막해졌고 냉기가 흘렀다.

아빠를 기다렸다. 무수한 날 막연하게 아빠를 기다렸다. 어떤 날은 행여나 아빠가 문을 열고 내 이름을 부르며 들어서실 것만 같은 느낌이 들었다. 어떤 날은 잦아들지 않는 바람 소리에 행여나 오시나 하고 컴컴한 창문을 하염없이 바라도 보았다. 지나치는 사람 중에 아빠와 비슷한 모습을 보면 종종걸음으로 따라도 가봤다. 하지만 아빠는 찾을 수 없었고 돌아오지도 않으셨다. 해가 거듭될수록 거짓말처럼 아빠의 모습은 잊혀져갔다.

어느 날에는 울컥하는 마음에 엄마에게 물었다.

"엄마, 아빠는 어디 갔어? 왜 안 오는 거야?"

거듭되는 질문에 엄마는 힐끔힐끔 눈치를 보셨다. 당황하셨는지 머뭇거리다 이렇게 대답하셨다.

"아빠 미국 갔어."

"언제 돌아와?"

"몇 년 후에 오실 거야."

나는 속으로 그 대답이 사실이었으면 했다. 미국에서 돌아오시면 집에 오시겠지 하고 막연하게 기다렸다. 하지만 아빠는 오지 않으셨고 연락도 없었다. 어렴풋이 아빠는 다시 돌아오지 않으실 거라는 걸 느끼게 되었다. 그러던 어느 날 우연히 장롱 구석에 숨겨져 있는 이혼 서류를 봤다. 나는 어렴풋이 했던 내 생각이 맞았다는 걸 알았다. 그 서류를 보았다는 것도 엄마에게 말하지 않았다. 그래 봤자 달라지는 것도 없을 테니 물어봐야겠다는 생각도 들지 않았다. 집에 있어도 편안하지 않았고 공허했다. 마음 한편 어딘가가 비어 있는 듯, 구멍이 뚫린 듯 허전했다. 생계를 책임져야 했던 엄마는 일하느라 항상 바쁘셨다. 나는 그렇게 유년기를 외롭고 춥고 싸늘하게 보냈다. 그러니 철쭉님의 말씀처럼 나에게 수다분한 사람 냄새가 날 리가 없었다.

아버지에 대한 기억이 잊혀가는 내 마음에 회오리 같은 광풍이 불기 시작했다. 어린 마음에 병이 들어 아버지에 대한 그리움과 기댈 곳이 순식간에 사라졌다는 허무함이 나를 조여왔다. 엄마가 미워졌다. 그 미운 마음을 반항으로 불사르며 독버섯처럼 변해갔다. 울분과 분노를 마음 내키는 대로 풀면서 거칠어졌다. 중고등학교 시절의 나는 학생이라기보다 불만이 철철 넘치는 불량아에 가까웠다. 그 시절 내내 기댈 곳도 보호막도 없이 방황했다. 컴컴한 어둠 속에서 깨어나기까지 시간이 오래 걸렸다.

폭풍 같은 청소년기를 마치고 대학에 들어갔다. 새로운 곳에서 다시 태어나고 싶은 마음이 들었다. 제대로 생활해보려고 노력했지만 역시나 허허로운 마음은 기댈 곳이 없었다. 그러던 중 우연히 현실역동 집단상담과 만났다. 정말 우연이었다. 아니, 운명이었다.

처음 뵌 철쭉님의 모습을 잊을 수가 없다. 좌중을 둘러보는 압도하는 눈빛의 아우라는 오금이 저릴 정도였다. 처음 경험하는 집단상담이라 주눅이 들면서도 나도 모르게 철쭉님의 시선과 마주칠 때는 서늘한 느낌이 들기도 했다. 그런 경험이 처음이라 적잖게 당황하기도 했다. 그동안 겁대가리 없이 마음 가는 대로 살아왔는데 그 눈빛에만은 이상하게 마음이 졸아들었다.

철쭉님은 개개인에게 무작위로 접근해서 매섭게 내리치시는 듯했지만 동시에 묘하게 따뜻하게 대하셨다. 처음 들으면 뜻을 알 듯 모를 듯한 말 가운데 분명한 내용이 있었고, 밀고 당기는 쫀쫀한 이야기 속에 몸서리치게 무서운 사실이 숨어 있기도 했다. 사람을 볼 때는 그 사람이 스스로를 감싸고 있는 두 겹, 세 겹, 네 겹의 허울 그 너머를 꿰뚫어 보시는 듯했다. 두려운 마음도 들었다. 하지만 그런 가운데 느껴지는 따스함이 있었다. 그 따스함을 잊지 못해 집단상담을 어느새 매번 참가하게 되었다.

어느 여름 집단상담의 쉬는 시간에 느닷없이 철쭉님께서 물으셨다.

"너는 하는 짓이 어째 별종이냐?" 뒤이어 "아버지가 보고 싶지 않은가?" 하신 것이다. 얼떨결에 "아버지요?" 하고 반문하자 "넌 보기보다 사람이 좀 바보 같냐?" 하는 말씀을 던지곤 휑 가버리셨다. 다음 쉬는 시간에 찾아가 다시 여쭈었다. "아버지란 이름을 잊은 지 오래인데 왜 아버지에 관한 질문을 하셨어요?" 철쭉님은 빤히 바라보시더니 "너는 인간답게 살아가기는 틀렸다."라고 하셨다.

"네가 아무리 공부를 잘한다 해도 그렇게 건조하게 하루살이처럼 살아서 뭘 해. 다른 사람은 아버지가 있는데 유독 너만 아버지를 잊고 사는가? 네가 기억을 못 하나 하여 묻는다. 혹시 고아원에서 자란 적은 없는가?"

순간 가슴이 철렁 내려앉는 듯했다. 고아원이라고? 아버지가 떠나시던 날이 순간 눈앞에 떠올랐다. 꼭 안아주시며 "우리 ○○이 결혼할 때쯤이나 만날 수 있겠구나." 하시던 그때의 기분이 생생하게 되살아났다. 등에 땀이 흘렀다. 아버지를 만나야겠다는 것은 꿈에도 하지 않았던 생소한 생각이었다. 까맣게 잊고 살아왔던 아버지라는 이름. 그날 철쭉님이 내 가슴에 불을 질렀다.

집단상담에서 돌아와서 미친 듯이 아버지를 찾기 시작했다. 여기저기 헤매며 수소문하니 20여 일 만에 아버지가 살고 계신 곳의 주소를 구할 수가 있었다. 한달음에 달려간 아버지의 집 앞. 막상 그 앞에 서자 여러 가지 복잡한 감정이 일렁였다. 기억도 희미한 아버지의 얼굴을 과연 알아볼까 하는 두려움이 앞섰다. 아버지도 나를 못 알아볼지도 몰라. 오랜 세월 불러보지 못한 아빠, 아버지. 어색하지만 너무 그리운 이름이기도 했다. 용기를 내 벨을 눌렀다.

'딩동'

사람이 없는지 아무 기척이 없었다. 벨을 다시 누르고 기다렸으나 여전했다. 복도 쪽의 방 창문이 조금 열려 있었다. 안이 들여다 보였다. 거기 아버지의 것이 분명한 책과 물건들이 있었다. 심장이 마구 뛰었다. 나는 떨리는 손으로 종이에 글씨를 썼다. '저 ○○입니다. 안 계셔서 연락처 남깁니다.' 종이를 접어 현관문 틈에 꽂아두고 집으로 왔다.

다음 날 핸드폰이 울렸다. 잊고 지냈던 아버지의 음성이 들렸다. 내 목소리 역시 나도 모르게 가늘게 떨리고 있었다. 눈물이 뺨을 타고 흘러내렸다. 나도 아버지가 있었구나. 오랜 세월 텅 비어 있던 마음이었는데 아버지의 목소리와 아버지의 존재가 그 공간을 채워 나갔다.

다시 만난 아버지는 마르고 주름진 모습이었다. 긴 시간 외롭게 살아오신 이야기를 풀어 들려주셨다. 내가 보고 싶을 때마다 내가 다니던 학교를 수없이 찾아와 서성거리셨다는 이야기를 듣고는 펑펑 울고 말았다. 아버지의 깡마른 얼굴에도 눈물이 번졌다.

아버지를 만나기 전 나에게 아버지라는 존재는 없었다. 아버지를 만나야겠다는 생각조차 하지 못하고 살았다. 아버지의 부재로 인한 슬픔과 외로움 같은 감정은 세월이 지나면서 자의 반 타의 반 무뎌져 있었다. 아버지를 만난 뒤에도 쉽게 돌아오지 않았다. 때로는 원망스러운 마음도 들었다. 방황했던 세월을 보상받을 길이 없어서였다. 부질없이 보내버린 세월이 허무했다. 하지만 새롭게 만난 아버지의 존재는 천천히 그리고 분명히 내 빈 마음을 채워갔다. 집단에서 몇 번 뵙지 않았는데 철쭉님은 내 마음을 꿰뚫어 보셨던 걸까? 텅 빈 마음으로 기댈 곳이 없이 오랫동안 되는 대로 살았다는 것을. 아버지라는 존재가 그런 내 빈 마음을 채우고 열등감을 조금이나마 희석할 것이라는 사실을.

자랑스럽지는 않지만 그렇다고 부끄럽지도 않은 나의 과거. 이제는 당당히 보듬고 사람 냄새가 나는 사람으로 살아갈 것이다. 사람답게 살 수 있는 길을 알려주신 철쭉님께 감사한 마음은 평생 가슴에 새겨두고자 한다.

합리적인 말의 힘

"병신이구만, 병신!"

처음 이 말을 철쭉님께 들었을 때는 가혹하게만 느껴졌다. 신부神 父로서 내가 남에게 해코지하며 산 것도 아닌데 너무 심한 거 아닌가 싶었다. 그러나 한편으로 나를 냉철하게 되돌아보게 되었다. 그동안 나는 내 의견을 명확하게 제시하지 못하고 물에 물 탄 듯 술에 술 탄 듯 살았다. 우유부단해서 다른 사람들이 나를 우습게 볼 많은 틈을 주었다. 그리고 어리석게도 그런 나약함이 착한 모습으로 기억되길, 나의 순진하고 깨끗한 마음을 남들이 뒤늦게라도 알아주길 바랐다.

사람들에게 부당한 취급을 받아도 상한 기분을 말했다가 싸움으로 번질까 봐, 또 이미지가 나빠질까 봐 속으로만 끙끙 앓았다. 그런 고민을 말씀드리면 철쭉님은 "싸우라는 이야기가 아니야. 말을 제때 적절하게 하라는 것이지. 왜 그걸 못 하나." 하고 답답해하셨다. 또 반대로 쌓였던 불편한 감정이 터져 순간적으로 일을 크게 벌이게 될 때도 있었다. 그럴 때는 넘치지 않도록 경계하셨다. "해야 할 말을 못 하면 병신이야. 하지만 해서는 안 되는 말을 하는 건 상병신이란다." 무조건 참거나 아니면 참다가 폭발해 감정적으로 대응하지 않도록 중심을 잡아주셨다.

하지만 말씀은 알겠는데 이미 익숙해져 버린 내 모습을 깨닫는 것도, 시시때때로 상황에 적절한 행동을 하는 것도 쉽지 않았다. 무엇보다 부당한 일을 당하고도 찍소리도 못 하는 태도는 앞으로 계속 나를 그렇게 대해도 된다는 무언의 인정이라는 것을 깨닫기까지 제법 시간이 걸렸다. 나를 함부로 대하도록 하는 원인 제공을 다름 아닌 내가 하고 있었다니! 아프지만 인정하지 않을 수 없는 사실이었다.

철쭉님은 부드럽고 따뜻한 격려의 말로는 도저히 나의 만성화된 유약함을 고치기 불가능하다고 여기셨을까. "사람이 왜 이리 약해!" 때때로 가차 없이 따끔하게 질책하셨다. 하여 나는 거북이걸음이긴 하지만 조금씩 나아가게 되었다.

미국에서 소임을 마치고 한국에 온 지 얼마 안 되었을 때의 일이다. 경상도의 한 작은 고장의 본당 신부로 지내게 되었는데 어쩐 일인지 낯선 사람에게도 반말을 툭툭 하는 사람들이 많았다. 나 역시 경상도에서 나고 자랐지만 적응이 되지 않았다. 어느 중식당에 들어가 간짜장을 시키니 환갑도 채 안 되어 보이는 아주머니가 나를 쳐다보지도 않고 "간짜장 안 돼. 짜장면 무우(먹어)!"라고 했다.

주유소 직원들도 반말이었다.

　사건이 일어난 것은 배드민턴을 치러 갔을 때였다. 학생 때부터 즐겼던 배드민턴 클럽에 등록하려고 가입신청서를 작성하니 내 나이와 신부라는 신분이 자연스레 알려졌다. 비슷한 나이 또래 사람들이 초면에 말을 놓고 지내자고 하기에 나는 시간이 지나면 자연스럽게 놓을 수도 있겠지만 되도록 처음에는 서로 존중하는 차원에서 말을 놓지 않았으면 좋겠다고 했다. 그래서 나에 대한 호칭이 '형님' 'O 선생' 'OO 씨' '신부님' '어이!' 등으로 다양해졌다. 서로 존중하는 마음이 있고 듣기 거북하지 않으면 호칭이 무슨 상관이겠는가. 한동안 참 재미있게 운동했다.

　어느 날 게임이 잡히기 전 몸을 풀고 있을 때였다. 20미터쯤 떨어진 거리에서 한 아저씨가 체육관에 있는 사람들이 다 들리도록 쩌렁쩌렁한 목소리로 "OO! 게임 잡았나?" 하고 고함치듯 말하는 게 아닌가. 몇 번 만난 적도 없는 사람이었다. 며칠 전에도 혼합복식 게임을 하고 있는 나에게 "꽃밭에서 잘 노네." 하는 식으로 비아냥거려 귀에 거슬렸다. 고함을 치며 내 이름을 부르는 소리에 '내가 동네 개도 아니고. 아무리 내가 최강동안(?)이라지만 이건 아니지 않나.' 하는 생각이 들었다. 중년을 넘어가고 있는 사람에게 괜찮겠느냐는 동의도 없이 마음대로 말을 놓는다고?

　나도 모르게 성큼성큼 그 사람에게 걸어갔다. 속으로는 이렇게 즉각적으로 반응하는 나 자신이 놀라웠다. '공개적으로 당한 것은 공개적으로 응수하라.'는 철쭉님 말씀이 떠올랐던 것이다. "선생님, 저에게 말씀을 놓지 않으셨으면 좋겠습니다. 요즘 아르바이트 대학생에게도 말을 그렇게 놓지 않습니다." 표정은 많이 굳었지만 정중했던 그 즉각적인 응수에 열 살 정도 많은 그 사람은 대단히 당황한 듯 말끝을 흐렸다. "여기서는 안 그런데요······."

며칠이 지나자 클럽 사람들을 통해 나에게 압력이 들어왔다.

"신부님이라 사회 경험이 많이 없어서 그러신 모양인데 혹시 타지에서 오셨나요? 여기서는 나이가 많으면 '형님'이라 부르고 어리면 그냥 말 놓고 그리 지내요. 그리고 지도(그 사람도) 형님 소리 들으려면 신부님한테 술이나 밥을 한 번이라도 더 사야 할 낀데."

나는 중간에서 훈수를 두는 그 사람의 이야기에 더욱 기분이 상했다. 나를 사회 경험이 적어 뭘 모르는 사람 취급하는 것도, 나이가 많으면 어린 사람에게 반말하는 것을 당연하게 여기는 것도 이해가 가지 않았다. 내게는 그저 예의가 없고 나를 함부로 대하는 태도로 보였다.

또 다른 회원은 와서 하는 말이 그 사람이 나 때문에 대단히 기분 나빠하고 있으니 나이가 적은 내가 먼저 찾아가서 사과하라는 것이었다. 그렇게 하지 않으면 이 클럽에서 운동하기가 어려워질 수 있고, 나아가 좁은 지역에 소문이 퍼져 배드민턴 치기가 힘들게 될 수도 있다고 하였다. 심지어 내가 먼저 사과하지 않으면 그 사람이 무슨 조치를 할 것이라고 했다는 말까지 전했다. 이 정도면 협박 수준이었다. 무례한 행동은 그 사람이 했는데 나보고 사과를 하라니! 게다가 또 조치는 무슨 소린지 어이가 없었다. 나는 그렇게는 할 수 없다고 단칼에 거절했다.

한 달에 한 번 있는 정기 월례대회 때 그 사람이 중대 발표를 하겠다며 사람들을 불러 모았다. 이런 문제로 사람들의 시간을 공개적으로 빼앗는 건 곤란하다는 일부 의견에도 그 사람은 큰소리치며 화를 냈다. 그 덩치 큰 사람이 나의 짧은 말 한마디에 전전긍긍하면서 나에게 직접적으로는 한마디도 대응하지 못한 채 괜히 다른 사람들에게나 화를 푸는 모습을 보니 새삼 사리에 맞는 말이 가지는 힘이 정말 무섭다는 생각이 들었다.

사람들이 모이자 그 사람은 비장한 각오를 한 사람처럼 말문을 열었다. "저 ○○○라는 사람이 신부라고 하는데 나이 많은 나에게 '왜 말을 깝니까?'라고 하더라. 내가 여기서 몇 명 빼면 제일 나이가 많은 축에 속하는데 로마에 가면 로마법을 따르라고, 여기서는 무조건 나이 많으면 형님이고 나이가 적으면 동생 아니냐!"라는 논리를 폈다. 사람들에게 내가 하지도 않은 '말을 깐다'는 표현을 써 가며 얘기를 해서인지 두어 사람이 일어서서 기분이 나쁜 듯 "그럼 우리들은 신부님을 뭐라고 불러야 합니까?"라고 했다. 나를 꼭 '신부님'으로 불러달라고 한 것도 아니고 다만 말을 함부로 놓지 말라고 했을 뿐인데 마치 내가 '신부 대접'을 요구한 양 몰아갔다.

그 자리에서 나에게 말을 놓느냐 높이느냐로 긴급 토론이 벌어졌다. 여러 사람이 설왕설래했다. 지켜보는 나는 긴장이 되었지만 재미있기도 했다. 상식선에서 서로 존중하며 지내자는 지극히 당연한 것을 놓고 토론하는 것이 신기했기에 대체 무슨 얘기가 오갈까 궁금했다.

한창 이야기가 진행될 즈음, 연세 지긋한 한 어른이 일어나서 "요즘에는 본인이 싫다고 하면 그렇게 하지 않는 것이 맞습니다."라며 반말이 듣기 싫다고 한 나의 의견을 존중해주셨다. 결국 수십 분 동안 진행된 토론은 결론이 나지 않고 그냥 끝났지만 내가 곤란해진 것은 없었다. 나는 앞으로 사람들의 반응이 궁금했다.

철쭉님과 통화를 했다. 철쭉님은 내가 다른 사람에게 그렇게 공개적으로 무시를 당할 만큼 평소에 행동을 가볍게 한 건 아닌지 이리저리 물어보셨다. 아마도 내가 원인 제공을 한 게 아닌지 확인하시는 것 같았다. 내가 그들과 개인적으로 만나 술자리를 가진 적도 없고, 가볍게 행동하거나 말을 함부로 해서 여지를 제공하지도 않았다는 것을 확인하시고는 할 소리를 분명하게 잘했다고 격려하셨다. 통화하기 전에는 이런 어수선한 클럽에 굳이 나가야 할까 하는 생각도 했었는데 철쭉님은 그럴 이유가 없다며 당당히 잘 다니라고 하셨다.

다음 날 체육관 문을 열고 들어서자 많은 사람의 시선이 나를 향하는 걸 느낄 수 있었다. 어떤 아주머니는 "어? 나왔네."라며 놀라는 표정을 숨기지 못했다. 신부 체면에 기분이 나빠서 나오지 않을 것이라고 예상했던 것 같다. 하지만 나는 마치 아무런 일도 없었던 듯이 태연하게 운동을 했다.

나를 어떻게 불러야 할지 주저주저했던 사람들이 그 사건 이후로 깍듯이 "신부님"이라고 부르는 경우가 많아졌다. 앞에서 말했듯이 사실 나야 존중하는 마음이 있으면 뭐라고 불리든 상관없었다. 사건의 당사자는 공개토론 후 며칠이 지나면 많은 사람이 자기편이 되어 나를 클럽에서 쫓아낼 것이라고 기대했는지 모른다. 하지만 상황이 기대와 다르게 흘러가자 클럽을 탈퇴하고 더 이상 나오지 않았다. 인간관계에서 무리수를 두면 자신의 활동반경만 좁아지게 된다는 것을 몸소 보여준 것이다.

철쭉님을 알기 전이었다면 나는 껄끄러워 그냥 자리를 피했을 것이다. 누구의 잘잘못을 떠나 소란이 일어나는 것이 싫고 종교인이라는 이유로 남의 입에 오르내리는 것이 싫어서다. 하지만 이제는 지극히 상식적인 선에서 응대하면 속 썩을 것도 없고 오히려 무엇이든 순리대로 해결된다는 것을 경험으로 알게 되었다.

늘 약하기만 했던 내가 합당한 말과 태도로 누군가를 불편하게도 하고 당당하게 내 뜻을 관철하기도 하다니. 생각할수록 기분 좋은 이런 일은 앞으로 계속될 것 같다.

또 한 분의 아버지

안타깝게도 이전의 나는 바른 생활형 인간이 아니었다. 그래서 남들이 제때 하는 발달 과업을 온갖 시행착오를 거쳐 가며 뒤늦게 수행해왔다. 날라리 고등학교 시절을 지나 날라리 대학생이 되었다. 그런 나를 부모님은 어떻게든 바로 잡아보고자 편입을 제안하셨다. 그러나 얌전히 앉아 공부만 해도 될까 말까 한 편입 준비를 스물두 살의 이 망나니 학생이 잘할 리가 없었다. 결국 낙방하고 말았고 그 여파로 나는 부쩍 의기소침해졌다. 나 나름으로는 새 출발을 해보려는 시도였는데 막상 시험에 떨어지니 속이 상했던 것이다.

집에서 우울한 시간을 보내고 있을 무렵, 장 교수님이 갑자기 심부름을 시키셨다. 철쭉님이 지금 서울에 계시니 서류를 드리고 오라는 심부름이었다.

철쭉님을 뵈러 간 곳은 ○○호텔이었는데 로비에 도착하여 전화를 드리니 바쁘신 듯했다. 일을 마치고 갈 테니 우선 로비에 있는 커피숍에서 기다리라고 하셨다. 이때는 몰랐지만 그 ○○호텔 로비의 커피숍은 그 이후 내가 무슨 일만 생기면 철쭉님을 뵈러 와서는 눈물 콧물 철철 흘리는 핫플레이스가 되었다.

어찌 되었든 1만 원이 넘는 녹차를 홀짝이고 있다 보니 철쭉님께서 일을 마치고 오셨다. 한눈에도 엄청 바빠 보이셨다. 얼른 서류를 드리고 일어서려 하니 점심은 먹었냐고 물으셨다. 같이 식사하자고 하시며 어리둥절해하는 나에게 비싼 스테이크를 사주셨다.

알고 보니 내가 시험에 떨어져 의기소침해 있다는 걸 아시고는 심부름을 핑계로 불러내 위로하려고 하셨던 것이다. 어찌나 따뜻하게 이런저런 말씀을 해주시던지 밥 먹다 말고 얼마나 눈물을 흘렸는지 모른다. 하도 울어서 철쭉님이 무슨 말씀을 해주셨는지 내용은 다 기억이 안 날 정도였다. 그러나 확실한 건 철쭉님의 아버지 같은 따뜻함과 그 와중에도 느껴졌던 스테이크의 맛이었다. 그날 결국 그 맛있던 스테이크는 체하고 말았지만 너무나 따뜻한 보살핌을 받았다는 기억은 잊히지 않는다.

바쁘고 정신없는 대가족 속에서 외롭게 자라온 나에게 부모님은 많은 지원을 해주셨지만 꼼꼼한 정서적 지원은 해주지 못하셨다. 그래서 늘 나는 속이 빈 듯 헛헛한 마음을 가지고 살았는데 철쭉님께서 그런 나를 잘 알고 따뜻하게 감싸주신 것이다.

그 뒤로 철쭉님은 나에게 어떤 이슈들이 생길 때면 ○○호텔 로비 커피숍으로 불러 타이르기도 하시고 위로하기도 하셨다. 그런 철쭉님의 사랑 덕분인지 시간이 흐르면서 나에게도 많은 변화가 생겼다. 편입 시험을 통과하여 새 학교에 다녔고 대학원도 진학하여 논문을 쓰는 등 남들은 다 이뤄놓은 발달 과업을 뒤늦게나마 땀나게 쫓아갔다. 그리고 2014년 가을 결혼을 하게 되었다.

철쭉님께 주례를 부탁드렸는데 한사코 거절하시더니 물러서지 않고 매달리자 어렵게 허락하셨다. 결혼식 날 신부대기실에서 손님을 맞고 있는데 멋있게 차려입은 철쭉님께서 들어오셨다. 그리고 한마디 하셨다.

"나는 오늘 너의 아버지로 왔다."

연신 찍어대는 카메라와 밀려드는 손님들을 맞느라 그 순간에는 무슨 말씀일까 깊게 생각해볼 겨를이 없었다. 하지만 식을 진행하는 내내 머릿속에 맴돌았다.

철쭉님의 주례사는 짧고 굵었다.

"신랑 신부! 참 표정이 밝네. 결혼하니 좋은가?"

대답은 못 하고 미소만 지었다.

"한번 살아봐라. 좋은 거 하나 없다!"

하객들의 웃음소리가 들렸다. 다 기억나지는 않지만 철쭉님의 주례사는 이랬다.

"지금은 좋은지 몰라도 결혼이란 힘든 과정이다. 그러니 양보하고 살아라. 서로 외롭게 하지 말고 존중하며 살아라. 결혼식 와서 누가 주례 말을 듣나. 이만 끝!"

식이 끝나고 공항으로 가는 차 안에서였다. '나는 오늘 너의 아버지로 왔다.' 문득 아까 하셨던 그 말씀이 떠오르며 그 속에 담긴 따뜻함이 훅 느껴졌다. 나도 모르게 눈물이 왈칵 쏟아졌다.

아버지라니…… 이렇게 든든한 말이 있을까. 실제로 철쭉님은 내게 또 한 분의 아버지셨다. 철딱서니 없는 나에게 시험 떨어졌다고 밥 사주며 위로해주시고 무슨 일이 생기면 불러 혼내기도 하시고 타이르기도 하시는 아버지.

결혼하고 우여곡절 끝에 아이를 낳았다. 쌍둥이였다. 철쭉님은 출산한 나에게 귀한 미역을 한 아름 보내주셨다. 거짓말 조금 보태서 거의 내 키만 한 그 미역으로 국을 끓여 먹으며 나는 두 아이를 키울 기력을 얻었다. 아이를 키우다 힘에 부칠 때는 혼자 울기도 많이 울었다. 그걸 아시는지 모르시는지 한 번씩 문자를 보내셨다.

"○○아, 아기들 뒷바라지가 쉬운 일은 아니지? 하지만 피할 수 없는 것이라네. 세상에서 가장 잘 지어야 할 것이 자식 농사 아니겠나. 우리 ○○이의 삶에 으뜸 주제로 삼거라. 자식이 일정하게 성장할 때까지 부모는 종놈에 불과하네. 애들을 어릴 때부터 갈증과 갈등 없이 사랑을 흠뻑 주며 키우거라. 우리 ○○이도 어린 시절 갈등과 갈증으로 살아오지 않았나.

우리 ○○이도 세월 따라 어느새 중년의 나이가 됐구나. 내가 이렇게 문자를 남기는 것은 우리 ○○이가 항상 눈에 밟혀서 그래. 긴 잔소리를 했네. 아직 살날이 많으니 아프지 않도록 끼니 거르지 말고 건강관리 다부지게 하고 살아."

내가 누구보다 잘 아는 그 갈증과 갈등이 아이들에게 되풀이되지 않도록 하라는 말씀만큼 무서운 말씀은 없다. 이런 문자를 받으면 눈물을 닦고 또 힘을 냈다.

얼마 전 남편이 철쭉님이 진행하는 집단상담에 다녀왔다. 평소에 의사나 감정의 표현이 많지 않은 사람이 그곳에 가서 어떻게 지내고 올까 궁금하기도 하고 염려도 되었다. 그동안 나에게 쌓인 감정을 풀고 왔으면 하는 바람과 내가 아내로서 느끼는 답답한 마음을 깨닫고 왔으면 하는 바람이 마음속을 오갔지만 변화가 느린 남편을 알기에 큰 기대는 하지 않았다. 한 번에 풀리기에는 결혼 이후 쌓여온, 나에 대한 남편의 서운함이나 억울함도 클 것이라 짐작했다.

5박 6일이 지나고 남편이 돌아왔다. "다들 내게 그동안 네가 해 왔던 말들을 하더라. 미안하다." 간단한 말이었지만 놀랐다. 자존심 강한 남편으로서 참 꺼내기 힘든 이야기였을 텐데 싶었다. 며칠 뒤 남편이 집단상담 중에 철쭉님과 독대를 했고 그 와중에 눈물을 흘렸다는 이야기를 전해 들었다. 나도 모르게 "아!" 하는 탄식이 튀어나왔다. 남편이 짧으나마 말로 나에게 마음을 전하기까지 철쭉님은 또 얼마나 아버지처럼 애쓰신 걸까. 억울해하는 남편의 마음을 알아주시고 그렇지만 남편으로서 아버지로서 용기를 내도록 북돋아주셨을 것이다. 나에게 그러시는 것처럼.

상담하다 보면 든든한 존재가 없는 탓에 이상하게 휘어져 사는 사람을 많이 만나게 된다. 저 사람은 도대체 왜 저렇게 행동할까 답답하지만 모두 뒷배가 없는 탓이라는 걸 알게 됐다.

최근 참여한 주간 집단상담 집단원 중 한 30대 여성도 그랬다. 돈 많은 부모 밑에서 안락한 생활을 하며 힘든 일은 이 핑계 저 핑계로 피하고 있었다. 대학원도 졸업하지 않은 채 상담사 일을 하는 걸 보니 계속 저렇게 산다면 결혼을 한들 가정에 책임을 지겠나, 자식을 낳은들 살뜰하게 키우겠나 싶었다. 그녀는 상담자였지만 내담자를 바르게 이끌 능력을 갖추기는커녕 자기관리도 하지 못하고 있었다.

여러 집단원이 안타까운 마음에 이런저런 피드백을 해주었지만 변화에 대한 의지는 별로 보이지 않고 변명하며 도망 다니기 바빴다. 결국 집단원들은 배가 불렀다느니 부끄러움을 모른다느니 하는 험한 말들을 쏟아냈다. 그녀가 참담함을 느끼고 변해야겠다는 결심을 하길 바라서였다. 그런데 한 집단원이 나서더니 왜 이렇게 사람에게 못되게 하느냐며 반발했다. 너무 세고 독한 말로 사람을 괴롭힌다며 '저 사람은 변할 것 같지도 않은데 뭐 하러 그렇게 하느냐'는 것이었다. 꼭 집단 괴롭힘을 보는 것 같다고까지 하였다.

나를 포함한 집단원들은 모두 답답함을 느꼈다. 어떻게든 돕고자 타일러도 보고 자극도 주려는 것인데 우리가 집단 괴롭힘 가해자라니. 나는 딴지를 거는 그에게 이보다 더 강한 애정이 어디 있느냐고 물었다. 오히려 그 사람은 변할 것 같지 않다는 냉소적인 마음으로 좋은 소리나 하고 비난을 피하려는 당신의 태도가 더 냉정하다고 했다. 그 사람이 내 가족이고 내 자식이라면 그가 벼랑 끝에 있을 때 매끈한 말이나 하면서 마냥 지켜볼 수 있느냐고 물었다.

결국 그 집단원은 맥락을 이해하고 한발 물러섰다. 그의 반발에는 다양한 이유가 있었겠지만 가장 핵심은 어른이 없는 삶을 살아왔기 때문일 것이다. 애정을 가지고 타이르고 혼내기도 하는 사람을 만나본 적이 없었을 것이다. 알고 보니 그는 혈혈단신으로 안전에 목숨을 걸고 사는 사람이었다. 이런 일은 집단상담에서 흔히 보이는 풍경이고 실랑이인데 그때마다 나는 철쭉님을 떠올린다.

철쭉님께서 나에게 따뜻한 말만 하시고 힘내라고 응원만 하셨다면 아버지로서 든든히 여겼을까. ○○호텔 로비 커피숍이 나에게 핫플레이스가 된 데에는 그곳에서 따뜻한 차만 마셨던 것이 아니기 때문이다. 뜻대로 해주지 않는다고 부모님께 자꾸만 반항하거나 할 일 제쳐두고 딴짓이나 하고 다닐 때는 철쭉님의 따끔한 꾸중도 들어야 했다. 쓴소리를 하시는 데는 둘째가라면 서러워하실 분이 아닌가.

아버지라는 단어에는 많은 의미가 있을 것이다. 폭풍이 와도 끄떡없이 버텨주고, 어려운 일이 생기면 발 벗고 뛰어나와 해결해주고, 내가 엉뚱한 길로 가고 있으면 혼을 내서 바로 잡아주는 그런 사람. 바로 철쭉님이시다. 집단상담에서 만난 많은 이가 나에게 그런 철쭉님을 어린 나이에 만난 것이 부럽다고 한다. 나도 어디 가면 슬그머니 자랑한다. 나에게 이런 또 한 분의 아버지가 계신다고.

슬기로운 직장 생활

　직장에 다닐 때는 멋지게 사표를 내고 나오는 순간을 늘 꿈꾸었다. 직장이 재미있었더라면 꾸지 않을 꿈이었다. 하지만 나는 결국 그 꿈을 이루지 못하고 정년퇴직으로 직장생활을 마무리했다. 어찌 되었든 30여 년의 세월동안 끝까지 잘 버틴 것은 지금 생각하면 참 잘한 일 같다. 덕분에 내 은퇴 생활은 어려움을 오래 감내한 자에 대한 보상이라는 생각이 들 만큼 편안하다. 23년 전 집단상담에서 만난 철쭉님 덕분이다.
　나는 늘 치열하게 살았지만 인간관계의 미숙함으로 인해 갈등이 끊이지 않았다. 그러다 보니 사람들과 어울리는 것이 불편했다. 완벽하게 공감대가 형성되는 학창 시절 친구나 직장의 친한 동료들 외에는 사람들 만나는 걸 번거로워했다. 혼자 있는 것이 좋았고 불편하지 않았다. 인간은 누구나 홀로 있고 싶은 욕구가 있다고 생각했다.

이런 내가 업무의 특성상 늘 새로운 사람을 만나야 한다는 게 얼마나 힘들었겠는가. 집단상담에서 이런 어려움을 토로한 적이 있었다. 철쭉님은 그런 마음으로 어떻게 조직 생활을 할 수 있느냐며 바뀌지 않으면 직장을 그만두어야 한다고 하셨다. 인간은 결코 혼자 살 수 없다는 것을 줄기차게 깨우쳐주신 덕분에 내 삶의 형태와 사고가 조금씩 변화하기 시작했다. 혼자 산을 오르거나 여행을 가는 대신 사람들 사이에서 부대끼며 어울리고자 노력했고 그러자 더불어 산다는 것이 얼마나 귀한지도 차츰 알게 되었다.

그러나 사람과 함께하는 것이 늘 좋기만 한 것은 아니다. 어디에든 갈등은 있고 어떻게 대처해야 하는지에 관한 판단은 늘 쉽지 않다. 굳이 험악한 상황을 만들고 싶지는 않으나 그렇다고 부당함을 계속 인내할 수도 없으니 말이다. 특히 위계 조직이 분명한 직장에서는 더욱 그렇다. 이럴 때마다 철쭉님은 친절하고 명쾌한 '처방전'을 주셨다. 그중에는 시간이 많이 흘렀지만 아직도 어제처럼 생생하게 기억나는 일이 있다.

17년 전이었다. 몇년간 지방 근무를 마치고 인사이동이 있을 무렵 인사부에 서울과 좀 더 가까운 지방으로의 발령을 요청했다. 그곳은 오래전 나와 크게 다툰 적이 있던 A가 지부장으로 있는 곳이었다. 그 다툼을 알고 있는 인사부장이 괜찮겠냐고 우려를 표시했다. 하지만 나는 그를 다시 만나는 데 별 부담을 느끼지 않았다. 그동안 철쭉님과 집단상담 덕분에 인간관계에 대한 내공을 많이 쌓았기 때문이다.

서울 본사에서 A와 근무했던 당시 나는 신참 대리였고 그는 고참 대리였다. 그는 나에게 자신이 맡아 관리하던 한 재단의 일을 맡겼는데 재단의 예산을 받아 해외사업 발굴 및 관리를 하는 일이었다. 그는 인수인계 중에 내게 이 일은 정산이 아주 중요하다고 강조했다. 정산은 대체로 연말 전에 이뤄져야 했는데 내가 일을 맡은 그해에 공교롭게도 재단이 요구하는 기일까지 정산을 할 수 없는 내부 사정이 발생했다. 나와는 무관하게 회사 차원에서 발생한 사정이었다. 나는 즉시 부장에게 직접 재단에 가서 사정을 설명하고 기한 연장 승인을 받아 오겠다고 했다.

그때 A가 나섰다. 그는 나에게 가만히 있으라며 이것은 처리하기 매우 어려운 일이니 재단 사람들을 잘 아는 자신이 알아서 하겠다고 했다. 하지만 담당자는 나였고 나도 할 수 있을 것 같은데 그에게 넘기는 것이 내키지 않았다. 생각 끝에 부장에게 아무래도 내가 가서 일을 마무리하는 게 좋겠다고 말하고 허락을 받았다.

재단에서의 일은 쉽게 풀렸다. A가 어려울 거라던 그 안건에 대해서 재단은 흔쾌히 수락했고 전임자 때보다 업무가 활성화되고 있어서 좋다는 말까지 했다. 나는 의기양양하게 돌아와 기분 좋게 부장에게 보고했다. 그런데 자리에서 내 얘기를 듣던 A가 갑자기 소리를 질렀다.

"뭐라고요? 왜 나한테 말도 안 하고 갔어요?"

나는 어이가 없었다. 자기가 어렵다고 생각한 일을 해결하고 온 내 능력을 인정하기는커녕 화를 내다니. 나는 기분이 나빠서 지지 않고 큰 소리로 대응했다.

"아니, 그 일이 내 업무라서 갔고 대리님이 어렵다고 하는 일을 해결하고 왔는데 그게 내게 소리칠 일인가요?"

큰 소리가 격렬하게 오가자 부장은 둘 다 조용히 하라고 제지했다. 내가 자신에게 도무지 밀리는 기색을 보이지 않자 A는 밖으로 나갔다. 잠시 뒤 세수를 한 듯한 얼굴로 들어온 A는 내가 앉아 있는 의자의 팔걸이를 잡더니 "S대리! 아까 뭐라고 했어요?" 하며 2차전을 시작했다. 나도 자리에서 일어나 의자를 그에게 밀치며 언성을 높였다. 내가 더욱 강하게 나가자 A는 더 어쩌지 못하고 자리로 돌아갔고 나도 다시 앉았다. 넓은 사무실, 수십 명의 옆 부서 사람들이 우리의 다툼을 보고 있었다.

나중에 여직원들이 내게 와서 말했다. 다들 속이 시원하다면서 갑자기 화를 내는 A의 행동에 자신들도 당황한 적이 있다고 했다. 그 일은 그렇게 끝났지만 그 후로 A는 나를 불편해하는 기색이 역력했다. 하지만 당시 나는 잘못한 것이 없다고 생각했고 상황이 벌어졌을 때 A에게 밀리지도 않았기 때문에 달리 다른 앙금은 없었다.

얼마 후에 그가 그렇게 화를 낸 이유도 알게 되었다. 술을 좋아하는 A가 재단과 업무협의를 빌미로 상사들과 업무추진비를 쓰려고 했는데 나로 인해 계획이 틀어진데다 어려운 일이라고 했던 일을 내가 쉽게 해결하고 오니까 자존심도 상했던 것이다.

시간이 흘렀다. 철쭉님을 만나 사람과 세상을 보는 관점에 변화를 겪었다. 그러자 그때 그 일이 되짚어졌다. 아무리 그래도 그가 고참인데 수십 명의 직원 앞에서 여자인 나한테 봉변을 당했다고 여겼을 거라는 데 생각이 미쳤고 그 상황에서 조금 더 부드럽게 대처하는 방법이 있었을 텐데 싶었다. 그러자 A에게 미안한 마음이 들었고 혹시 다시 만나게 된다면 그때는 더 잘해보리라 마음을 먹었다.

그런 이유로 나는 A와 다시 근무하는 것에 불편한 마음이 전혀 없었다. 또한 A는 상사에 대한 충성으로 이미 조직에서 출세 가도를 달리고 있었고 나와의 직급도 벌어져 있어서 그를 상사로 대우할 마음의 준비가 충분히 되어 있었다. 그런데 A는 달랐던 것 같다. 그가 지부장이 있는 곳으로 발령받아 근무를 시작하자 A는 깐깐한데 만만치도 않은 나에 대한 언짢은 마음을 대놓고 티 내기 시작했다. A의 방법은 은근한 배척이었다. 사소하게는 회식 자리에 참석한 나를 떨떠름하게 대하기도 했고 내가 꼭 들어가야 하는 중요한 업무 회의에 안 들어와도 된다고 배제하기도 했다. 회사 업무 특성상 지역인들을 만나 일을 해야 했는데 그 자리에서 끝까지 나를 소개하지 않고 그림자처럼 세워두기도 했다. 교묘한 그의 배척에 7~8개월을 버티고 버티다 결국 나는 철쭉님께 전화를 드렸다. 철쭉님은 내 이야기를 다 들으시더니 입맛이 쓴지 잠시 침묵하다가 말씀하셨다.

"참 쪼잔한 놈이구먼."

그리고 방법을 알려주셨다. 그 길로 나는 A에게 독대를 요청했다. 그의 방을 찾아가 드릴 말씀이 있어서 왔다고 하니 방에서 라디오를 듣고 있던 그가 놀란 표정을 보였다. 천천히 라디오를 끄더니 친절한 얼굴로 내게 앉으라고 했다. 나는 철쭉님께서 시키신 대로 말했다.

"부장님. 제가 요즘 부장님 때문에 너무 힘이 듭니다."

그러자 그의 얼굴에 당황한 기색이 떠올랐다. 나는 그가 대답할 틈을 주지 않고 이어서 말했다.

"오늘 저녁에 시간이 되세요? 저랑 저녁 식사 같이하시면 어때요? 제가 대접하겠습니다."

그러자 그는 어쩔 줄을 모르겠다는 표정을 지으며 대답했다.

"아이고, 오늘은 약속이 있네요."

"그러세요? 그러면 다음 기회에 대접하겠습니다."

말을 마치고 부장실을 나왔다. 후련한 기분이 들었다. 그 전과는 달리 큰 소리를 내지 않고 내 할 말을 했는데 그가 그리 놀라고 당황하는 것을 보니 방법이 적중했음을 알 수 있었다. 또한 능청맞게 저녁을 사겠다고 함으로써 다른 시비를 걸 수 있는 여지도 차단했다. 불편한 이야기를 하고 뒤이어 밥을 사겠다고 하고. 이런 것이 당근과 채찍인가. 내가 그의 위에서 그를 쥐락펴락한 것 같아서 통쾌했다. 식사 제안도 날짜를 오늘로 한정 지었으니 그는 나와의 불편한 자리를 피할 구멍이 생겨 좋았고 나 역시 입으로만 선심을 쓰게 되었으니 이 또한 철쭉님의 묘수가 아닌가 싶었다. 언제 시간이 있으시냐고 했으면 그도 나도 얼마나 곤란했을까 생각하니 웃음이 나왔다. 이후로 그의 태도는 180도 달라졌다.

그런데 그 일이 있고 열흘 정도 지났을까. 갑자기 A가 먼 남쪽 지방으로 보직 없이 발령을 받았다. 좌천이었다. 무슨 일일까? 인사철도 아닌데 이루어진 발령이라니. 게다가 본사 임원들의 사랑을 듬뿍 받던 그가 아니던가. 수시로 본사 임원들에게 골프 접대를 하고 그 뒤처리를 거래처에 맡긴다는 얘기가 공공연하게 돌곤 했다. 어찌 되었든 이제 그와의 근무가 조금씩 편해지기 시작했는데 아쉬웠다.

사무실을 떠나기 전날 그는 일찌감치 조퇴했다. 그런 그가 왠지 안 돼 보여 나는 직원 몇몇과 그의 사택을 찾아갔다. 그런데 도착하여 초인종을 누르니 그가 울다 나온 것 같은 얼굴로 우리를 맞이하는 것이 아닌가. 그 순간만큼은 그 때문에 마음고생 한 것도 잊고 진심으로 위로했다.

"부장님, 다시 좋은 날이 오겠지요. 힘내세요."

하지만 그가 떠난 사택을 치우던 직원들이 꾸깃꾸깃한 빈 봉투를 제법 발견했다는 소문이 다시 돌았다. 후일 사람들은 그의 갑작스러운 좌천이 누군가의 제보 때문이라고 했다. 수년 후 A는 다시 어렵게 재기하여 본사로 돌아갔으나 권력과 돈에 대한 욕심을 끝내 버리지 못하고 굵직한 사건에 연루되어 결국 감옥까지 가게 되었다. 드문드문 그에 대한 불행한 소식이 들려올 때마다 연민이 느껴지고 이젠 그의 여생이 조금이라도 행복해졌으면 좋겠다는 생각이 진심으로 들곤 한다.

오래전 나의 미숙한 행동은 어느 날 보복이라는 칼로 돌아왔다. 그러나 다시 기회가 주어졌을 때 나는 철쭉님의 조언을 따라 명확하게 할 말은 하면서도 유연하게 대처하여 상황을 잘 마무리할 수 있었다. 그 경험은 내게 그 이후 조직 생활을 더욱 매끄럽게 해나갈 수 있는 가이드라인이 되었다.

은퇴한 뒤에도 내게는 후배들의 소개로 일할 기회가 심심치 않게 생긴다. 많은 퇴직자가 원하는 이런 상황이 가능해진 것은 아무래도 내 조직 생활의 마무리가 무난했기 때문이 아닌가 싶다. 철쭉님께서 강조하신 당당한 태도와 사람의 소중함을 염두에 두고 처신했던 자기관리의 산물이라고 생각한다.

언젠가 내 삶에 확신이 없어 철쭉님께 어떻게 살아야 하는지 여쭌 적이 있었다. 철쭉님은 "지금 같이만 살아도 된다."라고 하셨다. 그 한마디 말씀은 내가 그런대로 잘 살고 있다는 위로와 안도감을 주었다. 하지만 여전히 긴장을 늦추지 않도록 기회가 있을 때마다 냉철한 조언을 하신다.

처음 뵈었을 때 철쭉님은 지금의 내 나이보다 어린 50대이셨다. 강철 같았던 그때 모습은 영원히 잊히지 않을 것이다.

나를 위한 인내

철쭉님은 사람 속에서 나를 바로 세우기 위해서 어떤 인내와 노력이 필요한지 알려주신 분이다. 갓 성인이 된 아이들이 고삐 풀린 망아지처럼 한창 뛰어다닐 때 나는 철쭉님의 감시와 통제 아래 어쩌면 고등학교 시절보다도 더한 "안 돼!"에 시달렸다. 철쭉님 말씀에 따르면 럭비공처럼 어디로 튈지 모르는 나를 혼신의 힘으로 잡아두신 거였다.

첫 "안 돼!"에 부딪힌 것은 학기 초 만난 적도 없는 학생회 선배들과 카카오톡에서 덥석 약속을 잡은 때였다. '캠퍼스 내 선배와 동기 가리지 않고 인기를 떨치리라.' 했던 내 야심 찬 포부에 걸린 첫 브레이크였다. 이유는 '위험해서'라고 하셨다. 고등학교 때부터 누누이 하시던 선배 조심하라는 말씀인 거 같아 "저 다 알고 있고요. 휩쓸리지 않을 자신 있습니다!" 하고 당당하게 대답했는데 돌아온 건 "안 된다!"라는 말씀이었다. 사람과 분위기에 휩쓸린다는 것은 네 나이에 불가항력적인 일이라 지금 네가 무슨 마음을 먹든 피할 수 없는 일이라고 하셨다.

실망도 실망이지만 내가 먼저 연락해 잡은 약속을 갑자기 깨려니 개념 없는 후배로 소문날 것 같은 걱정에 진땀을 뺐다. 그 후로도 많고 많은 약속을 거절하거나 취소해야 했다. 철쭉님의 기준은 굉장히 명확했다.

"명분 없는 만남은 가지지 말고 자연스럽게 친해진 사람 아니면 만나지 말아라."

같은 학교 같은 과라는 이유만으로 본 적도 없는 사람과 약속을 잡는 것은 인터넷으로 랜덤 만남을 하는 것과 다를 바가 없으니 학교에서 자연스럽게 친구가 생기기까지 기다리라고 하셨다. 명분 없는 만남이란 '굳이' 만날 필요 없는 만남인데 무료하고 공허한 마음에 아무 데나 나가면 안 되지 않겠느냐는 말씀이었다.

인간관계에 연연하거나 매달리지 않으려고 안간힘을 쓰며 살아가던 내게 "갑질하면서 살아야 한다."라는 철쭉님의 가르침은 신선했다. 표면적으로나마 콧대 높게 굴다 보니 점차 내가 진짜로 아쉬운 것 없는 당당한 사람으로 느껴졌다. 상대에게 큰 잘못을 하는 것 같아 벌벌 떨며 했던 거절의 말들이 나중에는 눈감고도 술술 나왔으니 처음 맛보는 '갑질'에 잠시 취했던 것도 같다.

그런데 '자연스럽게 친해진 친구'를 금방 만들 수 있을 거란 내 예상이 빗나가기 시작했다. 엠티, 축제, 동아리도 안 나가는 데다 친목에 있어 매사 뜨뜻미지근한 내 태도에 지친 대학 동기들은 금방 다른 친구들과 무리를 만들었다. 점점 고립되는 것 같았다. 남들 다 놀 때 혼자 집에 있으려니 억울하기도 하고 답답하기도 했다.

"외로울 땐 책을 읽어라!"

철쭉님은 운동을 꾸준히 하고 가족도 잘 챙기라고 말씀하셨다.

"저는 당장 나가 놀고 싶고 연애가 하고 싶다고요!"

이렇게 소리 지르지 못했던 건 나도 무슨 말씀인지 잘 알아서였다. 나한테 진짜 필요한 것은 친구가 아니라 인간관계에 목매지 않는 독립심이었다. 사실 인기에 연연하고 평판에 휘둘려온 지난 20년 인생은 충분히 피곤했다. 지금 이 기회에 날 똑바로 세워놓지 못하면 평생 그렇게 살지도 모른다는 건 나 스스로도 잘 알고 있었다.

친구와 놀러 가는 길에 주체할 수 없이 심장이 뛸 때가 있곤 했다. 그럴 때는 흥분해서 이어폰에서 나오는 노래도 잘 들리지 않는다. 날뛰려는 스스로를 잘 잡아둘 수 있다는 호언장담이 자만에 불과한 것임을 깨닫게 되는 순간이다. 그런 어느 날 철쭉님으로부터 문자메시지를 받은 적이 있다. "뭐 하고 있니? 밖에 있으면 일찍 들어가라." 귀신 같은 그 내용에 순간 이성을 되찾았다. "외로운 걸 달래자고 여기저기 쏘다니다가 사고 난다." 철쭉님 목소리가 들리는 것 같았다.

이 길이 맞다는 걸 알면서도 불현듯 외로움이 밀려오던 어느 날에는 철쭉님께 전화가 왔다. "왜 혼자 청승 떨고 있냐?"라는 말씀에 나왔던 눈물이 쏙 들어갔다. 민망해서 "그게 아니라요." 하고 웅얼댔더니 밥 먹자고 나오라고 하셨다. 함께 식사하며 별것도 아닌 일을 여쭈어 철쭉님을 귀찮게 했고, 외롭다고 투덜거리기도 했지만 다 받아주셨다. 말 잘 들어서 예쁘다고, 나중에 크게 될 거라고 격려하시고 외로울 때 언제든지 전화하라고 하시니 답답한 마음은 그저 사르르 녹아버릴밖에. 부른 배와 채워진 마음으로 집에 돌아오면 한결 씩씩하게 지낼 힘이 생겼다.

관계를 맺는 방식이 달라지니 사람을 보는 내 시각도 달라져 가는 걸까. 사람들 속에서 정신없이 지낼 때는 몰랐던 것들이 한 발짝 뒤에서는 더 객관적으로 눈에 들어왔다.

'인싸'가 되겠다는 야심을 품고 대학에 갔다가 결국 좌절되었지만 나는 여전히 인싸들에 대해 동경이나 부러움을 갖고 있었다. 그런데 그 환상이 깨지는 일이 있었다.

한 아이는 SNS 팔로워 수가 많았고 항상 동기와 선배들로 둘러싸여 있었다. 어느 날 같이 듣던 강의가 갑자기 휴강해서 우연찮게 빈 시간을 함께 보내게 되었다. 개인적으로 길게 이야기를 한 것은 처음이었는데 낯가림 없이 말을 놓자고 하니 나도 대하기가 편했다. 자기 얘기를 참 잘 꺼내놓았는데 듣다 보니 '초면에 저런 얘기까지?' 하는 것들이 있었다. 애인 있는 남자와 간을 보다가 환승연애를 했다는, 명백하게 자신에게 안 좋은 이야기인데 그 사실을 모르는지 아니면 들떠서 판단력을 잃은 건지 그 아이는 망설임이라곤 없었다. 내 입에서 나오는 말 하나 관리하지 못해 남들에게 의아하게 보인다면 그 많은 친구라는 게 무슨 소용일까.

최고 인싸들의 모임으로 알고 있었던 과 학생회에 크게 실망한 일도 그중 하나였다. 학생회에서 과 점퍼를 맞추면서 신입생들에게 개별적으로 주문사항을 받아 위탁업체에 전달했는데 실제로 받아보니 그것이 반영되지 않았다. 나는 당연히 업체에 항의해야 한다고 생각했기에 단체카톡방에 이런 요구를 담은 글을 올렸다. 하지만 학생회는 업체와 연락한 결과 보상이나 조치를 받기 어렵다는 말만을 올릴 뿐이었다. 나와 비슷한 사람들이 많았는지, 며칠 뒤 대학 커뮤니티에도 학생회를 저격하는 글이 올라와 화제가 되었고 그에 동조하는 댓글이 많이 달렸다.

그런데 황당했던 것은 얼마 안 있어서 점퍼 주문을 담당했던 학생회 선배의 본명을 언급하며 힘내라, 사랑한다는 댓글들이 올라왔던 것이다. 심지어 그 선배는 응원글을 캡처해서 보란 듯이 자신의 SNS에 박제했다. 이번 일로 명백히 피해를 본 신입생들이 버젓이 있는데 그러는 건 정말 찌질하고 무책임해 보였다.

분개하여 철쭉님께 이 일을 말씀드리니 한참을 웃으셨다. 가만히 있지 않고 단체카톡방에 생각을 말한 것은 특히 잘했다고 하셨다. "축하할 일이다! 우리 ○○이가 제대로 별난 사람이 되어가네." 철쭉님 칭찬에 으쓱했다. 나도 이제 눈치 보지 않고 목소리 내는 법을 알아가는구나 싶어 뿌듯했다.

이만하면 나도 잘 살고 있는 것 같다 싶은 기분 좋은 날에는 철쭉님께 문자를 드렸다.

'선생님, 어떻게 태풍은 피해서 잘 쉬고 계신가요? 저는 어제도 잘 놀았고 내일이랑 내일모레는 가족끼리 여행을 가기로 했어요! 제가 부대낄 때 통화를 할 수 있어서 헷갈렸던 마음을 빨리 정리하고 다잡을 수 있었어요. 요즘 애들이 고민 상담할 데가 없다는 얘길 들었는데 저는 제가 말씀드리기 전에도 알고 도움을 주시는 어른이 계시니 더할 수 없는 행운이라는 생각이 들어요. 그래서 저는 고민이 잘 없는 거 같아요. 언제든지 답을 내주시는 선생님이 계시니까요!

요즘 사람들을 보면서 흐르는 대로 살다가 휩쓸려버리는 게 참 무섭다는 생각을 자주 해요. 그렇기에 울타리가 있다는 게 얼마나 귀하고, 또 감사한지 잘 알아요. 지금껏 그랬듯 제 미래를 위해서 노력하는 모습 보여드리겠습니다.

연휴 기간 맛있는 거 많이 드시고 건강에 좋다는 세상 귀한 음식도 다, 다 드셨으면 좋겠어요. 10년쯤 젊어지시기를 빌어요!!'

철쭉님으로부터 답문이 왔다.

'추석 잘 보냈지? ○○이 문자 보고 졸도했네. 대단혀. 여행 잘 다녀오시게.'

아직도 나는 청춘의 또 다른 이름인, 나를 잡아먹을 것만 같은 불안, 외로움, 그리고 그냥 마음 가는 대로 다 해버리고 싶은 충동에 시달린다. 하지만 소용돌이치는 감정들도 견디다 보면 생각보다 금방 지나간다는 걸 알게 되었다. 그리고 이제는 누구보다 신나게 돌아다니는 이들도 밤이 되면 정체 모를 외로움과 불안함에 시달리기도 한다는 것을 안다. 그렇기에 너무 억울하거나 막막해하는 대신 의연한 마음으로 그런 날들을 넘길 수 있게 되었다.

"나중에 돌이켜보면 나한테 감사하는 날이 올 거야. 대학 때 못 놀게 한다고 그렇게 욕하던 애들도 나중에 어엿한 사회인으로 자리 잡은 뒤에 다 그때 정말 감사했다고 연락이 온다."

언젠가 나에게도 찾아올 그날을 손꼽아 기다린다.

로마에서는 로마법을

나는 식구 많은 평범한 농부의 3남 4녀 중 막내딸로 태어났다. 비교적 온순한 언니들과 달리 유독 말썽도 많고 주장도 강했다. 가족들은 어릴 적 나를 대책 없는 떼쟁이로 기억한다. 공부는 뒷전이고 매일 노는 일에만 집중하던 철부지 초등학교 시절, 해외 파견 근무를 하던 큰언니가 파란 눈의 서양 남자와 결혼해서 신혼여행 겸 한국 결혼식을 치르러 왔다. 그 와중에 형부는 나를 예쁘게 봤는지 자기 나라로 데려가 공부도 시키고 집안일도 돕게 하자는 제안을 했다. 어린 내 눈에 결혼식을 하는 큰언니는 왕비처럼 너무나 멋져 보였고 나 또한 공주가 되고픈 마음에 선뜻 가겠다고 나섰는데 그게 내 인생의 첫 번째 터닝포인트였다.

초등학교를 대충 졸업하고 알파벳도 모른 채 무지갯빛 꿈을 안고 간 형부의 나라. 그런데 그곳에서의 생활은 녹록지 않았다. 언니네 집은 생각보다 그리 여유 있지 않았고 또 나는 언니네 집안일을 크게 도와주지 못했다. 언니는 그런 나를 늘 못마땅해했기에 계속 갈등하게 됐다. 어린 나는 외로웠고 어느 정도 언어가 익숙해지자 마침 사춘기에 접어들면서 자주 밖으로 나돌게 되었다. 그러다가 결국 4년 반 만에 언니와의 불화로 다시 한국으로 쫓겨 왔다. 얼마나 창피하고 민망하던지 동네 사람들이나 초등학교 친구들을 만날까 봐 한동안 아예 집 밖에 나갈 엄두도 못 냈다.

몇 달을 틀어박힌 채 은둔생활을 하며 생각하니 나를 이토록 초라하게 뭉개버린 큰언니가 너무 미웠다. 큰언니에 대한 미움은 크게 성공해서 반드시 복수하겠다는 다짐이 되었고 그때까지 별 관심 없었던 공부를 진짜로 시작하는 데 커다란 동기가 되었다. 이것이 내 인생의 두 번째 터닝포인트였다.

집안 형편도 넉넉지 않고 우리말도 아주 서툰 상황에서 짧은 시간 안에 검정고시, 학력고사(수능)를 치르고 대학 입학을 이뤄냈다. 그 험난한 과정을 버틴 힘은 오로지 대학 문턱도 못 간 무식한 큰언니에게 복수하고자 하는 마음에서 나왔다. 등록금과 용돈을 벌어가며 어렵게 대학을 졸업한 뒤 운 좋게 곧바로 외국 경제기관에 취업했는데 그때는 정말 세상을 다 얻은 듯 자신감으로 충만했다. 최종 결정권자가 모두 서양인인 그곳에서 시작된 나의 첫 사회생활은 그야말로 탄탄대로였다.

주장에 소극적이고 표현이 약했던 다른 한국 직원들과 달리 완전히 서양 사람 같은 나의 언행과 업무 스타일은 곧바로 임원들의 눈에 띄어서 나는 나이 많은 선배 여직원들을 모두 제치고 빠르게 승진에 승진을 거듭했다. 그런 상황에서 다소곳이 겸손을 떨고 있어도 눈엣가시였을 텐데, 나는 '그저 나이가 많거나 입사를 먼저 했다는 이유만으로 그들을 존중해야 해?' 하는 생각으로 지냈다. 그러니 한국 동료들 사이에서 나는 그야말로 왕따 그 자체였다.

하지만 그게 뭐 대수란 말인가? 그들의 후진적인 마인드가 문제라고 생각하면서 난 외부의 칭찬에만 집중했다. 번듯한 배경 하나 없이 이뤄낸 나의 성취와 그것을 가능하게 했던 나의 능력에 심취해 세상모르고 잘난 맛에 살았다.

그러는 사이 알게 모르게 시댁, 남편, 아이, 친구 등과의 관계가 뒤죽박죽 꼬여갔다. 나는 그에 대해서도 한국의 후진적 성차별, 보수성, 권위 의식 등만 탓했다. 나를 이해 못 하는 사람들을 만날 때마다 나는 상당히 선진적이고 진취적인 사고방식의 소유자로서 그들보다 20년을 앞서가고 있으니 이해받지 못해도 어쩔 수 없다고 스스로 위로하곤 했다.

하지만 언제부터인가 아이가 학교에서 잘 적응하지 못했고, 그것이 모두 한국적 정서에 맞지 않는 나의 교육방식 때문이라고 쏘아대는 남편과의 갈등을 피할 길이 없었다. 급기야 딸아이의 문제로 집단상담을 가보라는 추천까지 받았다. 나는 집단상담이 정확히 뭔지도 모른 채 단순히 아이의 문제나 속 시원히 풀어보자는 생각으로 참가했다. 그런데 그곳에서 내 인생에서 아주 중요한 세 번째 터닝포인트를 맞이했다.

준비 안 된 엄마, 자격 없는 엄마, 아이를 낳지 말았어야 할 엄마. 정말 기가 막혀 말이 안 나올 만큼 별의별 소리를 철쭉님께 들었다. 철쭉님은 짐승도 자식을 보호하는데 너는 낳아만 놨지 책임도 못 진다면서 나를 아주 한심한 저급 인간으로 몰아가셨다. 내내 시달리다가 다른 사람 이야기로 화제가 바뀌어 한숨 좀 돌리나 싶어도 그 사람의 이야기에서 살짝 비슷한 사례만 나와도 다시 나에게 화살이 돌아왔다. 사정없는 질타와 지적으로 나는 거의 죽을죄를 지은 엄마가 되었다.

나 역시 부모의 보호와 역할 속에서 컸다기보다는 스스로의 힘으로 성장했다고 믿었기에 부모 자격이 없다는 비난이 당시에는 도무지 이해가 안 됐다. 그래서 무조건 분하고 원통한 심정으로 내내 변명을 일삼았다. 부모의 역할에 누구보다 철저하신 철쭉님은 그런 나를 가만두지 않고 사정없이 몰아세우셨다.

매일 이런저런 사람들의 어처구니없는 얘기를 들으면서도 끈질기게 반발심만 가득했던 나도 집단상담이 끝나갈 즈음엔 조금씩 마음이 바뀌었다. 현재 자신의 어려움을 부모 탓으로 돌리는 많은 사람을 보니 나 역시 최소한 딸아이에게 그런 대상은 되지 말아야겠다는 생각이 생겼다. 딸아이가 나중에 컸을 때 줄곧 탓을 하거나 매사에 질겅질겅 씹어대는 대상이 되는 일만은 만들지 말아야겠다고 마음먹었다.

엄마 역할에 대한 깨달음 못지않게, 아니 그보다 더 아프게 나를 깨우치신 철쭉님의 말씀이 또 있다.

"너는 뭐 빠다칠을 그리하고 다니냐? 로마에 가면 로마법을 따라야 하거늘, 너는 우째 서양 것마냥 빠다맛을 풀풀 내는고?!"

20년이 훨씬 지난 지금도 생생한 질책이었다. 당시 나는 호되게

1. 나를 다듬기 **81**

뒤통수를 맞은 기분이었다. 그렇다. 절대적으로 타당한 지적이었다. 왜 그동안 아무도 나에게 그 얘기를 해주지 않았을까. 그때까지 내가 겪은 많은 문제가 이해되고 인지되기 시작했다. 그래. 절이 싫으면 중이 떠나야 하는데 어쩌자고 나는 선진적이고 진취적 마인드 운운하며 우리나라의 문화와 정서를 등한시했을까. 그런 철없고 미숙한 모습에 차마 말은 못 했어도 나를 아끼는 가족들과 지인들은 얼마나 마음 졸였을까. 또 내가 주장하는 소위 합리적이고 날카로운 얘기에 내 주변은 얼마나 상처받고 질리는 기분이 들었을까.

집단상담에 가서 정말 밥맛없는 나의 모습을 괴롭게 직면했다. 앞으로 외로워지지 않으려면 이방인처럼 굴지 말고 한국 사람답게 우리의 문화와 정서에 적응하려는 노력부터 해야겠다는 마음이 들었다. 나에게는 그야말로 정말 엄청난 의식의 전환이었다.

그 뒤로도 철쭉님은 기회 있을 때마다 사람 냄새 안 난다고 질타하시며 인간관계가 가장 소중하다고 거듭거듭 강조하셨다. 하지만 난 그 기대만큼 진솔하고 따뜻한 관계를 만들지 못했다. 지금까지 그렇다. 아직도 갈 길이 멀다. 철쭉님을 뵌 지 그렇게 오랜 세월이 흘렀지만 요즘도 한 번씩 집단상담에 가면 자수성가한 사람의 티를 잔뜩 내고 거들먹거리기 일쑤여서 왕창 깨지곤 한다. 얼마 전에도 그랬다.

집단상담에 참석하여 도대체 난 왜 이렇게 상대가 약자라고 생각되면 한없이 감정이 흔들려 사리 판단이 안 서는지 모르겠다고 하소연했다. 누군가 1억 원을 빌려달라고 한 적이 있는데 거절해놓고 마음이 불편했다는 얘기였다. 그런데 사람들의 반응이 의외였다. 무슨 돈 자랑을 그렇게 하느냐, 1억이 애 이름이냐, 좀 어렵다고 호소하기만 하면 돈을 빌려주는 거냐 등.

예상치 못했던 피드백에 당황했고 내 의도를 떠나 돈의 액수에만 꽂혀서 날 몰아세우는 이들한테 적잖이 심통이 났다. 한참을 그렇게 당하고 있는데 철쭉님은 멀거니 보기만 하시고 아무 말이 없으셨다. 일과가 끝난 뒤풀이 자리. 사람들은 한술 더 뜨며 나를 괴롭혔다. 농담 반 진담 반 요즘 형편이 어렵다면서 앞으로 우리 친하게 지내자나 뭐라나.

왜 이런 반응일까. 열도 나고 안 되겠다 싶어 철쭉님께 물었다. 없는 일을 얘기한 것도 아닌데 사람들이 왜 저러는 것인지.

"평소에 어떤 말들을 했기에 사람들이 그러는지 그걸 먼저 생각해보란 말이다."

아, 또 뭐가 잘못된 걸까. 골이 띵했다. 이것도 나의 '빠다 냄새' 그러니까 한국 정서를 제대로 읽지 못해서 발생한 에피소드란 말인가.

하지만 나는 안다. 철쭉님은 내 뒤에 버티고 계시면서 나의 좋은 면도 열심히 보고 계시다는 것을. 그런 철쭉님을 믿고 가는 데까지 가보려고 한다.

가끔 속이 시끄럽거나 중요한 선택의 갈림길에 설 때면 철쭉님을 찾아뵙는다. 언제나 한결같은 자기관리 끝판왕의 모습으로 늘 반갑게 맞아주시면서 따뜻한 밥을 사주신다. 아무리 큰일도, 심각한 고민도 철쭉님 앞에 풀어놓으면 결국 그냥 그렇고 그런 사연이 되고 마는 묘한 상쾌함이 있어 참 좋다.

내가 징징거리면 철쭉님은 입버릇처럼 말씀하신다.

"세상 사는 거 별것 없다. 네가 별것으로 만들 뿐이야."

잊을 만하면 한 번씩 이 말씀을 들어야 내 앞의 문제들이 별것 아니라는 그런 '느낌적 느낌'을 갖게 되고 그 힘으로 내가 살게 되나 보다.

우울 벗어 던지기

　나는 중학교 때부터 게임하며 놀기를 좋아했고 반면 공부를 포함한 지루한 것은 극도로 싫어했다. 주변에 친구들도 많았는데 아무래도 상대방에게 잘 맞추는 성향 덕분이었을 것이다. 나는 그것이 그저 나의 스타일이라고 생각해왔다.

　그런데 부모님의 소개로 참석한 집단상담에서 20여 년 인생에서 가장 충격적인 이야기를 들었다. 철쭉님이 나에게 속이 허하고 실속이 없다고 하셨던 것이다. 그래서 할 일을 제쳐두고 이상한 것들에 집착하며 지낸다는 것이었다. 너무 부끄러운 말들이어서 얼굴 들고 다니기도 창피했다.

　내 얘기를 꺼내놓은 밤 얼마나 눈물이 쏟아지던지. 이런 모습을 보이기 싫어서 다음 날 집단원들에게 줄 빵을 사서 방문하기로 예정되어 있던 부모님께 절대 오시지 말라고 전화했다. 그런데 낮말은 새가 듣고 밤말은 쥐가 듣는다더니 다음 날 아침 그 사실이 모두에게 알려져서 나는 그만 공개 처형(?)을 당하고 말았다. 얼굴이 빨개지면서 쥐구멍이 있다면 숨고 싶었다. 그때 철쭉님이 아쉬운 듯이 한마디 하셨다.

"부모님이 안 오신다고? 그럼 내 빵은?"

그 말에 집단장은 순식간에 웃음바다가 되었고 나도 웃고 말았다. 코너에 몰린 나를 구해주신 철쭉님이 고마웠다.

두 번째 집단상담에서는 지난번보다 발전된 모습을 보여주고 싶었지만 역시 어려웠다. 이번에도 충격적인 말씀을 들었다. 자기 정신으로 사는 사람이 아니고 그냥 붙어서 세끼 얻어먹는 놈이라고 하셨다. 성장한 모습을 보여주기는커녕 더 심한 피드백을 받고 만내 심정은 처참했고 억울한 마음 또한 들었다. 집단상담이 끝나고 풀이 죽은 모습을 보신 철쭉님은 나를 방으로 따로 부르셨다. 위로도 하셨지만 동시에 자신감 없는 모습을 꾸짖으셨다. 말씀을 들으면서도 그때는 어디서부터 잘못되었는지 감이 잡히지 않았다.

집단상담이 끝나고 어느 날 혼자 산책을 하다가 철쭉님께 전화를 드렸다. 이런저런 이야기를 하던 중 철쭉님께서 "초승달(집단상담 때의 별칭)아, 너는 잘 모르겠지만 나는 너의 우울한 정서가 걱정되는구나."라고 하셨다. 무슨 말씀이시지? 평소에 사람들과 잘 지내고 있고 혼자 있을 때도 재미있게 지내고 있는데? 그런 내게 우울한 정서가 있다니 이해가 가지 않았고 짜증스럽기도 했다. 주변의 우울한 사람들 모습이 떠올랐다. 평소에 그들을 보면 '왜 저러지?' 하며 답답해했는데 내가 그런 사람이라니 인정하고 싶지 않았다.

철쭉님은 우울감은 자신감과 연결되어 인간관계와 현실을 회피하는 마음으로 이어진다고 하시며, 그러니 더 이상 현실에 겁먹지 말고 해야 할 일은 정면으로 돌파해야 한다고 하셨다. 나는 철쭉님의 진단(?)을 부정하는 마음 한편으로 그 말씀에 유념하며 스스로를 지켜보고 잘 가꾸어 보자고 마음먹었다.

우선 자격증을 따기로 했다. 매일 학원에 다니며 열심히 공부했고 그 결과 방학 동안 컴퓨터 관련 자격증을 두 개나 따는 성공을 맛보았다. 기쁜 마음에 철쭉님께 소식을 전하니 반가워하시며 더욱 격려하셨다. 지금까지 회피했던 것들도 막상 해보니 별것 아니라는 자신감이 생겼다.

새 학기를 맞아 다시 학교 앞 자취방으로 갔다. 집단상담 이후 달라지고 싶은 마음에 컴퓨터 게임을 끊었는데 혼자 생활하게 되니 게임 생각이 많이 났다. 어느 날 수업을 마치고 돌아와 방에 있으니 기분이 가라앉으며 아무것도 하고 싶지 않았다. 무기력했다. 분명히 해야 하는 일들이 있음에도 손이 가지 않았고 공허한 마음이 들었다.

이런 것이 우울감이구나. 그때야 철쭉님 말씀이 무엇인지 알 것 같았고 내 상태를 인정하게 되었다. 컴퓨터 게임은 내가 현실을 직면하고 싶지 않아 찾았던 도피처였다. 그동안 우울한 마음을 게임으로 달래왔고 삶에서 게임이 사라지니 우울감이 나를 잡아먹기 시작한 것이다.

우울감, 외로움, 그리고 무기력감은 나를 계속 괴롭혔다. 하지만 예전과 다르게 게임으로 도망치지 않고 철쭉님께 말씀드리며 하루

하루 지냈다. 무엇보다 철쭉님과 이야기를 나눌 수 있다는 것 자체가 우울로 빠지지 않게 나를 잡아주는 가장 큰 버팀목이었다.

중간고사 기간이 다가오자 공부에 더 집중해보기로 했다. 처음에는 앉아 있는 것조차 너무 힘들었지만 책상과 친해져야 한다는 생각으로 연습했다. 그러다 보니 시험 준비를 조금씩 하게 되었다. 생각보다 할 만했다. 어느 시험 전날에는 밤을 새우면서까지 공부하게 되었고 그 결과 좋은 성적을 받았다. 나조차도 놀라웠다. 내 인생에 이런 날이 올 줄이야!

시험 기간 동안 여러 가지 유혹(?)을 상대가 마음 상하지 않게 거절하는 연습도 해보았다. 내 의견을 전달하는 것도 연습해보니 할 만했다. 그러자 놀랍게도 공허한 마음이 조금씩 채워지는 것이 느껴졌다. 철쭉님께서 걱정하셨던 나의 우울한 정서는 그렇게 조금씩 좋아졌다.

철쭉님이 옆에 계신다는 것이 어떤 것보다 든든하고 힘이 된다. 안 하던 것을 하다 보니 지치기도 하고 모르는 것들도 많아 한때 지나치게 연락을 많이 드리기도 했다. 바쁘실 텐데 죄송하다고 말씀드리면 오히려 잘하고 있다고 응원하셨다. 모르는 것이 있다면 반드시 물어봐야 하고 알고 행하는 사람이 현자라면서 언제든지 묻는 것을 주저하지 말라고 덧붙이셨다. 자신감으로 꽉 찬 밝고 환한 '보름달'이 되는 그날까지 철쭉님은 내 전화로 바쁘실 것 같다.

2

있는 그대로 받아들이기

사랑과 집착 사이

산다는 것이 늘 예측을 벗어나는지라 답답한 일이 생기면 어렵지만 철쭉님께 전화를 걸었다. 통화가 끝날 때쯤이면 언제나 예외 없이 나의 단점에 대한 지적이 쏟아졌다. 처음에는 유독 나에게만 그러신가 하여 울화통이 치밀기도 하고 기가 죽기도 했는데 나중에 알고 보니 욕을 들어먹지 않은 사람이 하나도 없었다. 하지만 그걸 알고도 두려움이 앞서 철쭉님께 전화하기가 너무 어려웠다.

20년 전 대학에 들어가고 얼마 지나지 않아 엄마가 세상을 떠나셨다. 나는 갑작스러운 환경의 변화를 감당할 수 없어 할머니에게 기댔다. 아버지도 계시고 형제자매가 없는 것도 아닌데 유독 할머니를 엄마 대신으로 삼아 의지하고 살았다. 하지만 할머니가 엄마는 아니었기에 온전한 애정과 소통의 대상이 사라졌다는 허탈감과 불안으로 순간순간 지탱하기 힘들 때가 많았다.

나이가 들자 가족들과 주변에서 이구동성으로 결혼을 재촉했다. 이래저래 그것이 어려운 이유를 설명해도 막무가내로 성화하니 심적인 한계가 느껴질 정도였다. 물론 나이가 차면 결혼하는 것이 보편적이겠지만 나는 결혼과는 너무나 거리가 먼 사람이라 생각했다. 엄마의 죽음 앞에서 직면한 삶의 허망함도 무시할 수 없는 이유 중 하나였다. 엄마는 심부전증이란 병명으로 손쓸 사이도 없이 세상을 떠나셨다. 나 또한 같은 증상을 갖고 있다. 물론 모든 사람은 심부전 인자가 있다고 한다. 하지만 놀란 가슴이라 그런지 건강 염려증이 생겼고 자연스레 결혼이라는 것을 포기하게 되었다.

결국 나는 할머니를 돌본다는 얼토당토않은 핑계로 결혼에 대한 압박을 모면해보려고 했다. 할머니 연세가 팔십을 넘기셨고 홀로 남은 아버지를 건사하는 일도 문제이니 결혼을 포기하겠다고 선언했다. 할머니도 아버지도 건강이 안 좋으시니 내가 곁에 있어야 한다는 억지였다. 아버지는 시간이 흘러 새어머니를 맞이하게 되었으나 할머니만큼은 계속 내 차지였다. 그러다 보니 나와 할머니의 밀착 관계는 다른 사람들 눈에 지나친 집착으로 비쳤던 듯하다.

그도 그럴 것이 할머니에 관한 것은 모두 나에게 의견을 물었고 내가 최종 결정권자였다. 어떤 음식을 드리고 어떻게 돌봐드릴지 다 내가 결정했고 직접 실행하는 것도 거의 나였다. 편찮으신 것 같으면 그 상황을 모두에게 알리고 병원을 알아보고 치료계획을 세우는 것도 내가 했다. 할머니만큼은 엄마처럼 느닷없이 보내고 싶지 않은 마음은 나뿐만 아니라 가족 모두의 것이었다. 각자 꾸린 가정으로 바쁜 형제자매들이나 새어머니와 함께 새 일상을 살아가시는 아버지를 제치고 나와 할머니는 더욱 밀착되었다.

그런데 어느 날 할머니가 결국 몸져누우셨다. 워낙 고령이시니 느닷없는 일은 아니었지만 막상 그렇게 되니 갈팡질팡 어찌할 바를 모르고 당황스럽기만 했다. 할머니가 돌아가시면 어떻게 해야 하나, 고심하던 끝에 철쭉님께 전화를 걸었다. 내가 자초지종을 말씀드리니 내내 듣기만 하시다가 한참 뒤에 말씀하셨다.

"할머니 나이가 많아 몸져누우셨구나. 좋은 방법이 있다. 할머니 돌아가실 때 너도 같이 죽어라. 지금부터 준비하면 되겠다."

너무 뜻밖의 말씀이라 무심결에 "예?"라는 말이 튀어나왔다. 하지만 철쭉님은 진지하게 "할머니랑 같이 죽는 것이 최선인 것 같다."라고 하시며 전화를 끊으셨다. 이게 무슨 말인가. 머리가 지끈지끈했다. 몇 날 며칠을 고민하다 다시 전화를 걸었다. 일전에 하신 말씀이 무슨 뜻인지 모르겠으니 다시 알려주십사 부탁을 드렸다. 이번에도 철쭉님은 진지한 말투로 말씀하셨다.

"할 수만 있다면! 할머니가 살고 네가 먼저 죽는 것이 여러모로 좋겠다!"

왜 그런 말씀을 하시는지 다시 여쭈었다. 철쭉님은 사람은 주민등록번호 순대로 죽는 것이 아니니 나더러 먼저 눈을 감으라 하셨다. 덧붙여 "너 같은 사람은 살아야 할 가치도 이유도 없다."라면서 매몰차게 쏘아붙이기 시작하셨다.

사람은 나이가 들면 반드시 죽음을 맞이하는 것이고 연로한 할머니는 응당 먼저 가는 것이 원칙이다. 그런데 뜬금없이 손녀가 지랄하니 죽음의 순서를 바꾸든가 할머니 대신 목숨을 내놓든가 하라고 하셨다. 기가 막히고 어이없어 눈물이 터졌다. 그런데도 오히려 철쭉님은 이 일이 대화도 안 될 만큼 울고불고할 일이냐며 성을 내셨다. 부끄러움도 사회성도 없거니와 할머니를 빙자해서 객기를 부리고 있고 대학을 나오고 그것도 박사학위까지 가진 사람이 병신 흉내를 내고 있다고 하셨다. 아주 저질이라고 몰아붙이시니 어안이 벙벙해서 나오던 눈물도 다시 들어갈 지경이었다. 그렇게 한참 동안 사정없이 나를 병신 취급을 하시더니 다시 찬찬히 설명하셨다.

"물론 정신적인 충격이 크겠지만 사람은 자기 역할에 충실해야 한다. 늦은 감이 있지만 할머니와 정신적인 독립이 안 되면 너는 추한 모습으로 폐인처럼 살 수밖에 없어. 할머니는 아버지에게 맡겨야 한다. 네가 지랄을 하면 아버지가 할머니한테 효도할 기회와 새어머니가 의무를 다할 기회마저 빼앗는 못된 송충이가 되는 거다. 지금 너는 남의 옷을 네 것인 양 입고 착각 속에 광기를 부리고 있다."

순간 부끄러움이 전신에 번졌다. 나는 얼굴이 뜨거웠으나 부끄러움을 무릅쓰고 앞으로 어떻게 해야 하는지 또 여쭈었다. 철쭉님은 차근히 알려주셨다.

"아버지께 말씀드려라. 지금껏 할머니에게 집착했던 마음을 솔직하게 얘기하고 아버지의 자리를 돌려드린다고. 그렇게 말로 표현하는 것이 아주 중요하다. 침묵만 해서는 정리가 안 된다. 아들인 아버지가 할 수 있는 역할이 있고 손녀인 네가 할 수 있는 역할이 있다. 복잡한 정서에 얽힌 사연들이 이것뿐이겠느냐마는, 우선 아버지에게 이것을 분명하게 말씀드려라."

그 말씀을 들으니 가슴이 두근거렸다. 뜻은 알 것 같았지만 막상 말이 입에서 떨어지지 않았다. 며칠을 속으로 끙끙 앓았다. 살면서 '하겠다'는 말은 입에 달고 살았어도 뭘 '안 하겠다'거나 '못 하겠다'는 말은 해본 적이 거의 없었으니 그런 말을 하는 자체가 일단 부담스러웠다. 더구나 다른 일도 아니고 세상에서 내가 가장 사랑하고 우리 가족 모두에게 소중한 존재인 할머니와 관련된 일을 못하겠다는, 책임을 회피하는 듯한 그런 말을 어떻게 할 수 있을까. 그렇게 되면 할머니와도 거리가 생기지 않을까 두려웠다.

문득 아직 살아계신 할머니 곁에 아버지의 자리를 마련해드리고자 잠시 물러나는 것도 이렇게 두려운데 할머니가 정말 세상을 떠나시면 마음을 걷잡을 수 없겠구나 하는 생각이 들었다. 할머니에 대한 내 사랑은 역시 질긴 집착이었구나. 철쭉님이 모질게 말씀하신 데는 이유가 있었구나.

사실 철쭉님께 늘 할머니에게 집착하지 말라는 말씀을 들어왔다. 당연히 알아들었다고 생각했고 안 그러고 있다고 여겼다. 하지만 큰일이 닥치고 보니 내 못난 모습을 다시 한번 직면하게 되었다. 모르는 걸 알게 되는 것도 어렵지만 아는 것을 몸으로 실행하기는 또 얼마나 어려운지.

처음에는 내가 효나 도리, 책임이나 사랑이라고 생각하는 것이 남의 눈에는 집착으로 보인다는 것을 이해하기 어려웠다. 아니, 이해하지 않으려고 했다. '지극한 것이 왜 나쁘다는 것이지?' 하며 아기 같은 투정을 부렸다. 나 자신의 외로움에서 벗어나고자 앞장서

2. 있는 그대로 받아들이기

서 할머니를 전담 마크해왔고 그것이 틀렸다는 것을 인정하기 싫어 그토록 오래 소 힘줄 같은 고집을 부렸나 보다.

 결국 용기를 내 아버지께 망설였던 말씀을 드렸다. 그러자 아버지는 조금의 주저함 없이 "그동안 네가 나 대신 고생이 많았다."라고 하시며 오히려 나를 위로하셨다. 거짓말처럼 내 마음도 가벼워졌다. 참 신기하기도 하고 무엇보다 아버지께 감사한 마음이 들었다. 그 뒤로 할머니는 아버지와 새어머니의 간호를 받으시며 밝은 모습으로 지내시다 94세의 노령으로 세상을 떠나셨다.

 사람에게는 각자의 자리가 있고 사는 일에는 앞뒤와 순서가 있는 듯하다. 역행하면 역행한 사람뿐만 아니라 주변이 다 망가진다는 사실을 늘 마음에 되새긴다.

알아도 모르는 척해야 할 때

상담하다 보면 가끔 내담자의 문제를 파악하는 게 어렵고 혼란스러울 때가 있다. 나의 능력이 부족해서일 수도 있고 삶의 경험이 짧아서일 수도 있다. 가끔 급할 때, 그리고 앞뒤가 안 맞는 내담자의 말을 이해할 수 없을 때 철쭉님께 여쭙는다. 통화가 안 될 때가 많지만 연결이 되면 그렇게 좋을 수가 없다. 언제나 신속 정확하게 도움을 받을 수 있으니 말이다. 철쭉님은 부족한 내가 늘 두려움이 없이 상담할 수 있는 든든한 '빽'이시다.

가끔 '철쭉님은 사람이 맞나?' 하는 생각이 들 때가 있다. 놀랍다는 말로는 다 표현할 수 없어 그저 홀린 듯이 입이 벌어지는 경우가 많기 때문이다. 철쭉님의 경험은 어디까지이며 세상과 사람에 대해 어디까지 아우르실 수 있는 걸까. 듣기로 의학도 공부하셨고 행정관으로도 지내셨고 회사 경영을 하셨을 뿐만 아니라 교수였던 적도 있으시다고 한다. 아무리 그렇다고 해도 이렇게까지 다방면에 혜안이 깊을 수 있는지 늘 놀랍다. 특히 현실적인 문제를 해결하는 데 있어서의 판단은 전광석화처럼 빠르고 명쾌하시다.

상담자의 길에 들어선 이후 수도 없이 집단상담을 다니며 철쭉 넘게 무엇이든 배우려고 애썼다. 하지만 배움의 길은 끝이 없고 특히 내담자의 말을 통해 객관적인 상황을 파악하는 것은 여전히 어려울 때가 많다. 하물며 병아리 상담자였을 때에야. 그 당시의 일이었다.

지금도 잊히지 않는 그 내담자는 20대 후반의 여성으로 당시 대학원을 다니고 있었다. 학업과 불확실한 진로 등의 어려움을 토로했는데 어느 날 한 친구 이야기를 꺼냈다. 그 친구와는 남녀 대학생이 모인 봉사 단체에서 만나 가까워진 사이인데 최근에 섭섭한 일이 있었다는 것이다.

그 단체를 그만둔 내담자와 달리 그 친구는 아직도 거기에 몸을 담고 있었다. 언젠가 내담자는 그 친구에게 마음에 있는 이런저런 이야기를 하다가 단체의 한 남자를 거론하면서 질이 좋지 않은 사람이니 조심하라고 당부했단다. 그런데 얼마 전 그 친구가 내담자에게 "그 남자랑 사귀게 됐어. 나 너무 미워하지 마." 하고 말했다는 것이다. 내게 그 이야기를 하며 내담자는 자기가 한 말이 있는데 어떻게 사귀기까지 할 수 있느냐며 분노했다. 지나치게 흥분하는 내담자가 잘 이해되지 않아 물었다.

"그런데 왜 그렇게 화가 나요?"

내담자가 멈칫하더니 이내 앙칼지게 쏘아붙였다.

"그 남자는 양아치라고요! 그래서 내가 가까이하지 말라고 분명히 말했는데 그 친구가 사귄다잖아요. 나한테 너무 예의 없는 거 아니에요?"

"이해가 안 가네요. 친구가 안 좋은 남자를 사귀는 게 답답하게 느껴지거나 내 말을 가볍게 여기는 것 같아서 기분이 좀 안 좋을 수는 있지만 왜 이렇게까지 화가 나요? 그 남자와 무슨 일이 있었어요? 혹시 좋아했어요?"

그러자 내담자가 펄쩍 뛰면서 어떻게 그런 말을 할 수 있느냐며 흥분했다. 절대 아니라는 것이다. 그저 자기 말을 귓등으로 듣는 그 친구에게 열 받은 것이라고 했다. 내담자의 거센 저항에 나는 순간 당황했다. 잘못 짚었나 싶었고 그렇다면 내담자가 평소에 화가 많은가 보다 추측하며 부적절하게 화를 내는 원인이 무엇일지 알아보기 위해 이야기의 방향을 틀었다. 그리고 남은 시간 동안 내담자의 억눌린 감정에 대해서 탐색했다.

그다음 시간이었는지, 내담자는 다시 또 그 남자 얘기를 꺼냈다. 단체에서 만난 또 다른 친구가 말하기를, 그 남자가 너에게는 나쁜 사람일 수 있지만 자기가 보기에 그렇지만은 않은 것 같다고 했다는 것이다. 내담자는 그 얘기를 듣고 또 무너질 듯한 기분이 들었다고 했다.

아무래도 이상했다. 나는 물었다.

"전에도 이해가 안 됐지만 그 말을 들으니 역시 그리네요. 왜 그렇게 기분 나빠요? 정말 그 사람을 좋아했던 게 아니에요?"

이번에도 내담자는 펄쩍 뛰었다.

"아니에요. 그런 사람을 좋아했을 리가 없잖아요!"

당시만 해도 나는 내담자의 말을 믿지 않고 조금이라도 주관이 섞인 잘못된 해석을 해선 안 된다는 생각이 강했다. 그것이 내담자에 대한 예의라고 믿었다. 또 내 나름으로는 그 내담자와 나 사이에 이미 신뢰가 형성되었기에 내담자가 그만한 일을 얘기하지 못할 정도는 아니라고 생각했다. 내담자의 말은 거짓이 아니다. 그런데 왜 저렇게 흥분하는 것일까. 혼란스러운 마음에 내담자를 보내고 철쭉님께 전화했다.

"내담자는 십중팔구 과거에 그 남자와 깊은 관계였을 것이다. 그런데 남자에게 잊을 수 없는 상처를 받은 모양이다. 처음에 너에게 사실대로 말하지 않았으니 앞으로도 절대 사실을 말하지는 않을 것이다. 사람이 원래 그런다. 부끄러워 덮고 싶은 이야기가 있는 법이다. 그냥 마음만 알아주고 더 이상 캐묻지 말아라. 다만 다른 곳에 가서도 그런 식으로 이야기하면 눈 밝은 사람들이 그 남자와의 사이를 넘겨짚을 수 있으니 조심하라고 넌지시 일러주어라.

상담자는 부끄러운 상처와 남몰래 씨름하는 내담자에게 가슴을 열어주어야 한단다. '나도 그런 경험이 있는데 돌아보면 아무것도 아니더라.'라고 하면 내담자가 사실을 다 털어놓지는 않아도 속으로 커다란 위안을 받지."

아! 그랬구나! 철쭉님의 명쾌한 말씀에 시원하면서도 많은 생각이 스쳐 갔다. 상담하면서 맥락에 맞지 않는 말이나 표현에는 다른 이유가 있으니 의심해봐야 한다는 것과 내담자가 설사 도움을 받기 위해 왔더라도 자신이 부끄럽다고 생각하는 이야기는 절대 꺼내지 않는다는 것을 이미 누누이 들었건만 부지불식간에 중심을 잃고 혼란에 빠졌구나 싶었다. 마음도 모르고 자꾸 캐묻기만 하는 내가 내담자는 얼마나 답답했을까.

철쭉님이 일러주신 대로 나는 다음 시간에 내담자에게 말했다.

"당신이 다른 친구들에게는 미주알고주알 다 말할 순 없었지만 그 단체에 있는 동안 많이 힘들었나 봅니다. 그 친구들은 당신 마음을 모르니 그런 말들을 했겠지요. 하지만 다 지나간 일 아닙니까. 살다 보면 그런 일들이 많답니다. 이제 그렇게 정리합시다."

그러자 내담자는 고개를 숙이고 한동안 침묵하더니 이렇게 말하는 것이 아닌가.

"네……. 힘들었지요."

철쭉님 말씀을 듣기 전까지 나 나름으로 정말 고민을 많이 했다. 대체 내담자는 왜 그렇게 화를 냈을까? 그 남자를 좋아한 게 아니라면 혹시 그 여자 친구를 좋아했던 걸까? 심지어 그런 생각까지 했다. 지금 생각해도 실소가 나온다.

철쭉님은 누누이 사람의 말과 행동은 대체로 상식을 벗어나지 않으니 상담자는 중심을 잃지 말고 내담자의 말을 잘 들어야 한다고 하셨다. 만약 정신을 차리지 않으면 언제든 헛다리를 짚고 내담자에게 엉뚱한 조언을 하기 십상이라고. 그런 철쭉님의 말씀을 몸소 느낀, 잊을 수 없는 경험이었다.

나를 괴롭히는 사람, 나를 살리는 사람

추석 전날 저녁 아버지에게서 전화가 왔다.

"뭐 하냐? 바쁘냐?"

20여 년 전 출가를 시킨 뒤 아버지는 외동딸인 내게 틈만 나면 말씀하셨다. "내 걱정은 말고 너나 잘 살아라." 추석 전날 같은 때 내가 전화를 드리면 드렸지 먼저 전화하시는 법이 없었다. 무슨 일일까? 며칠 전 찾아뵐 때만 해도 별일 없다고 하셨는데 목소리가 심상치 않았다. 전화기를 들고 조용한 곳으로 갔다.

"나 집 나왔다. 도저히 못 살겠다."

한숨이 절로 나왔다. 의부증이 심한 엄마 때문에 아버지는 늘 괴로우셨다. 또 들볶이신 걸까.

"명절이라고 시장 가서 네 엄마 좋아하는 떡이랑 과일이랑 이것저것 사 들고 들어갔지. 그랬더니 어떤 년을 만나고 이렇게 늦게

왔냐고! 몇 시간 동안을! 지긋지긋해서 원. 하루를 살다 죽어도 맘 편하게 살다 죽으련다."

"아이고. 지금 어디신데요?"

"공원에 앉아 있지. 달도 밝고 바람도 좋고. 그냥 있을 만하다."

명절 전날 저녁에 팔십이 넘은 아버지가 가출해서 혼자 공원에 앉아 계신다. 환장할 일이었다. 술도 한잔 드셨다고 하니 더 걱정되었다. 내가 걱정하는 소리를 하자 아버지는 곧 모텔에 들어갈 거라고 하셨다. 모텔이라. 그것도 심란했다. 우리 집으로 오시라고 했지만 말도 안 되는 소리라며 ○서방에게는 절대 말하지 말라고 하셨다. 모텔에 들어가면 모텔 이름과 방 호수를 알려주시라고 신신당부하며 전화를 끊었다.

다음 날 오후, 남편에게는 아버지가 갑자기 체하셔서 얼른 다녀와야겠다고 하고 집을 나섰다. 명절날 문을 연 식당이 있을까 걱정하며 경복궁 근처로 갔다. 한복을 빌려 입은 외국인과 젊은이들이 한가하게 명절 오후를 즐기는 거리에서 가출 이틀째인 아버지를 만나 삼계탕 집에 들어갔다.

뜨끈한 삼계탕을 맛나게 드시는 아버지를 보고 있자니 복잡한 감정이 올라왔다.

"방을 얻어야겠다. 계속 모텔에 있을 수는 없고. 뭣이냐, 요즘 오피스텔인가 원룸인가 그런 것이 있다면서? 좀 알아봐라."

엄마의 의부증은 뿌리가 깊다. 아버지는 첫 결혼에 나를 얻으셨으나 그 결혼은 실패로 돌아갔다. 친엄마는 돌도 안 지난 나를 두고 나갔고 나는 할머니 손에 자랐다. 내가 몇 살 때인지 기억이 없는 걸 보면 아마도 어렸을 때 아버지는 지금의 엄마를 만나 두 번째 결혼생활을 시작하셨다. 나는 오랫동안 지금의 엄마가 내 친엄마인 줄 알고 자랐다. 새엄마는 아버지와 할머니의 바람대로 아들을 낳고 싶어 하셨으나 아무리 애를 써도 잘 안 되었다. 임신에 자꾸 실패하자 심한 불안을 느끼신 것 같다. 어린 나에게 할머니가 아버지를 새장가 보내 손주를 보려 하니 둘이 무슨 작당을 하는지 매번 잘 감시해서 보고하라는 특명을 내리시곤 했다. 지금 생각해 보면 엄마의 증상은 그때부터였던 것 같다. 사시는 내내 두 분은 참 많이도 싸우셨다. 내가 좀 큰 뒤로는 잠잠해졌으나 서로 못마땅해서 티격태격하시는 일은 끊이지 않았다.

　엄마는 대체로 건강한 편이셨는데 십 년쯤 전인 육십 대의 나이에 넘어져서 고관절 수술을 받으셨다. 그런데 얼마 뒤 또 넘어져서 다른 쪽 고관절도 수술하셨다. 연이은 수술로 거동이 불편해지니 심신의 건강은 급속도로 악화되었다. 몰라보게 살이 빠진 것은 물론 우울감도 깊어져 의부증이 더욱 심해지셨다. 나갔다 들어오기만 하면 추궁하며 잡으니 기운이 펄펄하고 놀기 좋아하는 아버지는 너무 괴로워하셨다.

　그 이후로도 엄마는 두어 번 입원과 퇴원을 반복하셨다. 아버지는 미운 가운데 나름 정성껏 엄마를 돌보셨다. 하지만 엄마는 퇴원해서 기력을 회복하면 작정했다는 듯이 다시 아버지를 들볶으셨다. 고생해서 살려놓으면 뒤통수치듯이 당신을 괴롭히는 엄마에 대해 아버지의 화도 점점 쌓여만 갔다. 어째야 좋을지 철쭉님께 여쭈어보면 아버지에게 엄마를 이해하도록 설명하라고 하셨다.

하여 나는 아버지에게 틈만 나면 이야기했다. 치매가 오면 사람 말이 안 통하는 것처럼 의부증도 그렇다더라. 다른 건 다 괜찮지만 의심하는 내용에 대해서는 소통이 안 되니 답답해하지 마시고 설명하려고 애쓰지도 마시고 또 병이 도졌구나 하고 생각하셔야 한다. 싸워도 설득해도 소용없으니 너무 힘드시면 잠시 자리를 피하시고 나에게 전화를 하셔라.

아버지는 내 말을 이해하는 듯 들으시다가도 어떤 때는 듣기 싫다면서 네 엄마가 나쁜 사람이고 나에게 원한이 깊어 일부러 괴롭히는 것이라고 화를 내셨다. 아버지도 늙으셨는지, 아니면 엄마가 그렇게 미운 것인지 알 수 없었다.

아버지 화가 너무 솟구쳐서 안 되겠다 싶으면 아버지에게 불편한 얘기도 했다. 의부증이 병은 병인데 그냥 생기는 것은 아니라더라. 의심할 만한 상황을 겪어야 병이 시작되는데 젊은 시절 아버지는 엄마한테 너무하지 않으셨느냐. 조금이라도 미안한 생각이 들면 좀 봐줘라. 이렇게까지 말하면 아버지는 아무 말이 없어지셨고 그러면 또 조금 시간이 흘렀다.

하지만 한편으로는 생각했다. 아버지가 더 이상 못 하겠다고 하시면 어쩔 수 없지 않을까. 의부증, 의처증은 죽어야 낫는 병이라는데. 어릴 적 내가 겪은 엄마는 참 피곤하고 힘든 사람이었다. 지금 둘만 있는 집에서 24시간 아버지는 어떠실지. 그런 생각이 들면 아버지가 언제까지 저렇게 사셔야 하나 한숨만 나왔다.

정신과에서 안정제를 처방받으면 좀 낫지 않을까. 간 김에 검사도 받아보면 좋을 것이고. 엄마한테 나름의 작업을 걸어봤다.

"엄마, 아버지 때문에 젊어서 고생도 많이 하고 한도 많이 쌓였지? 요새 그런 상담을 해주는 데가 있대. 가서 속 시원하게 아버지 욕도 하고 옛날 얘기도 하면 좋지 않을까?"

"어디 그런 데가 있어?"

"가까워. 나랑 가자."

엄마의 표정이 변했다. 엄마는 예리하시다. 평소에 냉정하던 딸이 갑자기 살갑게 굴면 반드시 무슨 꿍꿍이가 있는 것이다.

"네가 나를 어디 처넣으려고? 나 말짱하다. 나는 정신적으로 아주 정상이야. 너희 아버지가 그 나이에 여자를 만나! 그것도 젊은 년을! 매일 새벽에 자다 일어나서 몰래 통화를 한다. 너는 느이 아버지 단속이나 해. 내가! 이날 이때까지 너를 어떻게 키웠는데!"

나 역시 어릴 때부터 수백 번 반복되어온 엄마의 레퍼토리를 들으면 혈압이 상승한다. 묻어두었던, 엄마를 향한 지겹고 싫은 감정이 솟구치면서 그런 엄마를 매일 대하고 살아갈 아버지가 안쓰러워진다. 남의 자식 키워봐야 소용없다더니 '엄마도 참 힘들겠다.' 하는 생각은 그럴 때는 안 난다.

하지만 아무리 그런 나여도 이번만큼은 마음이 달랐다. 아버지가 추석 전날 말도 없이 나와 밤새 안 들어가신 것이다. 안 그래도 불안이 많은 엄마는 '그년'에게 간 것이 틀림없다고 생각하며 밤새 이를 가셨을 것이다. 오만가지 생각에 한숨이라도 주무셨을까. 집을 나온 아버지도 걱정이지만 엄마 걱정도 안 할 수가 없었다.

삼계탕을 다 드신 아버지는 떠돌이 생활을 할 수는 없으니 있을 곳을 알아보라고 다시 말씀하셨다. 아버지의 인내심이 한계에 달했구나. 두 분의 인연은 여기까지인가. 머릿속이 바빠졌다. 아무리 건강해도 팔십이 넘은 아버지를 혼자 둘 수는 없는 일이다. 두 분 다 실버타운으로 모셔야 하나. 각각 다른 곳으로 모셔야겠지? 아버지에게는 알겠다고, 그동안 고생 많으셨다고, 내가 알아보겠다고 입찬소리를 하고 헤어졌다.

명절이 끝나자마자 철쭉님께 전화를 드렸다.

"그러면 안 된다!"

철쭉님은 단호하셨다. 아버지가 나가면 엄마는 무슨 수를 써서라도 찾아낼 것이고 그렇게 되면 두 분이 위험해질 수 있다. 신문에 의부증, 의처증 때문에 사고 난 기사들 못 보았느냐. 아버지를 잘 설득해서 집에 들어가시게 하라고 다그치셨다.

"아버지는 죽어도 안 들어가신다는데요? 이렇게 강경하신 적은 처음이에요. 아버지가 앞으로 얼마나 사신다고, 그렇게 괴롭게 사시도록 해야 하나요?"

철쭉님은 혀를 차셨다.

"네가 뭘 몰라도 한참 모른다. 두 분은 오랜 세월을 같이 사셨어. 사이가 좋았든 나빴든 익숙하다는 건 무서운 거야. 같이 사시는 것이 두 분에게 가장 좋다. 아버지도 시간이 지나면 들어가실걸?"

철쭉님은 두 분을 따로 만나 먼저 엄마에게는 다음과 같이 냉정하게 말하라고 하셨다. 딸로서 두 분이 백년해로하시기를 바랐다. 그런데 엄마가 아무 잘못 없는 아버지를 의심하고 괴롭히니 아버지가 나가신 것 아니냐. 아버지는 죽어도 다시 안 들어간다고 하신다. 내가 온갖 소리를 다 해봤지만 안 들으신다. 딸로서 거동이 불편한 엄마를 이대로 둘 수는 없다. 어디 좋은 시설을 알아봐야겠다. 마찬가지로 아버지도 혼자 둘 수 없다. 아버지 요양원도 알아볼 것이다. 아버지는 시설에 절대 안 들어간다고 펄펄 뛰시지만 어쩔 수 없다. 그런 줄 아시라.

철쭉님은 특히 엄마에게 꼭 내가 아버지를 요양원에 강제로 모실 거라는 말을 해야 한다고 하셨다. 그렇지 않으면 엄마는 아버지가 '그년'과 함께 지낼 것으로 여겨 사방팔방 찾아다니시고 결국에는 사고가 날 수 있다는 말씀이셨다. 겁나는 얘기였다.

아버지를 만나서는 힘든 마음을 알아드리고 뒤이어 엄마에 대한 연민을 부추기라고 하셨다. 아버지는 병든 엄마를 나 몰라라 하실 분이 아니다. 저러다 엄마한테 무슨 사고라도 나면 어떡하냐. 그렇게 되면 아버지 맘이 편하시겠나, 기타 등등.

말씀대로 했다. 엄마는 예상대로 펄펄 뛰셨다. 당신은 사지육신 멀쩡하니 요양원에는 절대 안 들어간다고. 네가 딸이라면 아버지를 설득해 집에 데리고 오라고.

아버지도 그사이 더 강경해지셨다.

"죽으면 죽었지, 안 들어간다! 사고가 나도 어쩔 수 없어. 운명이라고 생각할 것이다."

말이 안 통하자 나는 아버지에게 작은고모 이야기를 했다. 명절을 앞두고 사촌 언니와 통화를 했는데 작은고모가 파킨슨병 진단을 받으셨더라. 이미 전부터 거동이 어렵고 의사소통이 안 되었는데 작은 고모부가 그런 고모를 혼자 돌보느라고 얼마나 고생이 많으신지 사촌 언니는 작은 고모부가 불쌍해서 집에 다녀오면 눈물이 난다는 얘기였다. 여동생 얘기를 들은 아버지는 그럴 리가 없다고, 당신 여동생은 그럴 나이도 아니고, 나이가 들어도 절대 그런 병은 안 걸릴 애라고 딱 잘라 말씀하셨다. 얼마 전 누나가 세상을 떠났는데 이제 여동생까지 그러하다는 현실을 받아들이실 수 없는 아버지의 마음이 느껴졌다. 늙는다는 것이 무엇인지.

"고모부가 젊어서 매일 술 드시고 그렇게 고모 속을 썩이더니 이제라도 갚으시나. 지금 고모는 고모부 없으면 아무것도 못 하신다고 하네."

넌지시 아버지 마음을 떠봤지만 요지부동이었다. 아버지가 계속 저렇게 확고하시면 어쩔 수 없는 것 아닌가 하는 생각마저 들었다.

며칠이 지났다. 아버지는 여전했다. 하지만 엄마가 병원 가는 날이어서 집에 들러 데리고 다녀왔다고 하셨다. 엄마에게 전화했다. 아버지 없는 매일매일이 엄마에게는 얼마나 지옥일지. 그런데 엄마 목소리가 그날따라 차분했다. 왠지 말이 통할 것 같았다.

"엄마, 그동안 나 키우느라고 얼마나 힘들었어. 아버지 때문에 고생하고 나 때문에도 고생 많았지? 참 고맙게 생각해. 엄마랑 아버지랑 사이좋게 살면 얼마나 좋겠어. 그런데 엄마, 아버지는 집에 안 들어간대. 어떡해. 내가 설득도 하고 화도 내보는데 아버지가 말을 안 들어. 엄마가 괴롭혀서 너무너무 힘들대."

"네가 고생이 많다. 이 나이 먹도록 내가……. 나도 너한테 짐 되기 싫어. 아버지가 집으로 들어오면 되잖아. 네가 얘기를 좀 해봐."

"아버지는 엄마가 괴롭히면 죽고 싶대. 엄마가 이상한 생각을 안 해야 해. 사실도 아니잖아. 그런 생각이 떠올라도 말을 안 하든지.

아버지가 저렇게 힘들어서 못 살겠다는데 어떡할 거야?"

아버지를 잃을까 하는 두려움이 혹시라도 엄마의 증상을 누를 수 있을지 기대하며 말했다. 엄마는 대답이 없었다. 또 며칠이 지났다. 아버지에게서 전화가 왔다. 아래층 비어 있는 방으로 거처를 옮기셨다며 이제 아무 신경쓸 거 없고 너나 잘 살라고 하셨다. 한결 마음이 놓였다. 다시 며칠 뒤 아버지 목소리가 한껏 밝아졌다.

"자꾸 전화할 거 없다. 다 잘됐다. 남은 인생, 서로 좋은 것만 보고 좋은 말만 하고 살자고 약속했다. 네 엄마도 이제 절대 안 그러겠대. 물론 믿을 수야 없지. 그런 약속한 게 한두 번인가. 하지만 혼자 있어 보니 그게 사람 할 짓이 아니야. 아무리 괴로워도 혼자보다는 둘이 낫더라!"

며칠 전 완강하시던 아버지는 어디 갔는지, 철쭉님 말씀대로였다. 신기하기도 했고 뭉클하기도 했다. 아버지와 엄마는 몇십 년 서로 익숙한 사이라는 말씀이 떠올랐다. 허구한 날 싸우시던 세월 속에서 쌓인 정일까. 세상에서 제일 무서운 정이 미운 정이라고 하더니 이럴 때 쓰는 말인지.

아버지가 현실을 받아들이시는 모습에 묵직한 마음도 들었다. 하지만 또다시 괴로운 매일을 살아가실 생각에 속이 상하기도 하고, 적막한 것보다 들볶이는 것이 낫다고 하시니 외로움이란 그렇게 무서운 것인가 싶기도 했다. 아버지가 엄마와의 사이에 아들이라도 있고 딸이라도 하나 더 있었으면 다르셨을지. 나 하나 말고는 아무도 없으니 아버지는 그런 엄마라도 붙잡을 수밖에 없는 것인지. 철쭉님 말씀대로 이것이 아버지, 엄마, 그리고 나까지 모두에게 제일 좋은 결론이긴 했지만 그런 선택 아닌 선택을 하신 아버지를 보는 내 마음은 복잡하기만 했다.

하지만 내 오십여 년 삶의 경험으로 팔십이 넘은 아버지를 안다는 것은 오만일 것이다. 철쭉님 덕분에 두 분의 삶에 끼어들어 내 식대로 정리하는 어리석은 짓은 피할 수 있었다.

평소에 철쭉님은 말씀하신다. 보기 싫고 괴로움을 주는 대상이라도 그 대상이 있어 사는 것이 사람이라고. 과연 그럴까 싶었는데 아버지를 보며 정말 그런가 싶어진다. 사람의 인연이란 무엇이고 그 인연을 거두고 책임진다는 것은 어디까지일까. 징글징글한 연으로 살아오신 아버지와 엄마는 어떻게 지내시다가 어떤 마음으로 이별하시게 될까? 두 분의 마지막은 각각 어떤 모습이실까? 부디 그때는 집착이나 미움을 다 내려놓으시고 오로지 편안하시기를.

자식이라는 인연

"결혼하지 말아야 할 사람이 결혼해서 아이를 낳지 말아야 할 사람이 아이를 낳았구나. 장하다! 애새끼 정말 개좆같이 키웠다."

철쭉님께 이 말을 들었을 때 눈물도 안 나왔다. 할 말이 없었다. 뭔가 잘못되어도 한참 잘못되었다는 걸 이미 잘 알고 있었다.

"아이들을 품지도 잡지도 못하는 엄마다."

십여 년 전 첫 집단상담에서 들었던 뼈아픈 지적이다. 아이를 따스하게 품어주지도, 잘못을 따끔하게 혼내며 잡지도 못하고 전전긍긍하는 엄마. 어쩌면 그렇게 딱 맞는 말이 있는지. 아무튼 괴로웠고 아이들에게 미안한 것은 말할 것도 없었다. 특히 그런 엄마에게서 자란 아들은 어디서부터 손을 대야 할지 고민스러울 정도로 들쑥날쑥 거칠었다. 어릴 때부터 늘 씨름해왔지만 아이가 열 살이 넘도록 같은 자리를 맴돌고 있었다는 것을 첫 집단에서 여실히 깨달았다.

 분명한 엄마가 되자. 일단 그렇게 마음먹었다. 기분에 따라 흔들리지 말고 눈치 보지 말고 걱정도 하지 말고 안 되는 것은 안 된다고 딱 버티고 고수하는 엄마가 되자. 아이들을 대하는 목소리가 달라지는 게 스스로도 느껴졌다. 하면 할 수 있을 것 같았고 되는 것도 같았다. 하지만 놓치고 살아온 세월의 더께가 만만치 않았다.

 아들은 내 앞에서는 말을 듣는 척했지만 돌아서면 달랐다. 잔소리 듣기 싫으니 대충 알았다고 대답하고 자기 마음대로 해버리는 식이었다.

 "○○이는 무서운 사람이 없다. 아무리 바보라도 그것만큼은 잘 아는데 ○○이는 너희 머리 꼭대기에 올라가 있어. 애들은 무서운 사람이 있어야 변하는 것인데."

 아들에 대해 여쭈면 철쭉님은 거듭거듭 그런 말씀을 하셨다. 애는 낳아서 어디다 버리고 태만 주워다 길렀냐고 하시며 땅이 꺼질 듯 한숨을 쉬셨다. 괴로웠다.

 결혼 초 시부모님께 아이를 맡기고 일을 했다. 아들이 커갈수록 아들에게서 엄마 자리가 사라져가는 것 같았다. 불안했고 이렇게 살 수는 없다고 생각했다. 두 돌 무렵 분가를 하고 일을 줄였다. 하지만 아들은 쉽게 잡히지 않았다. 활동적이고 요구가 많고 까다로운 아들을 붙들고 우왕좌왕했다. 다섯 살이 되었을 때 안 되겠다 싶어 놀이치료를 받기 시작했다. 상담 선생님은 아이를 어찌지 못하는 나를 보고 일을 그만두는 것이 어떠냐고 했다. 그 말을 따랐다. 할 수 있는 건 뭐든 해야 했다.

아들이 자랄수록, 사춘기를 겪으며 커갈수록 거친 모습은 새로운 양상을 보였다. 중학교 때였나. 식구들이 다 같이 차를 타고 어딘가를 갔다. 길이 막힌다고 아들이 신경질을 냈고 나와 남편은 그만하라고 했다. 아들은 목적지에 도착해 차에서 내리면서 문을 쾅 닫았는데 그 순간 '씨발' 하는 소리가 들렸다. 우리는 그 자리에서 아들에게 이게 무슨 소리냐며 혼을 냈다. 아들은 처음에는 억울하다고 '씨'라고만 했지 '발'은 안 했다고 주장하다가 나중에는 수긍하며 죄송하다고 했다. 그런데 그게 입으로만 하는 말 같았다. 이게 이렇게 넘어가도 될 일인지 확신이 서지 않았다. 철쭉님께 전화를 드렸더니 그 순간 더 강하고 분명하게 바로잡아야 했다며 아쉬워하셨다.

"절대 그냥 넘어가면 안 된다. ○○이는 부모 말을 귓등으로도 안 들었다."

그 말씀대로 남편은 아들을 불러 다시 얘기했다.

"네 행동이 어이없고 기가 막혀 무슨 말을 해야 좋을지 모르겠다. 이런 너를 공부는 시켜서 뭐 하나 싶다. 학교 갈 필요 없다. 내일부터 집에 있으면서 앞으로 어떻게 살아야 할지 고민해라."

멋대로 자라 거칠어진 아들을 잡기 위한 강수였다. 그렇게 한 며칠 아들을 결석시켰다. 그러면서 중간중간 시골에 아버지 친구가 있는데 거기를 보내야겠다거나 공장에 보내야겠다거나 하는 말을 했다. 처음에 펄펄 뛰던 아들은 하루 이틀 뒤 조용해지더니 결국 학교에 가겠다고, 다시는 안 그러겠다고 했다. 우리는 단단히 다짐을 받고 다시 학교에 보냈다.

"진작에나 그렇게 분명했으면 얼마나 좋았겠나. 참 아쉽다. 늦은 감은 있지만 이제부터라도 그렇게 해나가면 된다. 다 잘될끼다."

비슷한 일이 생길 때마다 철쭉님은 가야 할 길을 알려주셨다. 매사에 된다, 안 된다를 분명히 해나가는 동안 아들은 저항도 하고 반항도 했다. 하지만 이런 시간이 쌓이면 언젠가는 자리를 잡을 거라는 희망을 품었다.

하지만 한번 휘어진 나무는 쉽게 바로잡히지 않았다. 고등학교 2학년이 되었을 때 아들은 가출했다. 처음에는 그래 봐야 제가 어딜 가나, 돈 떨어지면 돌아오겠지 했다. 그런데 생각지도 못한 일이 생겼다. 시부모님이 손자를 받아주신 것이다. 지금 생각해도 알 수 없는 일인데, 시부모님은 손주 편을 드시면서 부모인 우리를 비난하셨다. 편을 만난 아들의 가출은 쉽게 끝나지 않았다.

아들이 가출했다고 하니 괜찮다며 밖에서 고생 좀 하면 그것도 경험이라고 하셨던 철쭉님도 상황이 이상하게 흘러가자 답답해하셨다. 하지만 기왕 벌어진 일. 일분일초도 고민하지 말고 편안하게 지내라고 하셨다. 마음 단단히 먹고 휘둘리지 말라며 네가 잘 지내야 아들도 정신 차리고 남편도, 둘째 아이도 마음이 편하다고 하셨지만 쉽지 않았다. 자책도 되었고 아들 걱정도 되었다. 하지만 나 못지않게 속을 끓일 남편이나 이 상황이 혼란스럽기만 할 둘째를 보며 마음을 잡았다. 후회하거나 걱정한다고 달라질 일은 하나도 없었다.

아들은 학교를 계속 나갔기에 담임 선생님으로부터 연락이 오기도 했다. 선생님은 아들을 설득해 집에 데리고 들어가시라 계속 권했다. 하지만 그럴 수는 없었다. 제가 잘못 생각해서 나간 집인데 반성하고 들어와야지 사정해서 데려왔다가는 다시 가출을 반복할 것이 뻔했다. 제 마음대로 들어왔다 나갔다 하는 아이로는 만들 수 없었다. 누군가는 우리보고 어떻게 그럴 수 있는지, 걱정도 안 되느냐며 참 배짱이 좋다고도 했다. 하지만 눈앞의 일보다는 아들의 먼 앞날이 더 큰 걱정이었다. 이럴 때 흔들리면 아들은 제자리를 찾을 수 없을 것이다. 이렇게 분명할 수 있었던 것은 철쭉님 덕분이었다. 아들에 대해 우리만큼 속상해하시고 어쩌면 우리보다 더 애를 쓰셨다. 바위처럼 단단한 분이 함께하시는 것만큼 힘이 되고 위로가 되는 것이 없었다.

아들에게 무서운 사람이 없는 게 무슨 문제냐고 할 수 있을 것이다. 하지만 그렇게 자라면 기준이나 경계가 없는 사람이 된다. 그런 사람은 얼핏 자유로워 보이지만 자세히 보면 늘 커다란 불안 속에 살고 있다. 제멋대로 산다고 해서 행복하거나 편안하지 않다는 말이다. 어떻게든 아들을 붙잡아서 기준을 알게 해주고 경계를 만들어주려는 것이 부모의 마음이었다. 뒤늦게라도 아들의 탄탄한 울타리가 되어 불안을 잡아주고 편안하게 해주고 싶었다.

마침내 아들은 다시는 그러지 않겠다고 다짐하며 돌아왔다. 그런 아들을 보는 마음은 무겁기만 했다. 나는 천천히 엄마로서 내가 놓친 것을 돌아보았다. 그동안 분명한 엄마가 되어야 한다는 데 치우쳐 아들을 따뜻하게 품지 못했다. 불안 때문이기도 했을 것이다. 아들을 믿고 또 나를 믿었다면 훨씬 여유 있고 편안하게 아들을 보듬을 수 있었을 텐데.

또한 아들에 대해서도 더 알게 되었다. 세월이 흐르면 좋아질 것으로 안이하게 생각했던 아들의 충동적 성향은 기대만큼 가볍지 않았다. 그런 아들을 있는 그대로 보지 않았으니 제대로 도와주지도 못했다. 아들의 눈높이에서 정확하게 소통하지 못하고 방법을 찾아주지 못했던 것이다. 내 식대로의 기대와 실망을 오가는 동안 아들은 많이 부대끼고 외로웠을 것이다. 무엇으로도 변명할 수도 없는 부족함이었다.

하지만 후회할 일 많은 인생을 사는 동안 내가 알아낸 것이 하나 있다면 돌이킬 수 없는 일은 그대로 빨리 받아들여야 한다는 것이다. 후회는 그것이 뼈 아프면 아플수록 발목을 잡는다. 빠져나오지 못하면 앞으로 나아갈 수 없다. 오늘은 어제보다 나아지겠지, 혹시 어제와 같은 실수를 또 반복했더라도 내일만큼은 정말 달라지겠지 하는 희망을 가져야 한다.

그런 맥락에서 생각해본다. 철쭉님은 속을 썩어야 '부모'가 된다고 하셨다. 그렇다면 나는 이미 남부럽지 않은 부모이며 앞으로도 무럭무럭 부모가 되어갈 것이다.

한때는 아버지로서 남편에게 아쉬움이 있었다. 그런데 어느 순간 남편도 부모가 되어 같이 힘을 모으게 되었다. 남편과 동지애로 끈끈해진 것도 아들 덕분이다. 남편은 아들이 고등학교를 졸업하자 같이 집단상담을 가겠다고 나섰다. "○○이도 아버지에게 맺힌 것 좀 풀어야 하지 않겠어?" 남편이 그렇게 고맙고 든든할 수가 없었다.

어느 날 철쭉님이 말씀하셨다.

"자식은 다 전생의 업이란다. 그런 줄 알고 받아들여라."

속 썩는 부모들에게 늘 하시는 말씀인 줄 안다. 다 부모 잘못이라고 혼을 내시다가도 전생의 업이라고 위로 아닌 위로를 하신다. 그 말씀을 들으면 시끄럽고 복잡했던 마음이 날리는 먼지에 물을 뿌린 듯 가라앉는다.

언젠가는 뜬금없이 신경질을 내시기도 했다.

"너는 뭐가 잘났다고 그 정도 속도 안 썩고 살겠다는 거냐? 말해 봐라. 뭐가 그렇게 잘났어?"

그러시면 웃지 않을 수 없다. "맞아요. 맞습니다." 내려놓을 건 얼른 내려놓고 받아들일 건 흠뻑 받아들여 더 이상 일희일비하지 말라는 말씀이시리라.

아들이 아니었다면 나는 심연회에 들어가지도, 집단상담을 다니지도 않았을 것이다. 나라는 사람에게 조금이라도 넓은 시야와 얼마간 무게라는 것이 생겼다면 아들 덕분이다. 무엇보다 아들로 인해 얻은 귀한 인연! 만약에 철쭉님을 만나지 않았다면 나와 우리 가족은 지금 돛도 없이 파도치는 바다 한가운데를 떠돌고 있을 것이다. 이번 생에서 그런 철쭉님을 만난 것을 보면 전생에 나도 덕을 좀 쌓은 모양인데, 그것만큼은 참 잘했다고 생각한다.

언제나 돌아보면 아들의 방황은 내 잘못 때문이었고 앞으로도 그렇다면 그 역시 나의 책임이다. 바위 같은 분이 우리 곁을 지켜 주신 것처럼 나도 바위가 되어 아들 곁에 머물며 더 보듬고 더 나아가야 하리라. 갈 길이 멀다.

해야 할 말, 하지 말아야 할 말

올봄 연세가 90이 넘으신 시어머니를 모시게 되었다. 아니, 함께 살게 되었다는 말이 더 정확하겠다. 직장 생활을 하는 나로서는 어머니를 돌봐드릴 아주머니를 구하지 않을 수 없었기 때문이다. 어머니와 살기로 했다고 말씀드리자 철쭉님은 딱 한마디를 하셨다. "잘했다."

아주머니가 오신 첫날에는 출근을 늦추고 어머니께 아주머니를 소개하는 시간을 가졌다. 아주머니에게는 집안일보다 어머니의 식사를 챙겨드리고 말벗이 되어드리는 일을 더 우선해달라고 당부했다. 아주머니의 도움을 받으며 시어머니와 동거하는 쉽지 않은 일이 시작되었다.

어머니를 모셔 오고서야 알게 되었다. 나와 남편 그리고 딸아이, 우리 중 누구도 어머니와 익숙한 사람이 없었다. 남편은 중학생 이후로 어머니와 떨어져 지냈고 특히 나는 일하는 둘째 며느리로서 그동안 명절이나 생신날에나 잠시 뵈어왔을 뿐이었다. 어머니께 늘 받기만 했으니 막상 어머니가 뭘 좋아하시고 싫어하시는지 아는 게 너무 없다는 것을 깨닫게 되었다. 게다가 연세가 많으신 어머니는 최근 급속도로 쇠약해지신 데다가 치매가 진행 중이고 보청기를 끼셔도 잘 듣지 못하셨다. 나는 어른을 모셔본 경험이 없는데 귀가 어두운 어머니와는 쉬운 소통조차 안 되고, 그야말로 이중고였다.

또한 어머니와 함께 지내면서 남편에게 화가 나고 서운함이 폭발할 때가 자꾸 생겨났다. 한번은 이런 일이 있었다. 남편 퇴근이 늦어 어머니, 나, 딸, 그리고 아주머니가 함께 저녁을 먹으려고 할 때였다. 그날따라 밥이 좀 적었는지 아주머니가 자기는 집에 가서 먹겠다고 하셨다. 하지만 나는 그러지 말고 햇반을 데워서라도 같이 먹자고 했다. 그런데 식탁에서 먼저 식사를 시작하신 어머니가 갑자기 인상을 찌푸리시더니 아주머니에게 왜 밥을 넉넉히 안 했는지 추궁하시며 그것도 하나 제대로 못 하느냐고 면박을 주셨다. 그 순간 어머니의 표정과 말투는 나로서는 처음 보는 낯선 것이었다. 참 무안했고 아주머니 보기도 민망했다. 나중에 딸은 할머니가 왜 그러시는지 모르겠다며 무서워서 같이 밥 먹기 싫다는 말을 덧붙였다. 나도 비슷하게 느끼긴 했으나 딸에게는 "할머니가 연세도 많으시고 치매도 있으시니 이해해야 한다."라고 했다. 딸은 이내 수긍했다.

그날 뒤늦게 들어온 남편과 대화하다가 그 이야기도 했다. 그런데 남편이 대번 표정을 굳히더니 오히려 나에게 묻는 것이 아닌가.

"그래서 당신은 ○○(딸)이에게 뭐라고 했어? 나는 그게 궁금하네. 당신이 뭐라고 했는지."

순간 남편이 묻는다기보다는 나를 몰아붙인다는 느낌을 받아 기분이 상했다. 그게 무슨 말이냐, 말을 너무 심하게 하는 거 아니냐, 당신은 나를 어떤 사람으로 보느냐, 등등 나 역시 남편에게 감정적인 말을 하게 되었고 그 뒤로는 더 이상 말도 하기 싫어졌다. 나는 남편이 늦게 오면 그 빈자리를 메우기 위해서 시어머니께 나름 한다고 하고 있었는데 남편은 그런 나에게 고마워하기는커녕 어떻게 그리 추궁할 수 있나 싶은 생각이 들었다. 화가 나니 좀처럼 소화가 되지 않았다.

며칠 뒤 철쭉님과 통화를 했다. 그런데 이야기를 다 들으신 뒤 그런 말은 하는 게 아니라고 하셨다. 내가 의아해하자 "어머니에 대해서는 언급을 안 하는 거야. 말할 필요가 없는 얘기다." 하고 덧붙이셨다.

어안이 벙벙했다. 서운한 말을 한 남편이 잘못이 아니라 내가 잘못한 거라니? 나는 어머니의 상황을 아들인 남편에게 귀띔해주려고 했을 뿐인데 그런 말은 하는 게 아니라니. 선뜻 받아들이지 못하는 나에게 철쭉님은 천천히 설명하셨다.

"네가 경험이 없어서 그러는데 건강하지 못한 어머니 얘기를 하면 듣는 남편은 마음이 좋지 않다. 그러니 어머니에 대한 부정적인 얘기는 아무리 작은 것이라고 해도 일절 하지 마라. 건강하고 똑똑했던 어르신들도 나이가 들면 통합 능력이 사라지기 때문에 불합리한 언행을 할 수 있어. 그런 것을 전하면 뭐가 좋겠나."

남편이 친정 부모의 부정적인 언행을 이야기하면 사실 여부를 떠나서 기분이 좋겠는지, 입장을 바꿔 보라고도 하셨다. 내가 말이 없자 철쭉님이 말씀을 이어가셨다.

"그날 남편이 언짢은 내색을 한 것은 당연한 일이다. 남편한테 기분 나쁘다고 할 것도 없어. 다 네가 잘못해놓고 속 좁게 소화를 못 하는 것이니.

세상에 며느리 좋다는 시어머니 없고 시어머니 좋다는 며느리 없는 법이다. 그만큼 어려운 사이이니 예의를 지키고 도리를 하는 것으로 족해. 예를 들어 시어머니와 며느리가 좋게 이런저런 얘기를 했다 치자. 시어머니는 나중에 거기에 고물을 묻혀서 아들에게 옮기기 십상이야. 남편은 처음에는 그런 얘기들을 예사로 듣다가도 거듭되면 아내에 대해서 이런저런 다른 마음을 갖게 되지. 그러니 어머니에게 예를 갖춰서 '다녀오겠습니다.' '식사 맛있게 하세요.' 등 일상적이고 편안한 이야기만 하면 돼. 그것이 며느리의 지혜야."

아! 그렇구나. 깨닫자 기분이 참 좋았다. 상황이 분명해지면 감정도 말끔해진다. 남편에 대한 어리석은 원망이 단번에 접혔다. 어쩌면 나는 그동안 내가 좋아서 어머니께 잘해놓고 속으로는 스트레스를 받았으며 그걸 또 남편에게 알게 모르게 표시를 냈다는 생각도 들었다. 다시 말하면 어머니를 모시는 유세를 떨었던 것은 아닌가 싶기도 했다. 아무튼 더 이상의 감정 소모를 하지 않아도 되어 너무 감사했다.

또 한번은 이런 일도 있었다. 일하는 중이었는데 오전에 아주머니에게서 연락이 왔다. 어머니가 머리를 다듬고 싶어 하시니 미용실 예약을 해달라는 얘기였다. 어머니가 거동하실 수 있는 가까운 미용실은 커트 가격이 3만 원이었다. 분명히 비싸다고 하실 텐데 어쩌나 싶었지만 할 수 없었다. 예약을 하고 아주머니에게 시간과 요금을 알려드리니 아주머니도 어머니가 뭐라 하실지 걱정이라고 했다. 그래서 "요즘 물가도 많이 오르고, 싼 곳은 너무 멀어서 어머니가 가시기 어려워요. 설명을 잘해드리세요." 하고 이야기했다.

그런데 얼마 지나지 않아 다시 전화가 왔다. 어머니께서 처음엔 알았다고 하시더니, 막상 집을 나설 때는 만 원짜리 한 장을 가지고 나오며 "가서 만 원에 하자고 하련다. 머리 자르는 값이 뭐 그리 비싸냐!" 하고 인상을 찌푸리셨다는 것이다. 나는 한숨을 쉬고는 미용실에 전화해서 어머니께 그냥 만 원만 받으시라고 양해를 구했다. 남은 2만 원은 같이 가는 아주머니 편에 보내기로 하고, 아무튼 어머니는 3만 원짜리 커트를 만 원에 하고 오셨다.

그 사이 철쭉님과 통화를 했는데 대번에 부정적으로 말씀하셨다.
"잘못했다! 그렇게 하면 안 된다."
"사실대로 말씀드렸어야 하나요?"
"당연하지. 바른말을 하라고 바른말!"
아무리 연세가 많으신 어머니라도 세상 물정을 알아야 하며 혹여 당신 뜻대로 뭐든 할 수 있다고 생각하실 것 같으면 주변에서 제동을 걸어야 한다는 것이다. 너 편해지자고 나이 많은 어머니를 속이면 되겠느냐며 아니면 아니라고 말할 수 있어야 서로 좋다며 쓴소리를 이어가셨다.

"그렇네요. 잘못했네요."

사실 이런 일은 처음이 아니었다. 한 달 전에도 7만 원 하는 파마를 3만 원이라고 내 편의대로 달리 말씀드렸고 어머니는 그런 줄 알고 파마를 하셨다. 그때도 남편은 솔직히 말씀드리라고 했지만 돈 아까워하시는 어머니께서 비싸다고 안 한다고 하실까 봐 그렇게 했다. 그런데 어머니께서 남편에게 슬쩍 너무 싸구나, 혹시 못 하는 집 아니냐고 걱정하셨다는 말을 나중에 전해 듣고 내심 의외라 여겼다. 그러면서도 내가 잘못했다고까지는 생각지 못했다.

또 철쭉님은 3만 원 하는 커트를 만 원에 하겠다는 어머니에 대해 사람들은 욕을 할 텐데 그렇게 만들어서 좋으냐고 하셨다. 입이 열 개라도 할 말이 없었다. 내가 어머니를 더 고집스럽게 만든 장본인이었음을 부정할 길이 없었다. 그러면서 도리어 속으로는 어머니가 원래 저렇게 말이 안 통하고 자기 뜻대로만 하시는 분이었나 의아해했으니 죄송하고 부끄러울 따름이었다.

처음에는 좋은 마음 하나로 어머니와 동거를 시작했다. 막연히 잘해드리고 맘 편히 해드리는 것이 효라고 생각했다. 하지만 그런 마음만으로는 어머니와의 구체적인 일상을 현명하게 풀어나가기 어려웠다. 내가 모시자고 해놓고 내가 스트레스를 받는 날이면 자책감과 죄책감이 밀려들어 더 힘들기도 했다.

하지만 철쭉님과 통화를 하면 숨통이 트였다. 고비마다 갈 길을 알려주시니 따르면 되었다. 하지 말아야 할 것과 분명히 해야 할 것에 대해 기준을 알려주신 덕분에 나는 마음의 앙금 없이 지내고 있다.

　사실 그동안 철쭉님에 대해 살짝 편견이 있었다. 스스로 보수적이라고 자평하시는 분이라 며느리로서 내가 불평하면 무작정 나무라시며 참으라고 하실 줄 알았다. 그런데 아니었다. 필요한 경우 어머니께 할 소리를 하라고 하실 줄이야! 생각해보면 아이 문제나 부부간의 일을 여쭐 때도 그랬다. 치우침이 없으셨다. 늘 균형을 잃지 않으시며 어떤 때는 상식으로, 어떤 때는 눈물 나는 인간애로 나아갈 길을 알려주셨다.

　철쭉님은 당신이 가부장적이고 유교적이라고 말씀하시지만 농담 반 진담 반으로 하시는 그 말씀과 종종 정반대의 선택을 하신다. 어떤 이론이나 관점, 과거에도 얽매이지 않고 자유롭게 그 순간 모두를 살리는 최선의 판단을 하신다. 그런 철쭉님으로부터 나는 요즘 '어머니 모시기'라는 새로운 장르를 배우고 있다.

아이는 열두 번 변한다

"고 녀석, 크면 엄마 속 많이 썩이겠다."

딸아이를 보자마자 철쭉님이 말씀하셨다. 아이가 네다섯 살 무렵 심연회원으로 철쭉님을 처음 뵌 날이었을 것이다.

놀란 나는 아이의 얼굴을 찬찬히 들여다보았다. 이 순한 얼굴 어디에서 그런 걸 읽으신 걸까. 속 썩이는 걸로 말하자면 당시 초등학생이던 큰아이 때문에 이미 적지 않은 내상을 입고 있었다. 그런데 믿고 있던 딸아이가 커서 속을 썩인다고? 도대체, 왜!

몇 년 뒤 집단상담을 다니며 알게 되었다. 철쭉님은 빈 말을 거의 안 하시는 분이었다. 농담은 잘하셔도 필요한 말씀을 하실 때는 무서우리만치 정확하셨다. 그리고 더 무서운 것은 어떻게 가능한 것인지 도무지 알 수 없는 예지력이었다. 투시 안경을 쓰셨나 의심스러울 정도로 사람 속을 꿰뚫어 보시는 동시에 앞날까지 예언하시는 능력!

철쭉님을 알면 알수록 딸아이에 대한 말씀이 목에 걸린 가시처럼 나를 괴롭혔다. 되묻기를 몇 차례 했으나 이유를 안 알려주셨다. 그저 잊을 만하면 한 번씩 반복하셨다. 아이가 클수록 내용은 점점 무섭게 채워졌다.

"큰아이 얘기할 것 없다. 걔는 괜찮아. ○○이가 문제지. 걔는 큰 애랑 게임이 안 된다. 너는 골병이 들다들다 나중에 동네 사거리에 두 다리 뻗고 주저앉아 땅을 치면서 ○○아, ○○아, 목 놓아 우는 날이 올 것이다. 두고 봐라. 진짠지 가짠지."

○○이가 지금 뭐가 문제인지, 왜 그렇게 보시는지 물으면 "엄마가 돼서 딸을 그렇게 몰라? 네가 그러고도 엄마냐?" 하는 핀잔만 들었다. 그렇다면 어떻게 해야 그런 사태를 막을 수 있을까. 하지만 답도 절망적이었다. "방법이 없다." 큰아이 때문에 속을 썩는 데다 남편과의 갈등으로 괴로운 와중에 그런 말씀을 하시니 나는 도대체 무슨 희망으로 살아야 하는지 정말 너무하시다는 생각도 여러 번 했다. 그렇게 세월이 흘렀다.

그동안 나는 나름으로 열심히 철쭉님께 여쭈었다. 궁금한 점이 생기면 적어두었다가 집단상담에 가서 풀어놓기도 했고 심연회에서 직책을 맡은 터라 일 때문에 통화가 되면 곁다리로 얼른 여쭙기도 했다.

초등학교 3학년 즈음이었나. 아이가 물었다.

"엄마. 금요일에 회장 선거가 있는데, 나 나갈까?"

나는 고지식하게 대답했다.

2. 있는 그대로 받아들이기　127

"좋지! 떨어지면 어때? 도전하는 게 좋은 거지. 잘 생각했다."

그런데 아이 표정이 썩 좋지 않았다. 왜지?

철쭉님께 전화를 드렸다. "엄마가 되어 가지고"로 시작되는 욕을 푸짐하게 얻어먹고 나서야 이유를 알 수 있었다.

"애들한테 반장 선거라는 게 얼마나 큰일인 줄 아나. 떨어졌는데 표도 몇 표 안 나왔다? 공개적인 망신이라. 약한 애들은 기가 팍 꺾인다 이 말이다!"

"헉, 어떡해요. 나가라고 부추겼는데요."

"애들이 자신 없을 때 그리 묻는다. 선거에 나가면 붙을지 떨어질지 누구보다 지들이 제일 잘 알아. 붙을 자신이 있는 애들은 엄마한테 묻지 않아. 그냥 엄마, 나 반장 됐어! 하고 들어오지. ○○이가 자신이 없으니까 물은 거야. 이놈의 엄마가 자기한테 기대를 하나 싶어서 눈치를 본 거지."

딸아이는 1, 2학년 때 회장을 한 적이 있어서 나는 아이가 마음먹으면 또 할 수 있을 것이라 여기고 있었다. 그것이 엄마 콩깍지였나. 아이가 그런 내 마음을 느끼고 눈치를 본 것일까. 아이에게 미안했다.

"○○이에게 일러라. 회장 선거인가 뭐시긴가 나가지 말라고. 선생님 심부름이나 하고 애들한테 싫은 소리나 듣고, 뭐가 좋아. 요새 누가 그런 걸 해. 그런 건 바보나 하는 거다, 이렇게. 알았제? 그럼 애들이 편안해할끼다."

그날 저녁 딸아이에게 그대로 얘기했더니 거짓말같이 아이의 얼굴이 펴졌고 슬쩍 웃음이 지나갔다. 신기했다. 더 놀라운 것은 큰

아이의 반응이었다. 거실에서 텔레비전을 보던 아이가 어느새 다가와 끼어들었다.

"그치? 맞지? 그래서 내가 회장 이런 거 안 하잖아. 엄마 나 잘했지?"

큰아이에게도 그런 마음이 있었구나. 진작 이런 얘기를 했으면 큰아이 마음도 편했을 텐데. 아이의 객관적인 상황도 모르고 괜한 기대를 못 버려 스트레스를 준 일이 한두 번이겠냐마는 그 일은 특히 잊히지 않는다.

딸아이가 초등학교 고학년이 되었다. 그쯤 되니 친구들과 무리를 지어 노는 일이 많아졌는데 어느 날 와서 하는 말이 지갑을 잃어버렸단다. 어쩌다 그랬어? 하고 물으니 지갑만 들고 나갔다가 놀 때 불편해 친구 가방에 넣어두었는데 헤어지며 지갑을 꺼내 달라고 하니 친구가 없다고 했다는 것이다. 진짜 없었어? 하고 물으니 고개를 갸웃하다가 그렇다고 했다. 그렇게 말하는 아이의 태도는 차분했다. 이번에도 알 수가 없었다. 다행히 지갑에 돈이 많았던 것은 아니어서 다시는 이런 일이 없도록 다짐받고 넘어갔다.

별일 없나? 하고 철쭉님이 물으시기에 그 얘기를 했다. 그런데 정색을 하시며 그런 일은 바짝 살펴야 한다고 말씀하셨다. 그 친구가 지갑을 마음대로 가져갈 정도로 딸아이를 쉽게 생각하는 것인지. 더 나아가 딸아이가 그 친구에게 지갑을 갖다 바치는 주종관계는 아닌지. 애들이 지갑이나 돈을 잃어버렸다는 얘기를 흔히 하는데 정말 잃어버리는 일도 있지만 반면에 친구에게 줘놓고 잃어버렸다고 하는 경우, 엄한 데 써놓고 감당이 안 되니 그렇게 말하는 경우 등 다양하니 눈에 불을 켜고 살펴볼 일이라고 하셨다. 가슴이 철렁했다. 그런 각도로는 생각하지 못했다. 신경을 곤두세우고 며칠 아이를 살피기도 하고 넌지시 이것저것 묻기도 했다. 그리고 철쭉님께 다시 여쭈었다.

철쭉님은 그 친구가 성격이 활달해서 아이들을 몰고 다니는 스타일 같고, 딸아이는 그 친구에게 의지하고 싶어 맞추는 모양이라고 하셨다. 지갑 문제는 그 친구가 거짓말한 것인데 딸아이가 그걸 알고도 물러섰든, 그 말을 믿고 물러섰든 둘 다 문제 아니냐고 하셨다. 속이 상했다. 나 역시 처음 얘기를 들은 순간 아이의 말이 이해되지 않으면서도 엄마로서 감당하기 어려워 물러선 것은 아닌가도 싶었다. 그래 놓고 별일이 아니길 바랐던 것은 아닌지. 한동안 열심히 아이를 지켜봤다. 아이가 친구에게 치이나 싶으니 마음이 무거웠다. 하루아침에 해결될 일이 아니기에 더욱 착잡했다.

딸아이는 중학교 2학년이 되면서 외모에 부쩍 더 신경을 쓰고 이성에 관심을 가졌다. 학기 초 친했던 친구들과 같은 반이 되어 좋아한 것도 잠시, 같이 몰려다니는 그 아이들 때문에 신경질 난다고 말하기 시작했다. 그 아이들이 꼽준다(창피하게 만들거나 면박을 준다는 뜻의 신조어)거나 장난을 심하게 친다고 했다. 이번에도 아리송했다. 우리 아이가 예민해서 장난을 못 받아치나? 아니면 정말 그 친구들이 작정하고 그러나? 그런데 철쭉님은 그 친구들이 ○○이를 질투해서 그러는 것이니 절대 신경쓰지 말고 당당히 지내도록 단단히 이르라고 하셨다.

"질투라고요?"

이번에도 생각지 못한 말씀이었다.

"그래. 그래야 ○○이가 기죽지 않고 지낼 수 있다."

"그게 진짜예요? 아니면 기죽지 말라고, 그냥 좋게 해석해주라는 말씀이세요?"

"사실이다. 같이 몰려다니는 아이 중 하나가 ○○이를 질투하지. 그 애가 주장이 강하니 다른 아이들도 휩쓸리는 것이고. 이럴 때일수록 ○○이가 아무렇지도 않게 지내야 한다. 그 아이도 안 먹히는 짓인 줄 알아야 그만두게 된다."

아이에 대해서 이렇게 까막눈일 수가 하는 자괴감도 잠시, 아이가 과연 그렇게 할 수 있을까 걱정이었다.

"네가 공부도 잘하고 인기도 많으니 샘을 내는 친구도 있겠지. 너한테도 샘나는 친구가 있으니 잘 알지? 잘 지내다가도 그런 마음이 불쑥 들면 자기도 모르게 심술을 부리는 거야. 그럴 때 쟤가 속이 꼬여서 그런가 보다 하고 넘기면 제일 좋아."

하지만 아이는 그게 어렵다고 했다. 그 친구들이 자기를 두고 급식을 먹으러 간 적도 있는데 그럴 때 특히 기분이 상했다면서 반에 있는 다른 애들이랑 같이 갔지만 그 친구들이 또 그럴까 봐 불안하다고 했다. 아이의 마음이 생각보다 심각하구나 싶었다.

"그 친구들이 또 그럴 수도 있겠지. 그러면 다른 친구들이랑 가면 안 돼? 반에 친한 친구들 또 있잖아."

"그렇지만 그 친구들도 없으면? 복도에 나가도 아는 애가 없으면?"

말문이 막혔다. 아이는 온통 혼자 밥 먹을 걱정으로 가득 차 있었다. 나는 막막한 마음으로 아이를 보았다. 그러자 아이도 나를 똑바로 바라보더니 작정한 듯이 물었다.

"엄마, 나는 왜 이럴까? 엄마 말대로 다른 반 친구와 가도 되고, 급식실에 가서 먹고 있는 다른 애들이랑 먹어도 되는데 미리 겁을 내는 것 같아. 그 애들도 내가 이런 줄 아니까 그렇게 하겠지? 엄마. 나는 왜 이런 애가 됐을까? 내 기억에 엄마는 늘 날 이뻐했는데."

마음이 아팠다. 이런 순간이 오는구나. 나는 마음에 담아두었던 이야기를 했다.

"엄마가 미안해. 너 어릴 때 아빠랑도 그렇고 집안에 이런저런 일이 많았어. 그때 엄마가 힘들어서 너희들을 잘 돌보지 못했어. 미안해."

아이의 눈에서 눈물이 또르르 흘러내렸다. 아이는 천천히 고개를 끄덕였다. 생각보다 빨랐지만 아이가 이런 말을 하는 날이 올 줄 알았다. 이런 말로나마 아이의 마음이 조금이라도 풀어질 수 있다면 좋겠다고 생각했다. 더불어 한편으로 아이가 지금 약한 것이 어린 시절 때문만은 아니라는 생각이 들었다. 엄마가 든든한 사람이 되어 주지 못했으니 그런 것이다. 여러모로 마음이 무거웠다.

아이는 일년 내내 친구들과 신경전도 벌이고 마음고생도 하며 보냈다. 나는 아이가 이야기하면 들어주고 철쭉님이 말씀하신 대로 거듭 말해주었다. 하지만 내 응원으로 아이가 채워져 어떤 상황에서도 당당하게 지내는 그런 기적은 하루아침에 오지 않았다.

"사랑 말고 관심!"

철쭉님이 엄마인 내게 자주 하시는 말씀이다. 사랑한다는 미명으로 부화뇌동하거나 집착하지 말고 관심을 갖고 차분히 지켜보라는 말씀이다. 또 조율을 잘해주라는 말씀도 거듭하셨다. 바다에서 파도가 높으면 높게, 낮으면 낮게 파도를 타는 것처럼 아이도 그 눈높이와 정서에 맞춰 같이 흐름을 타야 한다고 하셨다. 하지만 내 욕심을 버리고 있는 그대로 아이를 지켜보는 것도, 아이의 기분과 상태에 맞춰 같이 흐름을 타는 것도 내게는 늘 어렵기만 했다.

아이가 고등학교 1학년 때였나. 아이를 데리고 심연회 여행을 갔다. 당시 아이는 아이돌에 빠져 콘서트를 무척 가고 싶어 했다. 하지만 나는 거길 다녀오면 아이의 마음이 걷잡을 수 없이 들뜰 텐데 그게 어디로 튈지 몰라 걱정스러웠다. 여러 이유를 말했지만 아이는 이해하지 못하며 나를 답답해했다.

그런데 여행 중 어느 날, 철쭉님이 아이와 뭔가를 한참 얘기하며 웃고 계셨다. 다가가 들어보니 콘서트 얘기였다.

"다 일어서서 흔들고 그런단 말이지? 말해라. 너도 그러나?"

"당연하죠, 철쭉님. 그러라고 가는 덴데요."

"알았다. 할 수 있다. 이제 데리고 갈 거가? 설마 안 데리고 가려고 그러는 건 아니제?"

아이는 깔깔 웃었다.

"철쭉님 모시고 가야죠. 원래 그러려고 했어요."

"아닌 것 같은데? 아까 니 분명히 표 두 장 끊는다고 했지. 엄마하고만 갈 계산이었잖아!"

나랑 간다고? 철쭉님이 콘서트에 정 가고 싶으면 엄마랑 가라고 하셨나?

"잘못 들으셨어요. 세 장이라고 했어요, 세 장! 철쭉님 모시고 가요, 갑니다."

철쭉님을 모시고 아이돌 콘서트를? 상상만 해도 너무 웃기고 재미있었다. 정말 그렇게 된다면 그야말로 신문에 날 일이다.

"빨리 표 끊어봐라. 지금 끊어야 한다며."

철쭉님과 웃고 떠들던 아이는 헉 하더니 후다닥 핸드폰을 집어 들었다. 그러는 와중에도 철쭉님은 계속 아이를 웃기며 정신을 흩트리셨다. 아니나 다를까. 표는 순식간에 동이 났고 한 장도 건지지 못했다. 하지만 아이는 계속 웃고 있었다.

"아깝네. 그럼 나는 언제 데려가나? 다음에? 진짜가? 꼭 약속 지켜야 한데이!"

이런 거구나. 아이에게 공을 들인다는 것, 눈높이에 맞춰 조율한다는 것. 바로 눈앞에서 그 장면을 보았다. 즐겁게 웃고 장난치며 물 흐르듯이 아이를 몰아가시는 모습이 너무 신기하다 못해 경외감마저 들었다. 어떻게 이렇게 하실 수 있는지.

"니, 엄마 맞나?" 하는 소리를 들으면서 속상했던 어느 날, "철쭉님은 자녀에게 원망 들은 적은 없으세요?" 하고 물었다. 답은 즉각 돌아왔다.

"없다. 나는 우리 집 애들한테 신이다."

그때는 부모로서 철쭉님의 당당함과 자신감이 참 부럽다고만 생각했는데 그 콘서트 사건(?) 이후로는 믿지 않을 수 없게 되었다. 이렇게 하시는 분이 자식들에게 신이 아닐 리가 없다.

철쭉님은 "아이들은 자라면서 열두 번 바뀐다."라고 하신다. 그만큼 변하기 쉽다는 말씀이다. 그 말은 아이가 속을 썩일 때 희망을 주고, 어느 정도 괜찮다 싶을 때는 불안을 준다. 부모가 잠깐이라도 한눈을 팔면 아이는 엉뚱한 곳에 가 있기 마련이니 자식에 대한 긴장과 걱정을 거둘 수 있는 날은 눈을 감는 그날일 것이다.

또한 늘 하시는 말씀 중에는 이런 것도 있다. "옛말에 '자식 속 도가니 속'이라고 했어. 도가니 속이 잘 보이나? 아니지. 자식도 그래. 엄마들한테 물어보면 다들 내 딸은 내가 제일 잘 안다고 그래. 다 착각이라. 자식 속을 제일 모르는 게 부모야." 이 또한 습관적으로 태만하게 자식을 대하지 말고 늘 부지런히 살피라는 말씀이리라.

아이가 커서 징글징글하게 속 썩일 것이라는 예언으로 나에게 경각심을 심어주셨던 철쭉님. 보란 듯이 아이를 키워 그 예언을 깨뜨리겠다는 야심 찬 포부는 나날이 직면하는 스스로의 부족함으로 좌절된 지 오래다. 대신 함께 아이를 걱정하고 길을 찾아주실 철쭉님에 대한 믿음을 갖게 되었다. 그렇지만 그래도 그날(?)은 오지 않기를, 이번에는 철쭉님이 틀리시기를 기도할 뿐이다.

아상我相 내려놓기

2006년 삼동원의 여름 집단상담에서 철쭉님을 처음 뵈었다. 먼저 온 사람들이 방석 위에 앉아 들어오는 사람을 맞이하고 있었다. 당시 나는 인터넷 강의로만 뵙던 장 교수님을 직접 만나겠다는 일념으로 참석했다. 그런데 거기에는 장 교수님이 강의 때마다 말씀하시던 '그 양반'도 계셨다. 한눈에 사람을 꿰뚫어보는 듯한 그분과의 5박 6일간 여정이 시작되었다.

지금 생각하면 겁도 없이 나는 집단상담의 첫 주자로 나섰다. 그 결과 내내 "저 바보 같은 누구"라는 소리를 귀에 딱지가 앉도록 들어야 했다. 남의 말도 못 알아듣고 자기주장도 할 줄 모르는 나 같은 사람 셋이 마침 나란히 앉는 바람에 바보 셋이 줄줄이 앉아 있다며 구박도 받았다. 바보라는 타이틀을 떼려고 무던히 애를 썼지만 용기도 나지 않고 엄두도 나지 않아 답답하기만 했고 그런 나 자신에 대한 속상함만 나날이 깊어갔다.

  죽을 것처럼 힘들었던 시간이 흘러 마지막 날이 되었다. 철쭉님이 참여했던 한 사람 한 사람 등을 토닥여 주셨는데 내 차례가 되었다. 바보라고 구박은 하셨지만 더 이상 다른 말씀은 없으셨던 철쭉님이 쭈뼛거리는 나를 따뜻하게 안아주셨다. 그러자 뭐라 설명할 수 없는 서러움과 억울함이 몰려왔다. 처음 간 집단상담이 너무 무서웠고 말 한마디 제대로 못 하는 나 자신과 싸우느라 힘들었다. 철쭉님은 그런 내 마음을 다 알고 있다는 듯 내 등을 따뜻한 손으로 여러 번 다독여주셨다.

  만신창이가 되어 우울한 나날을 보내던 중 철쭉님께 장문의 이메일을 받았다. '자신 있게 나답게 살라'는 내용이었다. 집단상담에서 자신 없어 했던 마음을 여지없이 들킨 것 같아 속상했고 여전히 초라하고 바보 같은 내 모습이 다시금 실감 나서 답답했다. 마음을 알아주시는 것 같아 감사하기도 했지만 동시에 서글픈 기분도 들었다.

  철쭉님의 격려에 힘입어 변하고자 하는 일념으로 그 뒤 10여 년 동안 말 한마디 할 때마다 덜덜 떨면서도 열심히 집단상담을 다녔다. 하지만 염원과 달리 그리 많이 변하지는 못했다. 장 교수님을 비롯해 주변에서 답답해할 만큼 늘 그 자리였다. 심연회 식구들이나 함께했던 집단 구성원들은 매번 확확 달라지는 것 같아 그들의 모습을 보면서 속상하기도 하고 조급하기도 했다.

  철쭉님은 그런 나를 말없이 지켜보셨다. 작은 일도 잘한다고 칭찬하셨고 심연회원들과 어울릴 수 있도록 자리를 내주셨다. 그 오랜 세월 동안 칼칼한 성격에 얼마나 답답하셨을지. 하지만 철쭉님은 사람마다 그에 맞춰 다르게 대하시는 분이었다. 나약하고 힘이 없는 나에게는 미처 깨닫지 못한 장점을 찾아 칭찬하셨고 앞서서 이끌기보다는 도움을 요청할 때까지 기다리셨다.

언젠가 아이들이 말을 안 들어 속상해할 때 철쭉님이 말씀하셨다.
"○○아, 말이란 상대가 받아들이려 하지 않을 때는 잔소리밖에 안 된다. 그래서 타이밍이 중요하단다. 내가 하고 싶은 말 한마디를 하기 위해서는 아홉 번의 공을 들여야 해. 안 그러면 자식들은 부모 말에 콧방귀만 풍풍 뀌며 자기 멋대로란다."

어쩌면 철쭉님은 말이 먹히지 않는 나를 그런 마음으로 기다리고 지켜보셨던 것이 아닐까. 아이들 키우기 어렵다고 불평할 것이 아니라 철쭉님이 부족한 나에게 어떤 관심과 노력을 기울이시는지를 알고 그대로 아이들에게 하면 될 일이었다. 사실 아이들은 부모의 성장을 기다려주지 않았다. 기준도 없고 자신도 없는 나였지만 아이들이 가져오는 당장의 현실적인 일들을 해결해나가지 않을 도리가 없었다. 그때마다 나는 철쭉님께 어떻게 하면 좋을지 여쭈었다. 아이들이 내 말을 듣지 않을 때, 내 기대에 어긋나 힘들 때도 하소연했다.

"받아들이라는 말씀은 알겠지만 저는 그게 너무 어려워요."
철쭉님은 나직이 말씀하셨다.
"네가 아상我相이 너무 커서 그렇다."

마치 내가 뭐라도 된 양 욕심을 내려놓지 못하고 자신과 아이들을 괴롭히는 일에서 쉽게 벗어나지 못하고 있었던 것이다. 큰아이가 대학을 가지 않고 직업군인이 되겠다고 했을 때도 그랬다. 그때도 철쭉님은 말씀하셨다.

"군인은 예전으로 하면 무신이다. 나라의 녹을 먹고 사는 사람이지. 전쟁이 일어나지만 않는다면 좋은 직업이니 너무 속상해하지 마라."

아이를 번듯하게 키워 자랑하고 싶었으나 그것이 무너져 속상한 어미의 마음을 그렇게 헤아려주셨다. 또 욕심을 부렸구나. 얼른 깨닫고 아들의 선택을 받아들이게 되었다.

하지만 그걸로 끝이 아니었다. 내려놓은 줄 알았던 자식에 대한 욕심은 스물네 살 아들이 결혼하겠다고 나서자 또다시 고개를 들었다. 왜 벌써! 찬찬히 삶의 경험을 쌓은 뒤 신중히 짝을 만나 결혼해도 늦지 않을 것인데 왜 그렇게 서두르는지. 아들의 결심 앞에 나는 한동안 망연자실하여 말을 잇지 못했다. 막막한 심정으로 철쭉님께 전화를 드렸다.

"원래 군인들이 그렇다. 빨리 가정을 가지면 안정을 찾을 수 있기에 대부분 이른 나이에 결혼한단다. 아들이 그 처자와 결혼하겠다고 분명하게 말하면 선큼 받아들여라. 너하고 평생 살 것도 아닌데 그렇게 속을 끓이면 서로가 상처를 입는다. 아들이 좋다는데 어쩌겠냐. 흡족하지 않아도 '내 사람이다' 하고 받아들여야지. 어떤 상황이든 감내하는 것이 어른의 자세란다."

나는 그날 그 말씀을 곱씹으며 밤을 지새웠다. 그리고 다음 날 아침 정성으로 치장을 한 후 상견례 장소로 갔다. 사돈네와 환하게 인사를 나누고 결혼 날짜를 잡아 보내달라고 했다. 사돈네도 아이들이 어려 내심 걱정했는지, 내가 결혼시키자고 하자 안도하는 표정이었다. 철쭉님의 도움으로 아이들의 결혼은 일사천리 진행되었다.

언젠가 아들이 말했다.

"엄마 대단해. 나는 엄마가 허락을 안 할 줄 알았어. 결혼하려면 참 힘들겠구나 싶었는데 한 번에 승낙해서 고맙고 놀랐어."

그때 내 감정에만 치우쳐 머리를 싸매고 누웠다면 아들과 며느리의 마음에 얼마나 깊은 상처를 주었을까. 그랬다면 지금의 행복은 없었을 것이다. 이렇게 예쁘고 귀여운 손녀를 볼 수나 있었을까. 순간의 선택이 10년을 좌우한다는 말은 틀렸다. 순간의 선택은 평생을 좌우한다.

다른 이의 말을 잘 알아듣지도, 내 주장을 잘하지도 못했던 나에게 부모 역할은 가장 힘든 일 중 하나였다. 철쭉님은 그런 나에게 어른으로서, 부모로서 어떻게 해야 하는지 가르쳐주고 몸소 보여주셨다. 그 경험과 거기에서 얻은 자신감으로 나는 이제 상담 일도 열심히 하고 있다. 긴 세월 무진 애를 써주신 철쭉님께 마음의 큰 절을 올린다.

억울함이 발목을 잡을 때

지금은 고등학생이 된 아이가 어린이집에 다닐 때 팔을 물려 온 적이 있었다. 곧바로 당시 아이를 돌봐주시던 시부모님께 알렸고 아버님은 아이가 하원할 때 선생님께 그 문제를 따끔하게 지적하셨다. 그런데 딴에는 엄마 노릇을 한답시고 나 역시 선생님에게 재차 연락해서 재발 방지 운운하며 의견을 전달했고 이를 시부모님께 보고한답시고 이러저러하게 처리했다는 말씀을 드렸다.

내심 잘했다는 칭찬을 듣겠지 했는데 오히려 불호령이 떨어졌다. 아버님은 당신이 이미 그 문제를 지적하셨으니 내가 거듭 나서 거론할 이유가 없고 그게 아이에게 좋은 것도 아니라고 하셨다. 게다가 집안의 최고 어른이 처리한 일을 며느리가 다시 나서는 모양새가 위계 없는 집안처럼 볼썽없다는 꾸중이셨다.

지금 돌이켜보면 충분히 이해된다. 하지만 당시 나는 엄마로서 할 수 있는 연락을 했을 뿐이라는 생각에 사로잡혀 억울했다. 사람이 억울한 심정이 들면 화가 나고 해명하고 싶다는 핑계로 상대방의 주장을 공격적으로 반박하게 된다. 나 역시 그랬다. 집으로 들어가 아버님께 억울한 생각을 말씀드렸다. 아버님의 꾸중에 공격적인 반박이라니. 이보다 어리석은 태도가 있을까. 제 할 말을 한답시고 아버님과 맞붙는, 그래서 아버님의 역정을 한껏 끌어올리는 며느리를 보는 당시 어머님과 남편은 어땠을까. 얼마나 마음이 상하고 곯았을지 불 보듯 뻔하다.

내가 지난 10여 년 동안 철쭉님께 들은 숱한 말씀 중에 가장 기억에 남는 것은 '억울해하지 말라'는 것이다. 억울하다는 것은 아무 잘못도 없는데 꾸중을 듣거나 벌을 받을 때 느끼는 분하고 답답한 마음이다. 생각해보면 내가 안팎으로 겪는 갈등과 분란의 기저에는 억울함이 있다. 잘못한 것이 없다는 전제는 사실 오로지 내 입장일 뿐이다. 거기에 남의 말을 순순히 듣고 따르는 승복을 마치 패배처럼 여기는 기질까지 합해졌으니 얼마나 남의 말을 안 듣는 사람이 되었겠는가. 교우 관계나 회사 생활에서는 물론 섬세함과 유연함이 핵심인 가정생활에서도 모난 돌처럼 이리 부딪치고 저리 부딪치는 일이 좀 많았을까.

꾸중 듣는 일을 좋아할 사람은 없다. 그래도 그게 죽기 살기로 싸울 일은 아니다. 아버님의 입장을 충분히 고려하지 못한 것을 인정하고 얼마든지 편안하게 이야기를 이어갈 수 있었다. 그때 이랬으면 어땠을까.

'아, 아버님. 제가 그런 생각은 미처 못 했습니다. 그냥 엄마 역할

을 해야지 하는 생각에만 꽂혀 있었던 것 같아요.'

　사실 아차 싶어 하는 며느리의 표정만 봐도 아버님은 마음을 푸셨을 것이다. 이렇게 편안하게 소화할 수 있는 일을 뭐가 억울하다고 그렇게 살벌한 판으로 키운 것일까.

　그럴 때마다 어쩔 수 없이 철쭉님께서 늘 질타하시던, 공부밖에 모르고 살아온 나라는 사람에 대해 뼈아프게 되짚어보곤 했다. 지금 생각해보면 어릴 때부터 공부를 잘했던 나를 부모님은 지나치게 존중해주셨다. 공부는 나에게 늘 프리패스 카드였다. 의사가 되기까지 나에게는 맏이로서 집안에서 해야 할 많은 역할이 면제되었다. 동생은 늘 약 올라 하며 언니는 특권층이라고 했다. 그런 성장 과정이 엄마로서 며느리로서 좌충우돌 분란을 겪는 배경이라면 배경이었다.

　당시에는 모든 것이 혼란스러웠다. 아버님과의 일을 두서없이 말씀드리면 철쭉님은 들으시다가 문득 물으셨다. "남편은 뭐 하고 있나?" 남편을 통해 말씀드리거나 해결할 일을 네가 무슨 용팔이처럼 나서느냐고 하셨다. 그런 말씀을 들으면 나와 시부모님 사이에서 역할을 해주지 않는 남편이 아쉬워지고 그런 남편을 제치고 앞장서서 우왕좌왕하는 내 모습에 대한 부끄러움으로 속이 쓰렸다.

　"억울해하지 말거라." 혹시 내 마음이 남편에 대한 거센 원망으로 번질까 걱정하셨는지 철쭉님은 늘 덧붙여 말씀하셨다. 누가 떠밀어서 결혼했나. 네가 좋아 선택한 사람이고 네가 네 일 하느라고 필요해 들어간 시집 아닌가. 철쭉님은 억울해하는 대신 어떻게 하면 내가 아내로서 며느리로서 자리를 지키면서 상황을 해결할 수 있는지를 알려주셨다. 물론 쉬운 것은 하나도 없었다. 많이 참아야 했고 기다리고 포기해야 했다.

그러면서 나는 엄마의 자리에 대해서도 생각하게 되었다. 당시 철쭉님은 거듭 물으셨다. 왜 아이가 물려 왔나, 문 아이는 어떤 아이이고 둘 사이에 어떤 일이 있었나, 아이는 평소에 어린이집에서 어떤 모습으로 생활하고 있나, 또래와 적절한 의사소통을 하고 있나, 평소에 아이와 얼마나 대화하고 아이의 마음을 얼마나 알고 있나. 어린이집에 재발 방지를 당부하고 책임을 물었다? 그게 그리 급하고 중요하던가, 아이를 시부모님께 맡겨두고 혹여 너는 아이에게 사고만 안 나면 괜찮다고 건성건성 살지는 않았나. 철쭉님의 말씀을 들을수록 마음은 무거워졌고 정신은 번쩍 들곤 했다. 아버님이 내 마음을 몰라준다고 탓할 때가 아니었다. 엄마로서 나는 아이에게 어땠나? 그게 중요한 대목이었다. 철쭉님은 어디에서 힘을 빼고 어디에 힘을 써야 할지 알려주셨고 나는 그 중심을 잃지 않기 위해 애썼다.

철쭉님께 '억울해하지 말라'는 말씀을 처음 들었을 때는 '왜 그런 말씀을 하셨을까? 내가 억울해하고 있었나?' 하는 의문이 들었다. 처음에는 그저 곧이곧대로 뜻만 새기고 넘겨 이 말씀의 큰 울림이나 깊이를 실감하지 못할 때가 많았다. 그러나 시간이 갈수록 가장 끝까지 남아 때로는 나를 혼내고 위로하며 결국 잡아 일으켜 세우는 것은 바로 이 말씀이었다.

살면서 나를 가장 괴롭혔던 것은 억울한 마음이었다. 내가 무슨 잘못을 했다고 이런 일이 내게 일어나는가 하는 그런 마음은 울분으로 쌓여 나를 곯게 하고 주변을 어지럽힌다. 그러나 세상은 그렇게 잘잘못을 정확히 가려 돌아가지도 않을 뿐더러 나 역시 무수히 많은 잘못을 저지르며 살아가고 있다. 억울해할 일은 없다.

아버지라는 상像

 나는 거의 고아나 다름없이 살았다. 아니, 차라리 고아였다면 외롭기나 하지, 이토록 복잡한 심경으로 괴롭진 않았으리라. 나는 깊숙이 파인 마음의 상처들로 수많은 시간을 고통스러워했다. 그 상처는 부모로 인한 것이었다. 아버지와 어머니의 불화 속에서 맏이였던 나는 번번이 두 분의 화풀이 대상이 되었고 그것을 견딜 수 없어 결국 집을 나오고 말았다.
 맨주먹으로 경험한 세상은 아수라판이었다. 각박한 세상에서 살아가는 게 녹록지 않았지만, 그런 세상보다 나를 더 힘들게 한 것은 속에서 치미는 울분이었다. 이루 말할 수 없이 헛헛하기도 했고 아무런 잘못 없이 그런 처지에 놓인 것이 억울하기도 했다. 늘 이 모든 난관을 어디서부터 풀어가야 할지 모르겠다는 무망함에 시달렸다. 세상은 절대 혼자 살아갈 수도 없고 혼자 살아서도 안 되는 것이다. 그런데 그 시절 나는 철저히 혼자였다. 지금도 그때를 생각하면 아찔하다. 그 힘든 시기를 어떻게 살아냈나 싶다.

'허허로운 마음 기댈 곳 없어 이곳저곳 기웃거리는 촛불이라. 이제라도 인연 맺게 된 것 감사하네.'

'촛불'이라는 별칭으로 처음 집단상담에 참여한 뒤 철쭉님이 보내주신 문자의 일부다. 당시에는 몰랐지만 그때 나의 모습이 실제로 그랬던가 보다. 헛헛한 마음으로 채워지지 않는 갈증을 해소하고자 이곳저곳을 기웃거리다 장 교수님을 만나게 되었다. 주변에서는 이러한 나를 의아해하며 객쩍은 데 돈을 쓴다고 했다. 하지만 마음에 큰 응어리가 있던 나는 빵만으로는 견디기 어려웠고 어떻게든 그 맺힌 것을 풀어내고 싶어 경제적으로 넉넉진 않았어도 상담을 받았다.

나에게는 은인이시자 또 한 분의 어머니이신 장 교수님은 어느 날 집단상담을 권하셨다. 멋모르고 찾아간 그곳은 정말 색다른 세계였다. 다양한 계층의 사람들이 모여 상대에 대해 거침없이 피드백하는 게 특히 인상적이었는데, 그게 다 카리스마 넘치는 철쭉님이 계셔서 가능하다는 것을 알았다. 내 눈에 비친 철쭉님은 날카로우면서도 묵직하고 냉정하면서도 인정스러워 도무지 종잡을 수 없는 분이셨다.

사람들이 철쭉님을 대하는 태도 역시 내게는 낯선 풍경이었다. 일단 극진했다. 존경하고 따르는 마음이 절로 느껴지는 모습이었다. 동시에 스스럼없고 친근했다. 말로는 어려운 분이시라고 하면서도 사람들은 철쭉님 앞에서 자유로워 보였다. 객쩍은 농담은 물론 가끔은 저런 이야기까지? 싶은 불평이나 아쉬움을 거침없이 꺼내놓았다. 물론 철쭉님은 언제나 편안해 보였다. 사람들이 철쭉님을 대하는 태도가 철쭉님에 대해서 많은 것을 말해주는 것 같았다. 그동안 몸담았던 곳에서는 볼 수 없었던 분이셨다. 찾으려고 애써 왔지만 찾을 수 없었던 분이 거기 계셨다.

'이런 분이 어른이구나.'

다가가고 싶기도 하고, 많은 걸 여쭈며 배우고 싶기도 하고, 닮고 싶기도 했다. 철쭉님이 무섭기도 했지만 만나게 되어 기쁘기도 하고, 뵈면 뵐수록 신기하기도 한 뭐라 딱 정할 수 없는 복잡한 감정과 생각들이 지나갔다.

집단상담에서 철쭉님이 내게 하셨던 말씀은 자기관리에 힘쓰지 않으면 안 된다는 거였다. 내 딴에는 조심한다고 애를 썼지만 그분은 내가 제멋대로 자란 잡초라는 걸 알아보셨던 게 분명했다. 철쭉님의 피드백에 마음이 '쿵' 하도록 부끄러웠던 나는 몸에 밴 각종 악습을 털어내야만 사람으로 취급받을 수 있다는 것을 알았다. 그 뒤로 나는 다듬어지겠다는 열망으로 노력했다.

한번은 내가 아들을 낳았다고 좋아하자 철쭉님이 나를 물끄러미 바라보시더니 "아이는 어머니가 키우는 것이고 아버지는 상像을 남기는 거란다." 하고 말씀하셨다. 뭔가 의미심장한 말인 것 같긴 한데 무슨 뜻인지 정확히 몰랐던 나는 갸우뚱하며 수없이 그 말을 곱씹었다. 아들이 자라남에 따라 좋은 아버지가 되어야 한다는 간절함만은 나날이 커졌다.

아들에 이어 딸도 태어났다. 하지만 나는 여전히 어정쩡하게 세월을 보냈다. 아이들에게만큼은 좋은 아버지가 되어야겠다는 다짐을 하면서도 실생활에서는 계속 다듬어지지 않은 면을 갖고 있었기 때문이다. 구석구석 박혀있는 온갖 분노, 남들처럼 배우지 못했다는 자기 연민, 좀처럼 털어버리기 힘든 억울함. 어디 그뿐인가. 기회만 있으면 잘난 척하려 드는 치기 어린 자만심, 말귀를 잘 알아듣지 못한다며 가까운 사람들을 무시하는 오만한 태도 등도 집안에서나 직장에서나 내 발목을 잡았다. 집단상담에 참여하여 바꾸고자 노력했으나 번번이 어느 것 하나 쉽게 해결하지 못하는 나 자신을 발견할 뿐이었다. 언제부터인가 같은 자리를 맴도는 듯한 기분은 내게 또 다른 좌절감을 안겨주었다.

아마 그런 생각으로 고통스러워하던 순간이었을 것이다. 시작 시각보다 조금 일찍 집단장에 들어오신 철쭉님께서 내 옆에 앉으셨다. 그리고 문득 물으셨다.

"아버지는 요즘 어떠신가? 건강하신가?"

목이 콱 막혔다. 아직도 아버지를 떠올리면 가슴속 울분이 치솟아 숨통을 조이는구나. 대체 이것은 언제나 되어야 사라질까. 새삼 막막한 기분이 들어 아무 말도 할 수가 없었다.

"용서하려고 하면 진짜 용서해야지. 자유로워지기로 마음먹었으면 자유로워져야 하고. 촛불도 아버지 아닌가. 인제 그만 털고 일어나시게."

왈칵 눈물이 쏟아질 것 같았다. 그렇다. 아버지에 대한 억하심정으로부터 자유로워지지 않고서는 나는 나를 사로잡는 억울함과 분노의 쳇바퀴에서 벗어날 수 없을 것이다. 그런 채로는 우리 아이들에게 반듯한 아버지상을 심어주기는커녕 아버지라고 당당히 나설 수도 없는 아버지가 될지도 모를 일이다. 설상가상 나 역시 나의 아버지처럼 자식의 가슴에 평생 씨름할 분노나 심어주는 아버지가 될지도 모를 일이다.

  나의 아버지를 벗어나야 나는 아버지가 될 수 있다. 알면서도 해낼 용기가 없어 계속 같은 자리를 맴돌았다는 걸 고통스럽게 깨닫는다. 하지만 이 또한 아버지가 되기 위한 진통이며 과정이라고 믿는다. 그렇게 아버지가 되어갈 것이다.

3

내 정신으로 살기

주인의 무게

철쭉님은 만나고 싶다고, 통화하고 싶다고 원하는 대로 되는 분이 아니시다. 오죽하면 철쭉님 도움을 받고 싶은 마음 하나로 5박 6일 집단상담을 신청하는 사람들이 있을까. 집단상담 응원을 핑계로 반나절 걸려 찾아와서 겨우 몇 마디 여쭙고 돌아가는 사람도 있다. 뭘 물으려다 호통만 듣거나 아예 연락이 닿지 않아 발을 동동 구르는 일도 있다. 철쭉님이 참 용하시다(?)기에 근심 한가득 안고 순서를 기다리지만 과연 내 차례가 올지, 답은 받을 수 있을지 걱정이 앞선다.

나도 처음엔 철쭉님이 어렵고 무서웠다. 여쭐 일이 제발 생기지 않길, 생기더라도 절로 해결되길 기도했다. 하지만 곧 도무지 그렇게 되지 않는다는 걸 깨달았다. 그러면 차마 떨어지지 않는 입을 움직여 가능한 한 짧게 여쭙고 답을 청했다. 그리고 제발 내가 실천할 수 있는 해법을 주셨으면 했다. 그런데 내 주변머리론 도통 헤아릴 수 없거나 행할 수 없는 답을 주시는 경우가 꽤 있었다. 그러면 주신 답대로 하지 않게 마련이어서 다른 일을 또 여쭙기가 민망한 상황이 되곤 했다. 철쭉님이 어려웠고 도움을 청하기 겁났다. 때론 기다리고 있는데도 답을 안 주셨다. 그런 그 모든 어려움에 관한 나의 이야기는 2001년 여름 집단상담에서 시작되었다.

시험은 합격했지만 아직 사법연수원을 마치지 못한 예비 변호사 시절이었다. 나는 성장 과정에서 생긴 다양한 열등감과 이를 숨기기 위한 오만함이라는 양가감정에 휩싸여 있었다. 변호사 개업을 생각하고 있었는데, 집단상담 참가자들은 현실역동 안에서 벌거벗겨진 나의 모습을 보고 모두 고개를 가로저었다. 철쭉님은 특히 더 가혹하게 말씀하셨다.

"사람 말귀도 못 알아듣고 대화 자체가 안 되는 사람이 남을 대변하는 변호사가 되겠다니 기가 찰 노릇이다."

그럼에도 6개월 뒤 용감무쌍하게 개업했으나 당시 모두의 예감대로 세상의 거친 풍파에 사정없이 흔들려 침몰 직전까지 몰렸다. 살아남기 위해 집단상담을 틈틈이 찾아야 했다. 그때마다 철쭉님의 불호령에 느슨해진 마음을 가다듬고 절치부심하며 나를 좌절시키는 현실과 싸워나갔다.

현실이라는 차가운 땅에 제대로 발을 디디게 되면서 조금씩 사업이 안정을 찾아갔다. 고객과 일이 늘어나니 내 한 몸 추스르는 것과 다른 차원의 문제가 발생했다. 직원과 변호사를 하나둘씩 고용하게 되면서 경영자로서 갖춰야 할 소양 부족이 발목을 잡았던 것이다. 내가 철쭉님이라는 빛에 의지해 어둠에서 벗어난 것처럼 우리 직원과 변호사들에게도 그런 기회를 주면 회사가 절로 잘 돌아가지 않을까 하는 상상을 하게 되었다.

2007년 즈음부터 고용변호사와 직원 몇 사람을 집단상담에 함께 데리고 갔다. 변호사, 직원 합쳐 채 열 명이 되지 않던 시절이었다. 집단상담도 업무시간으로 쳐주고 상담비도 회사에서 대주었다. 다른 참가자들이 이를 부러워하며 좋은 회사, 좋은 CEO라고 띄워줄 때는 으쓱하기도 했다. 지금 생각하니 손발이 오그라드는 일이었다. 구성원들의 개인적 성장을 도우면서 회사의 조직적 문제도 파악하고 개선해보겠다는 포부였는데, 틀린 생각은 아니었지만 문제는 나 자신이었다. 경영자로서 내가 달라지지 않은 채로는 이룰 수 없는 꿈이었기 때문이다. 생각할수록 그때의 나는 참으로 무책임한 경영자였다.

그때부터 시작된 철쭉님과 나의 숨바꼭질은 오래 이어졌다. 법무법인의 구성원들을 집단상담에 끌고 와 오만 얘기를 풀어놓으니 눈 밝은 철쭉님은 회사가 산으로 가는 상황을 속속들이 꿰시게 되었다. 경영자가 팔 걷어붙이고 죽자 살자 달려들어도 모자랄 판에 그러지는 않고 자꾸 새로운 사람만 집단상담에 끌고 오니 얼마나 갑갑하셨을까. 돌이켜보니 그때 철쭉님은 이미 내게 많은 주문을 하고 계셨다. "주인이 올곧게 중심에 서면 주변은 알아서 자기 자리와 역할을 찾는다." "사람이 열심히 일할 수 있는 시간은 얼마 되지 않는다. 지금이라도 집중하면 잘할 수 있을 것이다." "피하지 말고 회사 문제는 주인인 네가 스스로 책임지고 해결해야 한다." 딴

생각에 빠져 오랫동안 알아듣지 못했던 말씀이었다.

그 말씀을 한참 뒤에 너무 늦게 깨달았다. 철쭉님 당부에도 불구하고 주인이 주인 노릇을 잊은 사이 엉뚱한 사람들이 주인 행세를 했고 그 병폐가 이미 깊어졌다. 철쭉님의 조언과 도움을 받았지만 비정상을 정상으로 돌리는 과정은 지난했고 결국 큰 손해를 입었다. 처음엔 불길한 미래에 대한 철쭉님의 계시가 희미하게 다가왔고 속으로 긴가민가했다. 시간이 흐르자 흩어진 퍼즐이 들어맞듯 철쭉님이 일관되게 말씀하고 가리키시던 방향으로 사태가 흘러갔다.

그때야 철쭉님 말씀이 크고 선명하게 들리기 시작했다. '여태 이렇게 건성으로 듣고 싶은 말씀만 가려들었구나.' 한탄스러웠다. 철쭉님 말씀에 집중하고 귀를 열어 귀하게 듣기 시작하자 이해가 잘 되었다. 내가 알아듣기 시작하자 철쭉님은 좀 더 명료하고 담백하게 답을 주시는 느낌이었다. 가르쳐주어도 들을지 말지 알 수 없는 상대에게 조심스레 말하는 것은 당연지사다. 귀를 쫑긋 세우고 말씀을 곱씹고 이해 가지 않는 것을 꼬치꼬치 여쭈면 철쭉님은 듣는 사람 수준에 맞추셨다.

2017년경이었다. 법인 구성원이 늘면서 사무실 공간이 포화가 되었다. 업무가 점점 많아져 인력을 더 채용해야 하는데 자리를 만들 수 없었다. 벌써 세 번 이사했는데 4년 만에 또 이사를 준비해야 했다. 아직 멀쩡한 내부 장식, 집기, 가구 등을 버리고 새 사무실을 꾸미는 비용을 생각하면 손해가 이루 말할 수 없었다. 4년간 번 돈을 다 이사에 써야 할 판이었다. 이런 이사가 마지막도 아닐 것이다. 차라리 사옥을 사는 게 낫겠다는 우스갯소리가 주거래 은행

지점장과의 상의를 거치며 실현가능한 이야기로 바뀌었다. 은행의 전폭적 지원을 약속받고 나서 철쭉님께도 상의를 드렸다. 과연 사옥을 구입하는 것이 옳은지, 피해야 할 건물이 있는지, 방위나 위치는 어떻게 가려야 하는지, 계약하고 입주할 날은 언제가 좋을지 등, 신경 쓰고 도와주셔야 할 일이 한둘이 아니었다. 철쭉님은 나의 이 원대한 계획을 들으시고는 정말 감당할 수 있는지 몇 차례나 다짐받듯 물으셨고 결국에는 도와주겠다고 하셨다. 철쭉님 허락을 받고 나니 신이 나서 이미 마음은 건물주였다.

매물로 나온 건물을 보러 다녔다. 중개업소로부터 소개를 많이 받았지만 살펴볼 가치가 있는 물건은 찾기 어려웠다. 매도·매수 타이밍이 맞아야 하고, 입지도 좋고 가격대도 적당해야 하니 실제 볼 만한 물건은 가뭄에 콩 나듯 했다. 수십 개 매물 중 한두 개만 후보로 적합한 정도였다. 그런 선별 과정을 다 통과하면 철쭉님께 계약할 길일을 받아야 했는데 급하다고 죽는 소리를 하며 부탁드려도 꽤 여러 날을 기다려야 했다.

부동산 경기가 호황일 때라 하루 이틀 만에 최고가가 경신되고 있었다. 철쭉님께 날을 받고자 기다리는 동안 매도인이 가격을 일방적으로 높여 흥정이 깨지기도 했고, 더 비싸게 사겠다는 매수자가 거래를 채 가기도 했다. 맘이 급해 철쭉님을 독촉해도 인생 중대사를 치르는데 거를 수 있는 것과 그래선 안 될 것이 있다고 하시며 언제나 느긋하셨다. 이쯤 되면 철쭉님이 사옥 사는 것을 마뜩잖아하시는 건가 싶은 생각마저 들었다. 기존 사무실의 계약기간이 다 끝나가고 새로 영입한 임직원들은 자리도 없이 버티고 있었다. 애타는 내 마음을 아시는지 모르시는지 철쭉님의 느긋함은 요지부동이었다.

마침내 그동안 보아온 건물들보다 훨씬 좋은 건물이 나타났다. 방위도, 가격대도, 입지도 모두 좋았다. 언제나 느긋한 철쭉님의 관문도 넘겼다. 계약하고 입주까지 마쳤다. 지금은 130명이 넘는 구성원들이 잘 사용하고 있는 사옥이 마련된 사연이다. 철쭉님이 관여하지 않으셨거나 꼼꼼하게 따지지 않으셨다면 그전의 더 못한 건물 중 하나를 더 비싼 가격에 샀을 공산이 크다. 철쭉님은 미래를 내다보신 걸까?

나는 그 경험을 통해 중요한 교훈을 얻었다. 이미 스스로 원칙을 정했다면 외부 환경과 조건에 부화뇌동하여 흔들릴 필요가 없다는 것이다. 노력할 뿐 인연이 있으면 닿는 것이고 아니면 마는 것이다. 없는 인연을 만들기 위해 무리하면 악수를 두게 된다. 철쭉님은 내가 조급함으로 사고를 치지 않을까 싶어 일부러 더 느긋하게 하신 듯싶다. 철쭉님을 통해 나 역시 중요한 일일수록 더 배짱 있게 기다리고 버티는 법을 배웠다.

철쭉님은 상대의 수준과 상태를 고려하여 알려주고 도와주신다. 도움을 청해도 답을 못 받은 듯하거나 받은 답에 고개가 끄덕여지지 않는다면, 내가 아직 도움받을 준비가 덜 되어 있는지 살펴볼 일이다. 철쭉님은 말뿐만 아니라 몸짓으로도, 때로는 침묵으로도 표현하고 가르치신다. 분명하게 말로 설명하시는 것만 알아들으려 하면 너무 아쉽고 서운하다.

서른하나에 철쭉님을 뵙고 스물한 해가 지나 이제 쉰둘이 되었다. 사람 구실하기 힘들던 때부터 도움을 받기 시작해 이제 처자식에게도, 직장의 또 다른 식구들에게도 손가락질을 당하지 않고 살 만하게 되었다. 아쉬운 건 철쭉님의 말귀를 이제야 조금씩 알아듣게 된 것이다. 더 서두르고 분발했다면 인생이 훨씬 자유롭고 행복했을 텐데. 앞으로도 더 꾸짖어주시길 고대한다.

제자리의 위력

　10년 전 나의 방문은 굳게 닫혀 있었다. 학교를 마치고 집에 돌아와 뇌졸중으로 몸이 불편하신 아버지를 마주하면 그렇게 속이 상할 수가 없었다. 쓸쓸해 보이는 아버지께 어떻게든 말동무가 되어드리려고 애쓰고 또 애썼다. 그러고는 슬픈 마음에 방문을 닫고 혼자 울었다. 겉으로 보이는 밝은 모습과 마음속에 담아둔 속상함 사이의 커다란 간극. 그 간극은 나에게 늘 무거운 숙제였다.
　첫 개인상담에서 알게 된 나의 문제는 내 슬픔을 아버지에 빗댄다는 것이었다. 나와 아버지를 분리하지 못했고 쓸쓸한 아버지와 쓸쓸한 나를 동일시했다. 그러나 그 당시 아버지가 혼자 고립되어 지내신 것도 명백한 사실이었다.
　나는 엄마보다는 아버지와 더 가까웠는지도 모르겠다. 아버지는 어렸을 때부터 유독 맏딸인 나를 애지중지 예뻐하셨다. 아버지의 인생이 내가 태어나고 잘 풀리기 시작했다고 사람들 앞에서 복덩이라고 자랑하셨다. 늘 나를 대견해하고 당신의 모든 것을 주셨던 아버지. IMF가 터지고 금전적으로 아주 어려웠던 그해 크리스마스에는 평생 처음 노동일을 하고 받은 돈으로 나에게 워크맨을 사주셨다.

그런 아버지가 쓰러지시고 난 뒤 엄마는 가족들을 부양하느라 바빠지셨다. 아버지의 고통과 엄마의 빈자리에 속상한 마음을 나는 늘 속으로 삭이고만 있었다. 그러던 와중에 엄마와 아버지의 사이도 멀어져갔다. 둘 사이에서 나는 아버지의 외로움을 어떻게든 달래보려고 애썼다. 하지만 별 소용이 없었다. 엄마와 아버지 앞에서는 씩씩한 딸로 지내다가 방문을 닫고 들어가면 혼자 우는 것 말고 할 수 있는 것이 없었다.

절대 어찌할 수 없을 것 같았던 내 안의 간극을 좁힐 수 있었던 것은 철쭉님을 만나고서였다. 철쭉님이 나를 우리 집의 단초로 만들어주셨기 때문이다. 10년 전 장 교수님의 추천으로 참석한 첫 집단상담에서 철쭉님은 내 이야기를 들으시고는 말씀하셨다.

"아버지에게 필요한 것은 네가 아니라 어머니야. 아무리 아버지에게 잘해도 자식이 해드릴 수 있는 것에는 한계가 있단다. 아버지에게 진정 필요한 것은 어머니다."

이게 무슨 소린가 했다. 아버지와 엄마는 이제 서로 소원한 관계에 익숙해지신 것 같았기 때문이다. 심지어 아버지는 엄마에게 별다른 기대도 없으신 것처럼 보였다. 엄마는 아버지에게 겉으로는 모든 의무를 충실하게 다하고 계셨다. 이런 상황에서 새삼스럽게 무슨 말씀일까? 더구나 난 내가 할 수 있는 모든 것을 다했다고 생각해왔다. 그렇기에 더는 방법이 없다고 여겼다. 그럼에도 불구하고 철쭉님의 말씀이 머리에서 떠나지 않았고 점점 내 안에 자리 잡기 시작했다.

'아버지에게 엄마가 필요하다고? 그런데 엄마는 지금 뭘 하는 거야. 돈을 벌어 의무만 다할 뿐이지 마음은 없잖아. 그렇다면 아버지를 방치하고 있는 것 아니야! 이럴 수는 없어.'

이 상태를 이대로 묵인할 수 없다는 생각이 마침내 분명해졌다.

그러던 어느 날 여느 때와 같이 퇴근한 엄마는 아버지에게 다녀왔다는 인사만 하고 친한 친구와 통화를 하러 방으로 들어가셨다. 통화를 마치고 나오신 엄마에게 나는 울먹이며 소리쳤다.

"아빠에게 신경을 좀 써! 아빠가 저렇게 계셔서 내가 얼마나 속상한지 알아? 그래서 난 매일 방에 들어가서 운다고!"

짧은 순간이었다. 내 안에 쌓인 말이 터져 나왔다. 엄마는 당황해서 당신은 돈 번 죄밖에 없다고 맞받아치셨다. 하지만 나는 안다. 엄마는 그 일로 충격을 받으셨다.

정말 마법처럼 그날 이후 엄마는 아버지 옆자리로 돌아가셨다. 우리 집 스타일인지, 그 뒤로 다른 이야기는 더 오고 가지 않았다. 엄마는 그저 자석처럼 아버지 옆으로 가셨다. 엄마의 잠자리는 빈방이 아니라 아버지 옆의 좁은 자리가 되었다. 정말 우리가 비집고 들어갈 틈이 없을 정도로 엄마는 아버지 옆에 밀착하셨고 아버지는 놀라울 정도로 편안해지셨다. 아버지는 가는 사람 붙잡지 않는 강하고 냉정하신 분이라고 생각했다. 그런 무서운 아버지가 유독 약해지는 유일한 존재는 딸인 나라고 생각했는데 다 착각이었다. 아버지는 엄마가 필요하셨던 것이다.

아버지가 편안해지시니 내 부담도 사라졌다. 난 점차 자유로워졌다. 아버지 걱정을 하지 않아도 된다는 것이 얼마나 홀가분했는지 모른다. 나 없이도 편안한 아버지라니! 너무 기뻤고 엄마의 존재가 너무 든든했다. 그 뒤로 10년이 지났다. 아버지의 건강이 조금씩 약해지시는 것 말고 우리 가족은 여느 가족처럼 잘 지내게 되었다.

제자리의 위력. 철쭉님이 알려주신 말이었다. 그 뒤로 난 한 번씩 내 자리가 여기가 맞는지 살펴본다. 가끔 그걸 모르는 사람들을 만나면 티 나지 않게 조용히 그 사람과 내 자리를 제대로 돌려놓으려 한다. 제자리에서 자기 역할을 한다는 것은 아주 중요하고 심지어 아름답기까지 하다.

세월이 흘러서 나는 결혼을 하게 됐다. 불편한 몸으로 사람들 앞에 나서는 것을 꺼리셨던 아버지는 결혼식 당일 식장 입구에서 손님을 맞이하는 부모의 자리에 서지 않겠다고 하셨다. 그런 아버지의 마음은 꺾기 어려워 보였다. 우리 가족은 그저 아버지의 뜻을 존중하고 마음을 편하게 해 드리는 것이 아버지를 위한 일이라고 생각했다.

늘 그렇듯 장 교수님께 이 문제에 대해 말씀을 드렸다. 교수님은 바로 철쭉님께 전화를 거셨다. 철쭉님은 그게 무슨 말씀이냐고 하시며 아버지는 당연히 결혼식장 혼주 자리에 서서 손님을 맞이하셔야 한다고 하셨다. 철쭉님의 말씀이 옳다는 생각은 들었지만 과연 아버지를 설득할 수 있을까 싶었다. 온 가족이 다시 말씀드려도 아버지는 여전히 완고하셨다. 불편한 몸에 시선이 쏠리는 것이 부담스럽다고 하셨다. 그런 아버지를 더 밀어붙일 수 없어 나는 속상한 마음을 꾹 참았다.

결혼식 당일. 일찍 도착하신 장 교수님께서 신부대기실로 찾아오셨다. 아버지는 어디 계시느냐고 물어보시기에 미리 혼주석에 가 앉아 계신다고 말씀드렸다. 나중에 들은 이야기는 이렇다. 교수님은 그 길로 혼주석으로 가 아버지를 설득하셨다. "장애에 굴하지 않고 당당히 맞서는 아버지의 모습을 보여주세요. 아이들이 나중에 살며 힘든 순간에 아버지를 기억하며 용기를 낼 겁니다." 아무도 할 수 없는 설득이었다. 아버지는 그 자리에서 일어나 식장 앞으로 가셨다. 그리고 당당한 모습으로 끝까지 손님들을 맞고 인사를 하셨다.

아버지는 식이 끝나고 식당 손님들에게 인사하러 가는 길에도 같이 가겠다고 나서셨다. 이 역시 아버지에게는 정말 혁명과도 같은 일이었다. 나는 자꾸 새어 나오려는 눈물을 간신히 참으며 어느 때보다 더 밝게 손님들에게 인사를 드렸다.

엄마와 아버지는 첫째 딸의 결혼식을 당당하게 잘 마쳤다는 사실에 몇 달을 신바람이 나서 지내셨다. 그렇게 자신감이 넘치고 신이 난 부모님의 모습은 본 적이 없었던 것 같다. 철쭉님과 장 교수님이 아니셨다면 볼 수 없었을 모습이었다. 우리가 그동안 해오던 대로 움츠려 계신 아버지를 그대로 두었다면 말이다.

당신 자리에 당당히 서신 경험이 아버지에게는 엄청난 사건이었나 보다. 이 사건이 어떤 결과를 가져올지 아버지도 그리고 가족들도 다 몰랐다. 매사에 한 발자국 뒤로 물러서 계시던 아버지가 당당하게 아버지 자리에서 아버지 목소리로 말씀하시기 시작하셨다. 지난번 일로 엄마가 제자리를 찾으셨다면 이번 일로는 아버지가 당신 자리로 돌아오셨다. 너무 값지고 감사했다.

어리석음도 죄다

철쭉님을 처음 뵈었을 때 그 모습은 예전 우리 아버지가 출근하시던 모습과 아주 비슷하셨다. 포마드 바른 깔끔한 머리에 단정한 옷차림. 그래서인지 친근한 마음이 들었다.

알게 된 지 얼마 지나지 않아 명절 인사차 전화를 드렸는데 "친정엔 언제 가나?" 하고 물으셨다. "차례 지내고 다음 날 엄마네 집에 갑니다." 했더니 "넌 족보도 없냐, 엄마한테 가게? 네가 어디 마음 붙일 데가 없고 많이 외로운가 보다." 하셨다. 내가 외롭다고? 왜 그런 말씀을 하시지? 잠시 의문을 가졌지만 이내 일상에 파묻혔다. 그 말뜻을 이해하지 못하고 그 후로도 명절마다 엄마네 집으로 갔다.

난 결손가정에서 자랐다. 부모님이 이혼하시고 나와 남동생은 아버지와 함께 살았다. 내가 초등학교 3학년이고 동생은 1학년일 때 엄마가 외할머니네로 가시면서 두 분은 별거를 시작하셨고 3년 뒤 결국 이혼하시면서 관계를 정리하셨다.

별거가 시작된 뒤 아버지는 퇴근하면 바로 집으로 오셔서 밥을 짓고 공부를 봐주셨다. 아버지의 귀가는 한 번도 늦은 적이 없었다. 그런데 내가 5학년 때쯤 밤이 늦었는데도 아버지가 안 오셔서 목 놓아 울었던 기억이 난다. 얼마나 크게 울었는지 옆집 아주머니가 와서 달래주셨는데도 그치지 않고 아버지가 오실 때까지 울었던 것 같다. 아버지는 평소 술을 안 드시는데 그날은 많이 취해서 들어오셨다. 아마 그즈음 별거를 끝내고 이혼을 하기로 결심하신 것이 아닌가 한다.

그 과정에서 아버지와 엄마는 내게 상황을 설명해주셨지만 그게 무슨 소용이랴. 엄마 없이 살아야 하는 것은 변함이 없었다. 하지만 엄마가 집에 없다는 것 빼고 큰 불편함은 없었다. 별거하기 전에도 엄마는 직장에 다니느라 저녁에야 들어오셨고 우리가 필요한 것은 당시 함께 살던 일하는 언니가 채워주었기 때문이다.

아버지는 엄마의 빈자리를 대신하려고 많이 노력하셨던 것 같다. 하지만 힘드셨던지 내가 중학교 1학년 때 재혼을 하셨다. 그리고 2년 뒤 아버지와 새어머니는 직장 문제로 지방에 가시게 되었고 우리는 거처를 옮겨 할머니와 살았다. 그래도 아버지는 매주 올라오셔서 집안일을 살피셨고 우리를 향한 관심 어린 잔소리를 끝없이 하셨다. 용돈, 성적, 기타 등등 우리에 대한 관리를 직접 다 하셨다. 이제 생각하니 그때 아버지의 잔소리가 아버지의 사랑이었던 것 같다.

내가 결혼한 후 명절에 아버지 집에 가면 새어머니가 불편해하고 싶은 티를 많이 내셨다. 너무 속이 상해서 나도 새어머니에게 좋은 소리가 안 나왔다. 그런 상황이 거듭되니 남편 보기 민망하고 아이들에게도 좋지 않을 것 같아 아버지 집에 안 가게 되었다. 아버지만 따로 밖에서 뵈었다.

엄마도 새 가정을 꾸리셨다. 당시 새어머니와의 일을 알게 된 엄마가 재혼하신 아저씨에게 사정을 말씀하셨다. 그랬더니 아저씨께서 당신 집으로 오라고 하셔서 그때부터 명절과 생신날에 엄마 집에 가게 되었다. 아저씨는 우리를 반갑게 맞아주고 아이들도 예뻐하셨다. 우리 아이들에게 외갓집은 엄마 집이 되었다. 난 그렇게 지내도 괜찮은 줄만 알았다.

세월이 흘러 아저씨가 돌아가셨다. 조문을 가야 하는지 철쭉님께 여쭈었다.

"그런 데는 가는 게 아니다!"

나도 참 답답한 것이, 철쭉님의 그 말씀을 내 식대로 해석해서 장례식장에는 안 갔지만 발인에는 갔다. 아침에 잠깐 들러서 가시는 길에 인사를 드리자 하는 마음이었다. 엄마에게 물었더니 흔쾌히 그러라고 하셨다. 그런데 가서야 알았다. 그곳은 내가 갈 자리가 아니었다. 나는 그들에게 그냥 남이었다. 아저씨를 보내고 그리도 슬퍼하는 엄마의 모습도 낯설고 보기 불편했다. 엄마는 왜 날 오라고 하신 거지? 나는 지금까지 뭘 한 거지? 참 어리석었구나! 만감이 교차했다.

나로 인해 재혼한 엄마와 그 가족들도 불편했을 것이고 내 남편도 불편했을 것이고 살아계신 외할아버지를 두고 다른 분을 만나야 했던 우리 아이들도 혼란스러웠을 것이다. 그동안 철쭉님 말씀을 듣지 않고 내 마음대로 처신한 것에 대한 쓰디쓴 후회가 밀려왔다. 발인을 다녀와 내가 그동안 참 어리석었다고 말씀드렸더니 철쭉님은 오히려 나를 다독여주셨다.

"부모가 무슨 이유로 이혼했는지도 모른 채 엄마 없이 살아야 했고, 새로 들어온 어머니는 낯설어 마음 붙일 수가 없었겠지. 그런 너에게 할머니가 계셔서 참 다행이다. 그렇게 외롭게 지내던 네가 살기 위해 선택한 것이 털털한 듯 아닌 척하는 행동이야. 네가 많이 꺾였던 사람이다. 그나마 너에게 할머니가 계셔서 참 다행이었다. 앞으로는 자신 있게 살아라. 네 밑바탕에는 어디 맘 붙일 데 없는 깊은 외로움이 있으니 그것에 휩쓸리지 말고 매사에 이성적으로 대응하고 다부지게 살아야 한다. 이제라도 아버지에게 딸 노릇 잘하고."

그날 긴 시간 통화하면서 철쭉님의 따뜻함에 많이 울었다. 정말로 난 오랜 세월 괜찮은 척하고 살았던 것 같다. 고모들이 엄마 없이 지내는 것이 안쓰럽다고 하면 듣기 싫다고, 난 괜찮은데 왜 그러느냐며 톡 쏘아붙이기도 했다. 결혼한 뒤 초등학교 1학년 딸아이 머리를 빗겨주다가 문득 '요런 아이를 두고 우리 엄마는 어떻게 집을 나갔지?' 하는 생각이 들었지만 바로 '엄마는 죽을 만큼 힘들었을 거야.' 하는 식으로 얼버무리며 올라오는 화를 눌렀다. 그래야 내 마음이 편했나 보다.

철쭉님 말씀대로 나에게 할머니가 없었으면 어땠을까 생각하니 아찔한 생각이 든다. 나의 투정을 다 받아주신 할머니께 감사한 마음이 들고 이런 마음을 제대로 전하지 못한 것이 마음 아프다.

아버지는 건강이 많이 안 좋아지면서 혼자 다니지 못하게 되셨다. 그러니 전화로만 연락해야 했는데 마음에 뵙지 못하는 갈증이 많이 생겼다. 하지만 나를 보면 늘 화를 내던 새어머니 때문에 선뜻 용기가 나지 않았다. 내가 찾아가면 새어머니가 불편해하실 것이다. 그로 인해 이제는 새어머니에게 전적으로 의존하시는 아버지마저 곤란하게 만들까 봐 걱정되었다. 어찌해야 할까? 철쭉님은 답답하다는 듯이 말씀하셨다.

"아버지는 혈연이며 천륜 아니냐. 아버지 만나는 데 눈치 볼 일이 뭐가 있나? 당당하게 가면 된다. 망설일 일이 아니다."

딸로서 역할을 해야 한다는 말씀에 힘을 얻어 일단 새어머니에게 전화를 드렸다. 그런데 그동안 세월이 많이 흘러서 그런지 예상외로 새어머니가 반갑게 전화를 받으셨다. 아버지 건강이 점점 안 좋아지는데 당신 때문에 그동안 서로 만나지 못한 것 같아 큰 죄를 지은 것 같고, 부모와 자식 간 연을 끊으면 안 되는데 싶어 마음이 무거웠노라고 하셨다. 전화해줘서 고맙다는 그 말씀에 나도 지난날의 한을 많이 덜 수 있었다.

바로 아버지를 찾아뵈었다. 전에 밖에서 만나 뵐 때와는 다른 모습이셨다. 포마드를 바른 깔끔한 머리가 아닌, 염색도 안 하고 짧게 자른 머리를 한 모습이 할아버지 같았다. 하긴 팔십이 훌쩍 넘으셨으니 그렇게 보이는 게 당연한데 그사이 뵙지 못한 탓에 낯설게 느껴졌다. 그래도 새어머니가 잘 돌보셔서 말끔하고 편안한 모습이셨다. 잘 듣지 못하셔서 많은 이야기는 못 나누었지만 눈만 봐도 아버지의 마음을 알 수 있었다.

철쭉님께 아버지를 뵙고 왔다는 말씀을 드렸더니 잘했다고 반기셨다. 그러면서도 내가 기분 좋은 마음에 행여 지나친 행동을 할까 걱정되셨는지 아버지에게 딸로서 역할을 다할 뿐 그 외 매사에 깊이 간섭하지 말라고 하셨다. 남동생이 둘이나 가정을 이루고 있고 특히 막냇동생은 새어머니의 아들이다. 지금까지 막내가 두 분과 살면서 아들 노릇을 해왔으니 동생들을 도와주는 역할만 하라고 하셨다. 이번에는 내 식대로 하지 않고 귀 기울여 듣고 잘 따라야지 하고 다짐했다.

아버지가 심장이 안 좋아져서 병원에 입원하셨는데 폐렴이 심해져서 중환자실에 가시게 되었다. 새어머니의 주장으로 연명치료를 받게 되었지만 나날이 안 좋아지셨다. 코로나19 때라 아버지를 뵐 수도 없었다. 마음이 불안해 일이 손에 잡히지 않았다. 마침내 위독하시다는 연락이 왔다. 서둘러 코로나19 검사를 마치고 아버지에게 갔다. 눈을 감고 계신 아버지에게 "아버지, 저 왔어요." 하고 크게 말을 건넸는데 내 말을 들으셨는지 바로 아버지의 맥박이 떨어졌다. 의사가 임종하셨다며 마지막 인사를 하라고 했다.

"아버지, 저희 이렇게 잘 키워주셔서 고마워요. 아버지! 이제 편히 쉬세요."

이 말을 하는데 울음이 복받쳐 올랐다.

철쭉님 말씀에 유의하여 장례를 치렀다. 남동생들이 중심이 되게 하고 나는 조금 뒤로 물러서 필요한 도움을 주었다. 그러니 서로 마음 상하거나 서운한 일 없이 잘 치르게 되었다. 그동안 왕래를 안 했던 남편이나 아이들이 어색할 수 있을 것 같았는데 철쭉님이 남편에게 전화하셔서 "처가에 아들이 있으니 사위는 손님이다. 예의를 갖춰 인사드리고 조의금을 드리면 된다."라고 정리해주셨다고 했다. 그 말을 들으니 내 마음도 가벼워졌다.

철쭉님은 어리석음도 죄라는 말씀을 자주 하신다. 솔직히 예전에는 선뜻 와닿지 않았다. '의도가 나쁜 것이 아니고 뭘 몰라서 그런 것뿐인데 그렇게까지 말씀하시다니.' 하고 생각했다. 세월이 가고 다양한 삶의 굴곡을 겪을수록 그 말이 뼈저리게 와닿는다. 어리석은 것은 죄가 맞다. 그로 인해 본인이 고통을 당하는 것은 물론이고 주변 사람들마저 혼란에 빠뜨리고 괴롭게 하는 경우를 많이 보고 겪었기 때문이다.

나 역시 그랬다. 내 식대로 생각하며 놓치고 산 중요한 것들이 많았다. 하지만 철쭉님 덕분에 재가하신 엄마에게 치우쳤던 마음을 추스르고 어린 시절 우리를 키우기 위해 애쓰고 울타리가 되어주셨던 아버지에 대해 더 깊이 생각하게 되었다. 아버지가 별거와 이혼이라는 아픔을 겪으신 나이가 30대 후반이었다. 참 젊은 나이인데도 우리를 위해 그렇게 부단히 노력하셨구나.

어리석은 탓에 나이 오십이 훌쩍 넘어서야 그걸 깨달았다. 그 마음을 말씀드리지 못하고 아버지를 떠나보냈더라면 얼마나 마음이 아팠을까. 어쩌면 아버지는 아픈 몸으로 그런 나를 기다려주셨던 것은 아닐까? 아버지가 그곳에서 내내 평안하시기를 기도한다.

부모의 욕심은 무한대

내일모레면 아빠가 될 아들이 제 짝을 만나 결혼에 이르기까지 나름의 우여곡절이 있었다. 아들이 20대 후반이 되었을 즈음의 일이다. 평범한 직장에 다니던 아들이 어느 날 로스쿨에 다니는 여자 친구가 생겼다고 했다. 처음 그 말을 듣고 사실 걱정하는 마음이 앞섰다. 철쭉님께 말씀드리니 일단 지켜보라고 하셨다. 요즘 세상에 저희 둘만 잘 맞으면 직업의 차이는 아무것도 아니고 더구나 아들에게는 든든한 부모가 있지 않으냐, 아버지로서 역할만 잘하면 된다고 하셨다. 다만 아들이 여자 친구를 당당하게 대하는 것은 중요하니 잘 살피라고 하시기에 그런 마음으로 아들의 연애를 지켜보았다.

사귄 지 3개월쯤 되었을까. 철쭉님께서 전화를 하시더니 느닷없이 아들 결혼 안 시킬 생각이냐고 물으셨다. 부모가 결혼을 전제로 아들의 여자 친구를 한번 만나보고 여자 친구를 통해 그쪽 부모에게도 이야기해서 아들도 인사를 드리라는 말씀이었다. 벌써요? 하는 소리가 절로 나왔다. 아직 둘 사이에서도 그런 얘기가 나오지 않았을 텐데 싶어 아비로서 당황스러웠고 아들에게 전하니 아들도 비슷한 것 같았다. 하지만 철쭉님은 둘의 연애를 그대로 두면 곤란한 점이 많을 것 같다고 하셨다. 시간이 지나 아들의 여자 친구가 자격증을 따면 부모님이 계시는 지방으로 내려갈 것이고 그 부모가 결혼을 반대할 게 뻔하다고 하시며 불같이 서로 좋아하는 지금 같은 시기에 미래를 기약해야 서로 상처받지 않고 좋은 인연을 이어갈 수 있다고 하셨다.

아무리 그래도 둘 다 나이가 꽉 찬 것도 아니고 자연스럽게 결혼 말이 나온 것도 아닌데 부모인 내가 억지로 끌고 가면 부작용도 나고 아들의 자율권도 침해되는 게 아닌가 하여 혼란스러웠다. 하지만 철쭉님이 괜한 말씀을 하시는 분이 아닌 것은 내가 누구보다 잘 알았다. 그래서 아들과 몇 번 그 일로 씨름했다. 하지만 아비로서 내 말이 먹히지 않았다. 아들은 반발도 했고 걱정하지 말라고 도리어 나를 달래기도 했다. 시간을 달라는 아들의 완강한 태도에 나와 아내는 물러설 수밖에 없었다. 씁쓸했지만 한편으로 그렇다면 스스로 정리하지 않겠나, 기다려보고 싶은 마음도 있었다. 아들에게 말이 통하지 않는다고 말씀드리니 철쭉님이 물으셨다.

"아비로서 분명히 이야기한 것이 맞나?"

그런 것 같다고 대답하니 더 말씀하지 않으셨다.

2년이란 시간이 후딱 지났다. 결국 철쭉님이 우려하시던 일이 눈앞에 펼쳐졌다. 여전히 둘 사이에 결혼 이야기는 나오지 않는 듯했고 그렇다고 헤어질 기색도 없었다. 이렇게 시간이 가면 미운 정 고운 정 깊어져서 헤어진다고 해도 상처가 적지 않을 것이고 그러다 결혼 때를 놓칠 것 같았다.

답답한 마음에 철쭉님께 전화를 드렸다. 한번 뵙고 싶다고 하니 그러면 좋겠지만 바쁘다고 하셨다. 몇 번 더 연락을 드려 마침내 약속을 잡았다. 철쭉님께 고개 숙이는 마음으로 고민을 말씀드리고 그때 어떻게 그렇게 과감히 결정하라고 하셨는지 다시 여쭈었다.

"결혼 적령기 남녀의 만남은 반드시 결혼을 전제로 한다는 목적이 있지 않겠어? 그 나이에 좀 사귀다 말아야겠다거나, 상대를 무슨 사회성을 실험하는 대상으로 생각한다거나, 육체적으로 즐길 대상으로 생각한다거나 그러면 안 되는 것 아니야. 사람이 사람을 만나는 데 책임감도 느끼고 존중하는 마음도 갖고 그래야지. 결혼 적령기에 재미나 좀 보자고 이성을 사귀는 무책임한 사람으로 자녀를 키우면 되겠어?

남녀라는 것이 결혼을 빙자해서 한두 달 만나다 보면 10년 세월이 후딱 간다. 그게 남녀 관계야. 누군가 매듭짓고 이끌어주지 않으면 저희끼리 어영부영 시간만 보내지. 좋은 시절 다 보내고 나면 어디 가서 다른 사람을 만날 수도 없고 그렇다고 이 사람과 결혼을 하려니 이상하게 마음이 내키지 않고, 그래서 머리 아프게 된 사람이 부지기수라.

내 말이 고리타분하다고 하겠지만 남자라면 석 달이 아니라 더 빠른 시간에도 '나는 니를 이래이래 생각하는데 너는 어떻나?' 하고 결정을 해줘야 하는 거야. 쉬운 것 같지? 요새 사회생활하는 남자 중에 이런 걸 잘하는 사람이 몇 명 없다. 비실비실하기만 하지 몇 명 없어. 그러니 부모라도 나서서 결정을 해줘야 한다고 그때 그랬던 거지. 이건 자식 키울 때 꼭 필수적인 이야기야.

그때 다잡아 끝을 냈다면 이렇게 되었겠나. 아버지나 엄마의 위상이 강했다든지, 아들하고 아버지의 관계가 좋았다든지 했다면 ○○(아들)은 인생을 많이 산 아버지의 말을 수용했을 것이고 또 아버지는 인생의 경험으로 ○○에 대한 것을 품어주고 안아주고 했겠지. 그랬으면 이게 벌써 끝난 이야기 아니야."

말씀을 들으니 그 당시의 씁쓸하고 무기력했던 마음이 다시 올라왔다. 이제는 아들이 내 얘기를 들을까? 어떻게 하면 듣게 할 수 있을까?

"지금은 이렇게 말할 수 있어. 너희 둘이 결혼할 수 있다. 부모 안 보려고 하면 할 수 있다. 그러나 한국은 외국과 달라서 결혼은 가족 대 가족으로 이루어지게 되어 있다. 그런데 네가 저쪽에서 대환영 받는 게 아니면 너도 기분 나쁠 것 아니냐. 결혼하면 양가 부모도 만나고 형제자매도 만나야 하는데 무슨 재간으로 네 아버지와 엄마가 아들을 반기지 않던 집안의 며느리를 좋게 보겠나. 아무리 변호사면 뭐 하고 판검사 할애비면 뭐 하나.

우리 아버지가 너를 한번 보자고 한다. 이건 기분 좋은 이야기 아니야? 내가 이 사람이 좋고 어차피 결혼을 하려는데 그 아버지가 보자고 하면 기분 좋게 보지. 또 저쪽에서도 내 딸이 어떤 남자를 좋아한다고 하면 한번 보자고 하는 게 맞는 거지. 남자친구 아버지가 보자고 하는데 여자 친구가 아직 준비가 안 됐다고 고사를 한다? 여자가 사귀는 남자에 대해서 엄마한테 말도 안 했다? 왜 ○○은 그때 제 여자 친구의 그런 태도를 보고도 가만히 있었나?

은연중에 한번 기가 죽잖아? 평생을 간다고. 기죽어 살면 무시당하는 거야. 서로 좋을 때는 모르지만 일정 시간이 지나면 딱 알게 된다고."

아들의 여자 친구가 부모인 우리를 안 만나고 싶어 했구나. 아들과 만나는 것을 저희 부모님께 말도 하지 않았고. 그리고 그런 상황은 2년이 지나도록 달라지지 않았구나. 상황을 더 분명하게 알게 된 나로서는 새삼 쓰디쓴 마음이 들었다. 우리 아들은 왜 이렇게 기가 죽었을까. 아버지로서 나는 그동안 무엇을 했나. 자괴감이 몰려왔다.

"내 안 그래도 일전에 여기서 ○○을 만났다. 나는 니가 기죽어 사는 걸 원하지 않는다. 아주 바람직하지 않다고 본다. 아무리 좋아도 그건 아니다. 이렇게 못을 딱 박았다고. 이 말이 별 이야기는 아닌데 너는 어떻게 생각하나? 하니 맞는 말씀이라고 하는 거야. 말은 그렇게 하지만 사실 ○○이가 역부족이야. 이런 말을 해야지 하고 여자 친구를 만나잖아. 그 앞에 서면 작아지는 거야. 왜 작아지겠어? 주눅이 드니까 작아지는 거야. 그러면 안 돼. 여자도 한 남자를 만날 때 기가 죽으면 안 되고 남자도 그렇고. 결혼이란 서로 동등한 마음으로 해야 해.

내가 ○○이에게 아버지에 대한 온갖 얘기를 해주지. 네 아버지는 성실한 공무원이고 엄마는 충실한 가정주부고, 너는 대학 나와 회사 잘 다니는 건실한 청년이고. 그것만큼 크고 중한 스펙이 어디 있나. 이렇게 용기와 지지를 해줘도 밖에 나가면 자기 나름대로 기가 죽지.

얼마 전에 차를 샀잖아. 내가 아버지 졸라서 얼른 사라고 했다. ○○이가 간절히 바라던 거야. 사람을 만나면 다른 사람들은 예를 들어 '김 선생, 오늘 저녁 식사합시다. 몇 시에 차 가지고 갈게요.' 할 거 아니냐. ○○한테서는 그런 얘기가 안 나오잖아. 별것 아니라도 ○○이가 그런 거라도 배짱 있게 해야겠다 싶어서 그렇게 말한 거야. 그래서 기가 좀 살았어. 그런 걸 생각하면 맘이 좀 찡하지.

부모가 알아야 해. 부모가 자식의 약한 부분도 알아야 하고 강한 부분도 알아야지. 부모가 돼서 해줄 수 있는 건 해주면 좋고, 해줄 때는 기분 좋게 해줘야지. 할 수 있는 거 해주고 당당하게 살라고 하면 돼. 니가 어디 가도 기죽을 일이 뭐 있나 하고 격려해주고. 걱정하지 마. 아들 다 컸다."

언제 아들 녀석을 만나 그런 말씀을 다 하셨는지. 아비인 나보다 아들 마음을 더 깊이 더 따뜻하게 헤아리시고 등을 두드려주셨다니. 말문이 막혔다. 아들 다 컸으니 걱정하지 말라며 상심한 나마저 위로하셨다. 자리에서 일어나기 전 철쭉님은 마지막으로 당부하셨다.

"부모가 자식을 바라보는 욕심은 무한대의 막을 수 없는 욕심이잖아. ○○이 부모도 그렇고, ○○이 여자 친구 부모도 그렇고. 그 마음은 당연한 거야.

○○이가 그동안 아무리 사회생활을 해도 아버지 경험을 따라갈

수가 없다. 이제 30년 산 네가 거기에 자 대지 말라고 했어. 지도 안다고 하지. 아버지 말이 맞다는 거야. 그렇게 자식은 아버지하고, 특히 아들은 아버지하고 접촉을 많이 해야 해. 아무튼 잘될 거니 너무 걱정하지 마라. ○○이 다 컸다."

이제 소용없는 일이지만 우리 부부가 그때 강단 있게 밀어붙이지 못했던 것이 다시금 뼈저리게 후회가 되었다. 아마도 조심스러웠을 것이다. 생각해보면 그런 게 아들 눈치를 보는 태도였지 싶다. 아들도 딱 부러지지 않은 부모를 보고 강하게 제 주장을 했던 것이겠다. 당시 아들에게 결혼을 들먹여 관계를 정리하도록 하셨던 것은 아들을 위한 철쭉님의 묘안이었다. 그쪽 집이 아들을 반기지 않는다는 것, 더구나 그것을 아들의 여자 친구가 여과 없이 아들에게 이야기하는 것으로 보아 둘의 관계가 이미 기울어진 것을 아셨던 것 같다. 하지만 그 어떤 묘안도 당사자들이 해낼 의지와 힘이 있어야만 의미가 있는 것인가 보다.

결국 철쭉님은 그 뜻을 따르지 못한 나와 아들을 말없이 지켜보셨다. 그리고 시간이 지나 필요한 순간 다시 마음을 쏟아 도움을 주셨다. 가족도 아닌데 실망하지 않으시고 곁에 계셔주시니, 철쭉님의 그 한결같은 애정에 새삼 마음이 뭉클했다.

그날 집으로 돌아가 아들과 긴 대화를 나누었다. 아들은 2년 전과 달리 내 말을 귀 기울여 들었다. 그 얼마 뒤 아들은 그 친구와 헤어졌다. 그리고 시간이 흘러 다행히 새로운 사람을 만났다. 이번에는 서로 사랑하고 아끼는 마음이 비슷하게 통하는 사람이었다. 그리하여 기분 좋게 결혼에 이른 지 벌써 1년. 아들은 곧 아이 아빠가 된다.

　처음 뵐 때 거인 같았던 철쭉님의 등과 어깨가 아직은 꼿꼿하지만 그 너머로 조금씩 세월의 무게가 느껴진다. 안타깝고 허전한 마음과 더불어 욕심인 줄 알면서도 우리 아이들도 나처럼 철쭉님의 가르침을 오래도록 계속 받으면 좋을 텐데 하는 바람을 놓지 못한다. 철쭉님 말씀대로 부모의 욕심은 정말 무한대인가. 알면서도 그치지 못하니 죄송하고 부끄러울 따름이다.

불안의 감옥에서 벗어나

나는 어릴 때부터 어려운 환경에서 힘들게 살아왔다. 추억이란 아름다운 것이라고 누군가 말했지만 내게 과거는 건드리면 터질 듯한 아픔이요 상처뿐이다.

부모와 가난은 선택할 수 없다. 부모님은 자주 다투셨고 가난은 늘 무거운 짐이었다. 어린 마음에 돈이 많았으면 하는 것이 큰 소망이었다. 돈만 있으면 아버지와 엄마가 싸울 일도 없을 것이라고 막연하게 생각했다. 그만큼 가난이라는 멍에가 답답하고 싫었다.

불행은 예고 없이 찾아오는 불청객이라 했다. 중학교 때 아버지가 갑자기 돌아가셨다. 나는 아버지의 주검 앞에 우두커니 서 있을 수밖에 없었다. 한순간에 아버지가 사라지고 영원히 다시 만날 수 없다는 것이 너무 무서웠다. 아버지가 돌아가시자 집안은 풍비박산이 났다. 졸지에 아버지를 잃은 가정은 그 무엇과도 비교할 수가 없다. 문득 아버지의 빈자리가 가슴을 쓰리게 했지만 어린 내가 할 수 있는 것이라곤 아무것도 없었다. 그 뒤로 내게는 오래도록 축축하고 어두컴컴한 나날들이 계속되었다.

가난도 마찬가지였다. 가난의 비참함을 어린 나이에 물 마시듯 겪으며 살았다. 경제적으로 매일 마음 졸이면서도 학교에서 기죽지 않으려고 전전긍긍했다. 배경도 없고 돈도 없고 그렇다고 번듯하게 부모의 관심을 받는 아이도 아니었기에 할 수 있는 것이라곤 공부밖에 없었다. 친구들의 눈총도 가난의 서러움도 공부로 모면해보고자 이를 악물고 열심히 했다. 사춘기도 모르고 그렇게 중고등학교 시절을 보냈다.

친구들에게 열악한 가정환경을 내보이고 싶지 않아 항상 밝은 척을 했다. 하지만 어린 내가 얼마나 잘 연출하고 연기할 수 있었겠나. 남의 눈치 살피는 것만 날이 갈수록 이력이 났다.

중고등학교 시절을 동복과 하복 두 벌로 버티고 살았다. 부모님이 학교에 찾아오지 않는다고 해서 그 많은 학생 앞에서 선생님으로부터 수모를 당하며 폭력적인 체벌을 받기도 했다. 지금까지도 왼쪽 귀가 다소 불편할 정도로 많이 맞았지만 당시에는 어디 말할 곳도 하소연할 곳도 없었다. 집에 돌아와 텅 빈 방에서 그저 소리 내어 울었을 뿐이다.

뒤돌아보면 배고픔이 제일 힘들었다. 배고팠던 기억은 평생 잊을 수가 없다. 그 때문에 나에게는 자린고비로 살아온 냄새가 풀풀 나지 싶다. 하지만 그래도 나는 살아야 했다.

전업주부였던 엄마는 생활력이 전혀 없었다. 아버지는 빈손으로 떠나셨고 우리는 거리로 떠밀렸다. 산다는 게 너무 힘들어 학교를 중퇴하고 돈 벌까 고민도 많이 했다. 고등학생 때부터 아르바이트를 하며 학비 조달은 물론이고 생활의 무거운 짐마저 나의 몫으로 져야 했다. 매일같이 부족한 잠과 피곤에 시달리며 안간힘으로 버텨갔다.

공부만이 나를 지키는 수단이요 방법이라 믿었다. 그런 까닭에 고등학교 시절의 성적은 최상위권이어서 가고 싶은 대학에 지원할 수 있었다. 쥐뿔도 없는 처지에 대학을 가야겠다는 마음은 어디서 생겼는지 알 수가 없지만 고등학교 때처럼 대학도 일하며 다니면 되리라 자신했다. 대학을 나와야만 돈을 많이 벌 수 있다는 계산도 있었다.

등록금에 남동생의 학비와 용돈까지 책임지느라 아침부터 밤늦게까지 과외를 했다. 구역질이 날 정도로 바쁜 하루하루였다. 결국 대학을 졸업하고 남들이 부러워하는 회사에 좋은 조건으로 입사하게 되었지만 그 과정에서 생겨난 정서적인 결핍감과 우울감은 고질병이 되어 나날이 깊어졌다. 현실에서 벗어나고자 결혼이란 도피처를 찾아 나섰다. 나의 지친 몸과 마음을 회복하는 길이 결혼이요, 내가 꿈꾸던 새 인생의 관문이 결혼인 줄 알았다. 결혼하여 열심히 노력하면 잘 살 수 있을 거라는 믿음에 학교 선배와 결혼했다.

남편은 그리 재미난 사람은 아니었다. 외진 시골 출신이라 무뚝뚝했지만 성실해 보여 나의 의지처가 되리라 생각하고 마음을 열었다. 하지만 막상 연애를 시작하니 모나고 부정적인 면이 너무 많이 보여 한때는 관계를 그만둘까 하는 생각도 했다. 다듬어지지 않은 성격이 마음에 많이 걸렸지만 지칠 대로 지친 나로서는 헤어질 용기조차 없었다. 결혼해서 안정되면 좋아지겠거니 스스로 최면을 걸었다. 지금 생각해보면 주변에 이런 고민을 여쭐 어른 없이 잡초처럼 오기로 살다 보니 어리석은 선택을 한 것 같다. 생각할수록 마음이 아프다.

준비 안 된 결혼을 하고 자신 없이 아이를 낳았다. 첫째 아이를 낳고 6개월쯤 되었을까. 아이를 봐주던 친정엄마가 딸인 나를 팔아 뜬금없이 대형 금전 사고를 치셨다. 이 일을 행여나 시댁이나 남편이 알까 노심초사하며 몰래 대출을 받았다. 졸지에 무거운 짐을 지게 된 내 자신이 한없이 비참했다. 그래도 엄마를 이해하고자 했다. 아버지가 돌아가시고 엄마만은 떠나지 않고 우리 곁에 계셨다. 그것만으로도 얼마나 고마운가를 생각하며 마음을 다잡았다.

하지만 설상가상으로 둘째를 임신했을 무렵에도 엄마는 사고를 저질렀고 심지어 돌봐주던 큰애를 놔두고 가출까지 하셨다. 남도 아닌 엄마가 이렇게 자식의 발목을 잡을 수 있을까. 너무나 큰 배신감에 삶의 의욕을 잃고 말았다. 그 와중에 둘째를 낳았다.

엄마가 저지른 사고로 빚 갚는 데 혈안이 되지 않을 수 없었다. 둘째를 낳고 석 달도 아니고 3주 만에 직장에 나갔다. 퉁퉁 부은 몸과 부석부석한 핏기 없는 얼굴로 아기 울음소리를 뒤로 하고 일하러 나갔다. 난도질이라도 당한 듯 몸과 마음이 만신창이가 되어 이성을 상실할 지경까지 갔다. 어린아이 둘을 남에게 맡기고 집과 직장을 오가는 생활이 오래 지속됐다. 어디 기댈 곳도 없고 마음 붙일 곳도 없었다.

남편이 사회적 지위를 확보할 때까지 집안의 생계 역시 주로 내가 책임져야 했다. 아이를 남의 손에 맡긴다는 죄책감과 불안함, 그리고 남에게 말하지 못하는 내 속사정 때문에 홀로 고립된 마음으로 지냈다. 설상가상 우울증까지 겹쳐서 마음고생이 이루 말할 수가 없었다. 애들을 어린이집이나 낯선 사람 손에 맡기고 출근하고 퇴근하자마자 헐레벌떡 집으로 달려와 마주하는 그 마음은 글로 다 표현할 수가 없다. 남들 눈에는 좋은 직업을 가진 멋진 부부, 아마도 여유 있는 가정이라 여기며 부러워했을 우리 집의 실상은 그러했다.

　그때의 남편을 생각하면 소름이 돋고 혐오감마저 든다. 남편은 자신의 사회적 성취감에 빠져 인색하고 비정하기 그지없는 사람이 되어갔다. 내가 하루에도 수없이 지옥을 오가는 처절한 아픔을 직접 말하지는 않았지만 남편은 알고 있었다. 그럼에도 한마디도 묻지 않았고 냉혈동물처럼 나를 차갑게 대했다. 둘째 아이를 출산하자마자 비실비실한 몸으로 출근하는 나를 남편은 어떤 맘으로 바라보았을까. 스치는 한마디의 말이라도 따뜻하게 건넬 수는 없었는지. 짐승도 그렇게는 하지 않을 것이며 낯모르는 사람일지라도 동정심이 일어나는 것이 인지상정일 것이다. 어쩌면 그렇게 이기적이었을까. 하지만 이것도 뒤늦게야 선명해진 깨달음이다. 당시에는 닥친 상황을 해결하느라 남편에 대한 원망은 깊이 담아두지 못했다. 어리석게도 나는 모든 것이 친정엄마 때문이라는 생각에 미움보다는 미안함으로 남편에 대한 감정을 억누르며 살았다.

　내가 생사를 넘나들 만큼 힘들었던 그 당시, 남편은 내 인생에서 지나가는 손님에 불과했다는 것을 깨달으니 몸서리가 쳐진다. 외로움에 문드러진 세월은 보상받을 길이 없다. 사는 내내 이기적이고 무심했던 남편의 그 태도가 한없이 증오스러워 언제부터인가 잠을 자다가도 벌떡벌떡 일어나게 되었다. 아무리 박복한 인생이라고 해도 나는 그 시절 왜 그렇게 엎드려 살아야 했을까. 세월이 많이도 흘렀건만 지금껏 미안하다는 한마디의 말도 없는 사람을 오늘도 마주하고 살아가는 나는 도대체 어떤 사람인가. 정말 피를 토하는 심정이다.

　남편은 사회적으로 성공한 사람이었다. 그럼에도 불구하고 남편의 태도는 날이 갈수록 부정적으로 변해갔다. 독선적인 성향을 드러내기 시작하면서 그 강압적인 태도 때문에 직장 동료들과도 대화가 단절되는 상황에 이르렀으니 시쳇말로 왕따가 되었다. 비상식적인 언행과 기복이 심한 성격 탓에 나와도 종종 다투었다. 대화로 소통해보려고 했지만 나에게 번번이 폭언을 퍼붓고 무시하는 태도로 일관하며 심지어 폭행까지 서슴지 않았다. 정말이지 나는 막장 같은 인생을 살았다.

　남편은 인간관계가 안 되는 사람이라 매일 혼자 술을 마시고 오로지 집에서만 제왕같이 굴며 상전 대접받기를 원했다. 그런 남편을 위해서 나는 여자로서 아내로서 아이 엄마로서 최선을 다했다. 그런데 어느 날 남편의 외도를 알게 되었다. 더 이상 견딜 수가 없었다. 그동안 묻어두었던 감정들이 다 쏟아져 나와 감당할 수 없을 지경이 되었다. 아무리 모진 것이 목숨이라고 해도 이제는 그만 삶을 내려놓고도 싶었다. 그렇게 눈뜬장님으로 살아가다 만신창이가 되어 널브러져 있을 때 철쭉님을 만났다.

부글부글 끓는 속을 안고 지푸라기라도 잡는 심정으로 참석한 집단상담. 하지만 거기서 나는 또 다른 충격을 받았다. 남편 이야기도, 엄마 이야기도 속 시원히 뱉어낼 수가 없었던 것이다. 너무나 오래도록 다른 사람에게 속 얘기를 하지 않고 지내온 탓이었을까. 속상하고 분통이 터진다는 말조차 할 수 없을 정도로 자신 없이 살아온 탓이었을까. 말을 하려고 하면 눈물만 앞서고 누가 뭘 묻기만 해도 머릿속이 하얘져 내내 버벅거렸다. 집단상담에서 오고 가는 다른 사람들의 말을 이해하기도 따라잡기도 어려웠다.

나는 어쩌다 이런 사람이 되었을까. 누구보다 뛰어난 머리로 최고의 대학을 나와 모두가 부러워하는 회사에서 임원 승진을 앞두고 있다. 그런 나인데 왜 남의 눈에 어떻게 보일지 전전긍긍하는 모습이나 들키며 초등학생 같다는 소리를 듣게 된 것일까. 비참한 마음에 5박 6일 내내 잠을 설쳤다. 철쭉님은 그런 나를 말없이 바라보셨다.

철쭉님과의 본격적인 대화는 집단상담이 끝나고 시작되었다. 철쭉님은 문득문득 전화를 걸어 근황도 물으시고 쑥대밭이 된 내 심정도 살펴주셨다. 하지만 철저히 고립되고 눌려 살아온 내 인생을 따뜻하게 위로하시는 것도 잠시, 때와 장소를 가리지 않고 보이는 대로 생각나는 대로 무자비하고 인정사정없는 말씀을 쏟아내셨다. 상처받고 고통받았다고 흥얼거리는 나를 맘고생 했다며 다독거리기도 하셨지만 그렇게 된 데 나의 과오는 없었는지 물으셨다. 그럴 때면 간이 뒤집히는 것 같고 뭐라 표현할 수 없이 괴로웠다. 나도 한 성질 하는 사람이지만 도무지 어떻게 해볼 엄두가 나질 않았다.

철쭉님 앞에서는 요령이나 잔재주가 통하지 않았고 생각 없이 떠들다 보면 몰매를 감수해야 했다. 마치 철쭉님 당신이 직접 겪으신 것처럼 내가 살아온 인생의 굽이굽이 골목골목을 들쑤시니 그 앞에서는 자존심도 사치에 불과했다. 남모르게 묻어두고 싶었던 속내마저 탈탈 털리고 부끄러운 알몸이 되었을 때 아! 나는 사람이 아니구나! 나는 누구인가! 하는 탄식이 절로 나왔다.

교통사고에서 특별한 경우를 제외하고 일방적인 과실은 없다고 하시며 남편을 그렇게 만든 것도 너 자신의 무식한 배려 덕분이 아니냐고, 그렇게 굴종적으로 살아온 너라는 사람이 없었다면 오늘의 고민과 괴로움이 있겠느냐고, 어리석음도 죄짓는 일이고 자업자득自業自得에 자작자수自作自受라며 스스로 책임질 일이라고 오히려 몰아붙이셨다. 행과 불행은 선택할 수 없지만 지혜와 노력은 선택할 수 있다며 너는 어떻게 살아왔나 다그쳐 물으셨다.

이혼당할까 무섭고 엄마의 채권자들이 직장에 찾아와 난장판을 만들까 두려웠다고 하지만 너라는 사람이 엎드려 사는 취미가 있어서 엄마에게 엎드렸든 남편에게 엎드렸든 그 결과 아이들은 엄마의 온기를 모르고 자라지 않았느냐고, 아무 죄 없는 아이들을 희생시켜 너는 무슨 체면을 지키고 무슨 이득을 얻었느냐고, 용기란 그럴 때 필요한 것이고 그런 용기 없이 사는 것은 짐승과 다를 바가 없다고 가차 없이 나무라셨다. 지금 아이들이 방황하고 어긋나는 것이 누구 때문인지 물으시며 내 잘못을 정조준하실 때는 그 말씀이 너무 듣기 싫었다. 하지만 백번 생각해도 옳은 말씀이라 도망

갈 곳도 없었다.

　왜 친정엄마가 저지른 잘못을 뒤집어쓸 결정을 했는지, 남편도 경제력이 있고 아이 아버지인데 왜 남편에게 역할을 하라고 요구하지 않고 눈치만 봤는지. 그런 어리석은 선택을 한 사람은 다른 누가 아니라 바로 나 자신이었다. 어떤 미사여구를 동원해도 어린 시절 엄마를 부르며 울다 잠들었을 아이들에게 결코 들이댈 수 없는 핑계였다. 아이들에게 얼마나 큰 잘못을 저질렀는지를 찌르시니 회한이 복받쳐 몇 날 며칠 잠이 오지 않았고 너무 괴로운 나머지 가슴에 살얼음이 차갑게 어는 것 같기도 했다. 지금도 매 순간 우리 아이들한테 만년을 속죄하며 살 것이라고 다짐하며 남몰래 가슴에 손을 얹는다.

　철쭉님은 네가 어릴 때부터 가난을 등에 업고 살아왔으니 기죽고 위축된 습성은 누구 탓을 하랴만 지금부터라도 때 묻은 그 옷을 벗어야 한다며 가난에 질린 사람들은 대체로 불안으로 무장하기 마련인데 그중에 너도 포함되었노라 하셨다. 이제 불안과 욕심으로부터 자유로워지는 연습을 하고 살라며, 돈 욕심을 따라가다 보면 눈이 멀고 주변에 사람이 없는 법이라고도 하셨다.

　"영웅호걸도 사람이 만들고 위선자도 사기꾼도 사람이 만든다. 곁에 머무는 사람이 좋은 사람인지 나쁜 사람인지 판단하고 구별 짓기 전에 과연 내가 먼저 얼마나 관심을 가졌는지 되돌아볼 일이다. 살아가면서 얻는 것보다 잃는 것이 많다면 가던 길을 멈춰야 한다. 어리석음과 무지를 변명이나 항변으로 삼지 마라. 세상에 태어나서 온갖 것을 다 경험해놓고 무엇이 두려워 엎드려 살아왔는가? 스스로가 선택했으니 성찰해볼 일이다."

철쭉님은 거듭 말씀하셨다.

그러면서도 너에게는 다시 일어날 기회도 있고 능력도 자질도 있다고 너는 강한 사람이라고 격려하셨다. 그 말씀을 듣고 또 한참 울었다. 힘들게 살아온 지난 시절을 생각하면 앞으로 뭐가 두려울 것이냐, 이제는 어느 것에도 얽매이지 말고 사람답게 사람다운 모습으로 다부지게 살라고 등을 다독이셨다.

너무 잔인하시면서도 너무 따뜻하신 철쭉님. 해주신 말씀이 버겁고 힘들어 어떤 때는 철쭉님을 알기 전으로 돌아가고 싶다는 생각도 든다. 바보같이 엎드려 열심히 일만 하던 때로 다시 돌아간다면 아무 생각없이 살 수 있을까. 하지만 그것은 불가능하다. 철쭉님 덕분에 이미 너무 많은 것을 느끼고 깨달았다. 불안의 늪에 빠져 있던 과거로는 다시 돌아갈 수 없다. 만신창이가 되더라도 앞으로 나아가는 수밖에 없다.

피가 섞인 것도 아니고 그저 집단상담에서 만났을 뿐이다. 그런데 왜 철쭉님은 나에게 이렇게까지 마음을 쓰고 붙들고 씨름하셨을까. 말귀가 어두워 잘 알아듣지도 못하고 억울함과 한이 많아 반발하고 튀기만 하는 나에게 왜 이렇게까지 하셨을까. 부모도 아니신 분이 부모도 하지 못할 일을 하셨다. 생각이 거기에 미치면 다시 또 눈물이 앞을 가린다. 이루 말할 수 없이 감사한 마음이 드는 동시에 나는 왜 아이들에게 그런 엄마이지 못했나 하는 쓰라린 후회와 미안함이 몰려든다.

오십 대 중반. 남편과의 관계는 벼랑 끝에 다다랐고 부모에게 실망한 아이들은 응어리진 마음으로 꺾여 있다. 열심히 살아왔다고 자부했지만 내가 바라고 꿈꾸던 것과는 너무도 다른 무참한 인생의 성적표를 손에 쥐었다. 하지만 그래도 다시 살아보려고 한다. 나는 강한 사람이고 새롭게 살아갈 힘도 능력도 있다는 말씀, 그 말씀에서 용기를 얻는다.

당당한 부모 노릇

어버이날 있었던 가슴 쓰린 일이다. 아들 내외가 집으로 오기로 했다. 평소라면 외식을 했을 것이다. 그런데 지난해 테라스가 있는 집으로 이사를 하여 볕이 좋은 날 한번 바비큐를 해 먹으려고 벼르던 참이었기에 어버이날로 날을 잡게 되었다. 아들이 뭘 가져가면 되느냐기에 고기 등을 사 오라고 이르고 나머지 준비는 우리가 했다. 아침부터 분주했는데 점심이 되어 아들 내외가 왔다. 식탁에 잠시 앉아서 빨간색 카네이션 꽃바구니를 건네는데 카드 봉투가 하나 꽂혀 있었다. 뭔가 하고 궁금해 열어보니 흑백사진이었다.

"어머 임신했니?"

"네. 6주 되었어요."

"언제 알았는데? 왜 진작 말 안 했어?"

"어버이날 기쁘게 해드리려고요. 선물이에요."

대체 이건 무슨 소리인가? 멈칫했지만 아들 내외의 임신을 기다려왔기에 일단 반겼다.

"임신이 선물이라고? 그으래…… 축하한다."

"드디어 할머니 할아버지가 되시네요. 축하드려요. 참, 엄마! 이번 달 용돈 안 보냈는데 지금 보낼게요."

"용돈을 지금? 그으래……."

아들은 내 앞에서 핸드폰을 꺼내 계좌이체를 했다. 목에 뭔가 걸린 기분이 들었다.

사실 내가 철쭉님과 인연이 된 것은 전적으로 아들 덕분(?)이었다. 40대 초반 집단상담에 가기 전까지 나는 직장에서나 가정에서나 별문제 없이 살고 있다고 자부했다. 그런데 우연한 기회에 참석한 집단상담에서 말 그대로 탈탈 털렸으며 박살이 났다. 내 죄가 철쭉님이 가장 싫어하시는 '부모가 자식을 방기한 죄목'에 해당되었기 때문이다. 철쭉님은 5박 6일 내내 다른 누구보다 더 호되게 나를 몰아붙이셨는데 참 충격이 컸다. 나는 그 뒤 계속 집단상담에 참여하면서 어리석음에서 깨어나고자 했고 기회가 될 때마다 내 삶의 많은 일을 철쭉님께 여쭈며 지내고 있다.

첫 집단상담 이후 20년 가까운 세월이 흘러 그 금쪽같은 아들이 3년 전 결혼을 했다. 그리고 얼마 전 어버이날 그렇게 임신 사실을 알려온 것이다. 예년 같으면 성의껏 준비한 선물이나 돈 봉투가 따로 있었을 텐데 그런 건 없었다. 매달 보내던 용돈을 하필 그 자리에서 입금하는 건 또 뭔가 싶었다. 명색이 부모에게 감사 인사를 하는 날인데 아무리 형식적이어도 인사를 하는 것도 아니요, 안 하

3. 내 정신으로 살기 193

는 것도 아니었다. 또 아이는 저희를 위해서 가지라고 한 것이다. 그런데 우리에게 축하한다니 뭐가 뭔지 알 수 없는 어지러운 마음이 들었다. 하지만 우리 부부는 아무 말도 안 하고 예정대로 숯불을 피워 고기를 굽고 준비한 음식을 먹었다. 그날 식사는 분위기 좋게 마무리되었고 아들 부부는 웃으며 돌아갔다.

아이들이 가고 난 뒤 나는 기분이 좋지 않았고 몸이 무거웠다. 나만 그런 것이 아니라 남편도 마찬가지인 듯했다. 점심 잘 먹고 왜 그러느냐고 물으니 한마디로 당했다는 기분이라고 했다. 역시나. 이때만큼은 우리 부부가 찰떡같이 서로에게 공감했다. 우리는 몇 주 전부터 바비큐 그릴을 사서 조립하고, 연기가 나지 않는다는 참숯을 사고, 필요한 장비들도 이것저것 구입하며 신경을 많이 썼다. 손님 대접도 이런 손님 대접이 없다 싶게 어버이날 자식한테 봉사하느라 여념이 없었다.

이미 마음이 상해버렸는데도 그 앞에서는 표를 내지 못하다가 뒤늦게 속상함이 올라와서 괴로우니 이게 무슨 꼴인가 싶었다. 아들은 어떻게 그런 계산을 들이미는 것인지, 우리가 임신을 기다리고 있다는 걸 알면서도 그 소식을 바로 알리지 않고 왜 어버이날을 기다렸다가 선물로 준비한 것인 양 말하는 것인지 도통 알 길이 없었다. 내가 어떻게 키웠기에 그런가 싶기도 하여 속상함이 이루 말할 수 없고 화를 표현할 길이 없었다.

안 되겠다 싶어 다음 날 아들에게 전화를 걸었다. 임신한 건 기분 좋은 일이고 축하받을 일이지만 너희가 해야 할 도리는 어떻게 된 것인가 싶다고 말했다. 아들은 적반하장으로 나왔다. 어제 기분 좋게 지내시고 오늘은 무슨 소리냐며 서운하다는 것이었다. 그 얘기를 듣는데 열이 나서 나도 모르게 네 근본이 의심된다며 언성을 높였고 더 이상 얘기하기 어려우니 그만 끊자고 했다. 가슴이 답답하고 북받쳐 오르는 감정에 열이 올랐다. 잠시 후 아들은 죄송하다며 자신이 뭘 몰라서 그러는데 잘못을 알려주시면 시정하겠다는 장문의 문자를 보내왔다.

철쭉님께 전화를 했다.

"부모가 자식에게 바보짓을 하면 그게 1년을 간다. 부모 탓이다. 쯧쯧쯧."

철쭉님은 기가 막히고 형편없다는 듯 혀를 차셨다.

"이제 알 만도 할낀데 왜 그럴까?"

얼굴이 화끈거리고 할 말이 없어졌다. 아들에게도 나에게도 화가 나서 말을 할 수가 없었다. 침묵이 이어지자 노래를 부르신다.

"짜증을 내어서 무엇하나? 한숨을 쉬어서 무엇하나? 이게 무슨 뜻인 줄 알아? 소용이 없다는 뜻이다."

아들 내외 앞에서는 아무 소리 못 한 채 종노릇 다 해놓고 돌아서서 그러면 무슨 소용이냐는 힐난이셨다. 자식이 해야 할 도리를 안 하는데 왜 그 순간에 침묵을 지켰느냐, 속으로 떨떠름했다는 것은 자식이 잘못했다는 것을 알았다는 것인데 알면서도 말 못 한 그 심정은 대체 무엇인지 모르겠다며 한숨을 쉬셨다.

아이들이 어릴 적 나는 남편과의 갈등으로 직장 생활에 몰두했다. 승진을 위해 고과를 챙기며 거기에 의미를 두고 지냈다. 사이가 좋지 않은, 그리고 일 때문에 바쁘고 여유 없는 부모 밑에서 아이들은 외로운 유년기를 보냈다. 집단상담에서 철쭉님께 온갖 욕을 먹고 나서 내가 무엇을 잘못했는지 뼈저리게 느끼게 되었다. 자식을 제대로 보살피지 못 한 죄에서 벗어나고 싶어서 오랜 세월 몸부림쳤다.

사과도 하고 애도 썼지만 아이들 마음에 생긴 멍은 좀처럼 지워지지 않았고 그것을 확인할 때마다 말할 수 없는 미안함과 뭘 모르고 살았던 시절에 대한 회한에 냉가슴을 앓는 심정이 되곤 했다. 하지만 철쭉님은 부모가 과거에 연연하면 할수록 아이들은 다른 방향으로 망가진다고 하셨다. 부모가 미안해서 눈치를 보느라 지금 당장 가르쳐야 할 것을 놓치게 되면 아이들이 웃자라게 된다는 말씀이었다.

늦었지만 부모 역할을 하려면 무엇보다 당당하게 부모 자리를 지켜야 했다. 그래야 아이들도 부모의 경험을 배우고, 사람의 도리를 깨닫고, 부모에게 의지하게 된다. 놓친 세월은 어쩔 수 없다고 해도 남은 세월만큼은 최선을 다하자고 마음먹었다. 하지만 과거에서 벗어나는 일이 이렇게 어려울 줄이야. 나는 마음과 달리 번번이 제 역할을 못 하고 쓰디쓴 후회를 할 때가 많았다.

철쭉님의 "이제 알 만도 할 낀데 왜 그럴까?"라는 말씀은 '이제 부모로서 할 말을 잘 할만도 할 낀데'이자 '이제 그만 벗어날 때도 됐을 낀데'의 의미다. 그 말씀을 또 듣고 있다니. 가슴에 천근만근 돌덩이를 얹은 듯 답답했다. 그동안 자식에게 한 바보짓이 한두 개가 아니니 아무리 세월이 흘러도 청산이 안 되는구나 싶었다.

이만하면 됐구나 싶을 때도 있기는 했다. 작년 내 생일날 아들 내외가 차려준 생일상을 받으며 나는 이젠 자식에게 용돈 받는 엄마가 되고 싶다고 얘기했다. 아들이 흔쾌히 "저희가 드리면 되죠."라고 하였고 그때부터 매달 용돈을 받고 있다. 통장을 볼 때면 아들 내외에게 고맙고 마음에 훈기가 돌았다. 저희들에겐 큰돈이겠지 싶은 생각이 들 때면 그만하라고 할까 망설여지기도 했다.

그런데 이번에 깜빡했다고 내 앞에서 이체하는 아들의 태도를 보니 치사스럽다는 생각이 들면서 그만 받고 싶어졌다. 하지만 철쭉님은 감정적으로 그러면 안 된다고 하셨다. 자식이 부모에게 하는 도리에 대해 부모가 그런 마음을 가지면 안 되고, 도리를 하는 것도 습관이 되어야 하는 거라며 매번 고맙다고 인사할 필요도 없다고 덧붙여 일러주셨다.

철쭉님과 통화를 마치고 남편과 이야기했다. 결혼한 자식에게 오냐오냐해서는 안 된다는 것과 부모로서 자식에게 못 할 말이 없다는 생각이 뒤늦게라도 분명해졌다. 남편이 아들 내외를 집으로 불렀다. 마주 앉아 차분하게 어버이날 우리가 느꼈던 것들을 얘기했다. 아들 내외는 가만히 들었고 우리의 마음을 다 아는 것 같지는 않았지만 그래도 자신들이 잘못한 것 같고 생각이 짧았으며 앞으로는 잘하겠다고 했다. 할 말을 다 하니 속이 후련했다. 또 아들 내외가 대답을 그리해 주니 마음도 다소 풀렸다.

아들이 결혼해서 3년이 되어가는 동안 나는 뭔가 걸리는 것이 있을 때마다 철쭉님께 여쭈었다. 그중에는 모르는 일도 많았지만 이번처럼 알면서도 넘어간 뒤 나중에 속을 끓이는 일도 많았다. 그때마다 아들 내외를 오라고 해서 나도 처음이라 몰랐고 너희도 모르는 것 같아서 알려준다며 이만저만한 것들을 가르쳤다.

처음엔 내가 꼰대 시어머니 같아서 망설여지기도 했다. 주변에서도 결혼한 애들에게 무슨 그런 얘기까지 하느냐는 말이 많았다. 하지만 다행인 것은 며느리의 반응이었다. 며느리는 들어본 적도 없고 배운 적도 없어서 몰랐다면서 앞으로도 많이 가르쳐달라고 했다. 아들 내외는 우리에게 마음을 열고 있는데 부모인 우리가 헤매고 있는 꼴이다.

이번 일도 부모로서 부끄럽게 느껴졌다. 뒤늦게라도 말하는 것이 안 하는 것보다야 낫지만 그래도 뒷북은 뒷북이었다. 될 수 있으면 제때 말하고 제때 해결해야 서로 감정도 안 상하고 뜻도 잘 전달되는 것 같다. 부모가 다듬어져 있어야 자식도 부모를 보고 자연스럽게 다듬어진다는 말씀을 되새겨본다. 늘 그렇듯이 문제는 아들 내외에게 있는 것이 아니다. 다듬어 키우지 못한 내 잘못이고 가르치기 좋은 순간을 번번이 놓치는 내 탓이다. 이제 알 만도 하고, 잘할 만도 한데. 한탄에 머무르지 않고 늦었지만 우일신하여 잘 해내는 그날을 앞당겨보리라 다짐한다.

내가 만든 허상의 늪

최근 몇 년 나는 정말 이를 악물고 살았다. 남편은 잘 다니던 회사를 그만두고 사업을 했는데 잘되지 않았다. 회사에서 자신이 낸 사업 아이템을 거절하자 그것으로 성공해보겠다는 야망으로 사직서를 내고 시작한 사업이었다. 나는 지켜볼 수밖에 없었다. 솔직히 한편으로는 잘돼서 번듯한 집 한 채 장만하면 좋겠다는 기대도 했다. 하지만 재운은 남편을 비껴갔다. 원하는 수익이 나지 않으면 사업은 정리할 수밖에 없다. 그런데 남편이 미련을 못 버리고 계속해서 잡고 있으려고 했다. 그 와중에 집안 경제는 내 몫이 되었다.

"그 정도 했으면 이제 정리하고 다른 일을 해야지. 애들이 고등학생인데 돈이 얼마나 들어가는지 알아?"

"지금 정리하면 할 수 있는 일이 뭐가 있는데? 그동안 내가 열심히 안 한 일이 뭐가 있어?"

"나라면 몸을 쓰는 일을 하더라도 뭔가 벌어오려고 할 거야."

나이를 먹어 새로운 직장에 들어가기 어렵다는 것은 알지만 가족을 위해서는 모든 것을 무릅쓰고 자신의 역할을 해주기를 바랐다. 돈은 많이 못 벌어도 그러한 노력만은 해주기를 바랐다.

하지만 그런 얘기를 하기 시작하면 서로 화만 폭발할 뿐 달라지는 것은 없었다. 나는 너무 힘들면 따지듯이 남편에게 화를 퍼부었고 남편은 아무렇지도 않게 내 말을 반박했다. 고개 숙이고 미안해할 사람은 남편이라고 생각했는데 그럴 때마다 오히려 더 당당하게 나오니 약이 올라 미칠 것 같았다.

내 요구에도 아랑곳없이 남편은 자신이 하고 싶은 대로 하며 지냈다. 그러다 결국 사업이 아주 막다른 골목에 몰린 것 같았다. 나는 '잘됐다. 이제 훌훌 털고 나오면 되겠다.'라고 생각했다. 하지만 남편은 그렇게 하지 않았다. 죽어도 놓지 않겠다고 스스로 맹세라도 한 듯했다.

경제적인 부분뿐만 아니라 집안일도 모두 내 몫이었다. 아이들 진학 문제나 전세 재계약 문제 같은 것도 말할 것 없었다. 남편에게 역할을 하라고 요구하면 겨우 아이가 어느 학교에 가면 좋은지 알아보는 정도였다. 얼마 되지도 않는 돈을 생활비라고 주면서 자신은 최선을 다하고 있다는 말만 반복했다. 그러던 어느 날 남편에게서 카톡이 왔다.

'사업하면서 어쩔 수 없이 빚이 생겼어. 전세 옮길 때도 되었으니 집을 좀 싼 데로 옮기고 남는 돈을 빚 갚는 데 썼으면 좋겠어.'

기가 막혔다. 어떻게 이런 말을 할 수 있지? 남편이 제정신인지 의심스러웠다.

'안 돼. 애들하고 어디서 살라고 집을 옮기라고 해?'

'지금은 내 빚 갚는 게 먼저지. 안 해주면 같이 살 수 없어.'

나는 눈을 비비고 카톡 내용을 다시 보았다. 도대체 이게 무슨 소리인지. 안 된다고 거절하며 카톡방을 나갔다. 남편이 다시 나를 불렀다. 나는 남편이 무서워 카톡을 나가고 남편은 화가 나서 나를 다시 부르고. 그런 기막힌 상황이 몇 번 반복되었는데 그 와중에 가슴이 쿵쿵 뛰었다. 정말 말도 안 되는 일이었다. 그런 중요한 내용을 고작 카톡으로 보내는 사람이 내 남편이었고 그런 남편의 말에 가슴이 뛰어서 할 소리도 못하는 것이 나였다. 같이 못 살겠다, 집을 나가겠다는 말에 겁을 먹었던 것이다.

아이들에게 아버지가 있어야 한다는 생각에 남편이 이기적인 태도를 보여도 꾹꾹 참았다. 허울뿐인 남편의 그림자에 매달리느라 할 소리도 못 하고 지내면서 가정을 지키고 있다는 평계를 댔다.

큰아이가 대학에 들어가자 나는 아이를 집단상담에 보내려고 했다. 아이는 원하지 않았지만 나는 네게 꼭 필요한 일이니 가야 한다고 얘기해놓고 남편에게도 알렸다. 남편은 자신에게 먼저 얘기 안 한 것에 화를 내며 아이에게 물었다.

"○○아, 집단상담 가고 싶어? 가기 싫으면 안 가도 돼."

"가기 싫어. 엄마가 하도 가라고 해서 알겠다고 한 거야."

나는 답답했다. 저절로 언성이 높아졌다.

"애하고 끝낸 이야기를 왜 뒤집고 그래?"

"애가 싫다는데 왜 보내려고 해?"

"필요해서 보내는 거야."

"내 말 안 듣고 굳이 애를 보내겠다면 나는 집을 나갈 거야!"

평소에 남편은 집 나가겠다는 말을 자주 했다. 내가 남편에게 의지하고 기대는 걸 뻔히 알기에 그런 말로 위협했다. 나는 남편에게 더는 그렇게 함부로 말하는 것이 아니라는 것을 알려주고 싶었다. 아이를 보낸 뒤 나는 냉정하게 말했다.

"그래. 본인 입으로 나가겠다고 했으니 나가면 되겠네."

그러자 남편은 정말로 짐을 싸더니 집을 나갔다. 기가 막혔다. 하지만 시위를 대차게 하는 것이고 며칠 지나면 들어오겠지 하고 생각했다. 그런데 5박 6일이 지나 아이가 집단상담에서 돌아올 때까지도 남편은 들어오지 않았다. 아이들의 읍소에도, 시어머님의 중재에도 꿈쩍하지 않았다. 내게는 연락도 없었다. 내가 잘못했으니 어서 들어오라고 납작 엎드리기를 기다리는 듯했다.

생각지도 못한 일이 벌어지니 밤에 잠이 오지 않았다. 두피가 다 헐었고 정말 말도 할 수 없을 정도로 힘들었다. 내 딴에는 열심히 아이들을 키우면서 살아왔다고 생각했는데 결과는 그게 아니었다. 가슴에 불이 나서 어쩔 줄 모르는 지경이었는데 철쭉님은 도리어 기름을 부으셨다.

"그동안 어떻게 했으면 남편이란 사람이 심심하면 집 나가겠다는 말이나 하고 결국에는 보란 듯이 집을 나가나? 다 네가 만든 기다."

너무 아픈 말이라 듣기는 들었지만 머리가 멍했다. 내 탓이라고? 남편이 사업한다기에 돈으로도 지원하고 마음으로도 응원했는데? 가장 역할을 하지 않아 내가 그 역할을 대신하며 열심히 살았는데?

남편은 계속 돌아오지 않았다. 아이들도 많이 힘들어했다. 하루하루 시간이 갈수록 나는 다시는 예전의 나로 돌아가지 않겠다는 결심을 굳혔다. 남편이 철저하게 반성하고 돌아올 때까지 애들하고 잘 살겠다고 다짐했다. 괜찮다. 남편이 있으나 없으나 달라지는 것은 없다. 남편이 사업을 시작한 이후 내가 벌어서 살아왔고 이제 아이들도 다 컸으니 아버지의 부재가 큰 문제는 아니라고 생각했다. 남편이 없는 상황을 어떻게든 버티기 위해 정말 필사적으로 노력했다. 철쭉님께 자주 연락드리고 힘든 상황이 벌어질 때마다 계속 여쭈었다. 심연회원들에게도 연락해서 위로받고 힘을 얻었다.

주변에서 물으면 괜찮다는 말을 입에 달고 살았지만 사실은 괜찮지 않았다. 남편이 집을 나간 것이 내 잘못이라는 철쭉님의 말씀이 나를 계속 괴롭혔다. 내가 뭘 그렇게 잘못했나, 잘못은 남편이 했는데. 억울함에 가로막혀 선뜻 동의할 수 없는 그 말씀은 계속 머릿속을 떠나지 않고 나를 힘들게 했다. 하지만 시간이 지나자 억울함이 조금씩 가라앉았다. 철쭉님의 말씀도 조금씩 받아들이게 되었다. 남편이라는 이름에 연연했던 나. 나를 무시하는 태도를 허용한 나. 할 말을 당당하게 하지 못하고 살아온 나. 저 어이없는 남편을 만든 것은 다름 아닌 바로 나였다. 인정하고 나니 별것 아니었지만 많은 시간이 필요했다.

둘째도 대학에 입학했다. 남편은 여전했다. 이제 우리 집에 남편의 자리는 없다. 나와 아이들만 있을 뿐이다. 겁을 먹고 제발 들어오라고 애원하던 예전의 나도 없다. 내가 무엇을 잘못했는지 인정하고 남편에 대해 미련할 정도로 연연하던 마음을 접는 순간 말할 수 없이 가벼워졌다.

오랜만에 집단상담을 가게 되었다. 심연회에 들어오면서 1년에 꼭 두 번씩은 다녔다. 무엇보다 철쭉님을 뵙고 말씀을 듣는 것이 너무 좋았기 때문이다. 하지만 한동안 가지 못했다. 경제적인 이유도 있었지만 사실 더 큰 이유는 집단상담에 가서 나 자신을 온전하게 드러내는 것에 자신이 없어서였다. 내 과오를 인정하는 것이 그만큼 힘들었던 까닭이다. 하지만 이제는 달라졌으니 나 자신을 단련하고 다른 사람의 말도 들어 도움을 받아야겠다고 생각했다.

집단상담에 내 아이들 또래의 젊은 친구들이 와 있었다. 그들에게서 때로 내 아이들 같은 모습도 보였고 내 아이들이 닮았으면 하는 모습도 보였다. 그중 한 젊은이는 자신에게 화가 많이 차 있는 것 같다며, 이걸 이대로 두면 언제 폭발할지 몰라 두렵다고 했다. 철쭉님이 말씀하셨다.

"누구나 마음에 화를 가지게 되네. 그것을 표현하는 사람이 있고 못 하는 사람이 있지. 하지만 화는 꼭 표현해야 하는 것이네."

많이 들어온 평범한 말씀이었는데 어쩐 일인지 그 순간 마음이 뜨거워지면서 눈물이 났다. 그 젊은이처럼 나 역시 화를 제대로 표현하지 못하고 처리하지 못해 지금 같은 상황에 부닥친 것은 아닐까 하는 생각에서였을까. 만약 그렇다면 너무 뒤늦은 깨달음이다. 하지만 필요한 깨달음이었다.

그동안 경제적인 불안, 남편과 아이들에 대한 불안, 기타 등등 숱한 불안에 사로잡혀 정신없이 사느라 내 마음이나 감정에 무지한 채 살아왔다. 그토록 많고 깊은 불안의 뿌리는 화라고 하던가. 내 마음을 알고 내 속의 화를 깨닫는 것은 그동안 안 해온 만큼 쉽지는 않으리라. 하지만 지금까지 그래 왔던 것처럼 철쭉님께 여쭈면 된다. 남편과 아이들에 대한 불안과 집착을 내려놓고 이제 '나'를 찾아가는 새로운 삶을 시작해본다.

아쉬움에 끌려가지 않으려면

"어딜 그렇게 뛰어가노!"

그때는 미처 몰랐다. 철쭉님과의 만남은 사각지대란 없는 CCTV와 함께하는 것 같은 삶의 시작이라는 것을! 처음에는 주변에 첩자가 있나 의심도 했다. 특히 대학교 1, 2학년 때는 더 그랬다. 자주 전화를 하셨고 이것저것 물으시며 생활을 조이셨다. 특히 이 사람 저 사람 아무나 만나지 않도록 단속을 많이 하셨다. 나름 철쭉님의 뜻을 알고 잘 받아들여서인지 그런 생활이 크게 부대끼지는 않았다. 하지만 철쭉님은 정말 못 말린다고 느꼈던 것도 사실이다. 세월이 지나 돌아보니 철쭉님 덕분에 그 질풍노도의 시간을 잘 넘긴 것 같다. 결혼하고 아이 엄마가 된 지금까지도 철쭉님은 나에게 세상에서 제일 든든한 안전망이 되어주신다.

사회인이 되면서 가장 크게 달라진 부분은 인간관계였다. 비슷한 환경에서 비슷한 고민을 나누던 학창 시절의 친구들과는 달리, 서로 다른 일을 하고 가지각색의 가치관으로 살아가는 사람들과 만나며 '친구란 무엇일까?'를 고민하던 시기가 있었다. 나는 원래 사람을 좋아하고 관심을 많이 기울이는 스타일이라서 이전과는 달리 사람들로부터 느껴지는 거리감이 낯설었다. 서로 하는 일이 달라지고 처한 상황이 달라지면 연락이 뜸한 게 당연한 일인데 괜히 조금 섭섭했던 시기였다.

하루는 철쭉님께 평생 친구라는 게 있을 수 있는지 여쭈었다. 그때 철쭉님이 "친구 별거 없다." 하시면서 이런 말씀을 하셨다. "본래 친구의 '친'은 '친할 친親' 자를 쓰는데 부모를 가리키는 부친父親과 모친母親에도 같은 한자를 쓴단다. 해서 친구란 부모만큼이나 가깝고 의지할 수 있는 사람을 말하지. 그런데 실제 부모 자녀 사이도 그렇지 않은 집들이 얼마나 많으냐. 피가 섞이지 않은 남과는 그것이 얼마나 더 어렵겠나. 다만 사람인지라 사람 속에서 살아야만 사람답게 살 수 있으니 그때그때 내 상황에 맞게 즐겁게 만날 수 있는 사람이면 그게 친구다."

철쭉님의 말씀은 듣고 나면 참 당연한데 듣기 전에는 한 번도 생각하지 못했던 것들이 많다. 이런 말씀들을 듣고 나면 왠지 모르게 복잡하던 마음이 까스활명수를 마신 듯 시원해지곤 한다. 또 어떤 말씀은 처음에는 머릿속 어딘가에 둥둥 떠다니다 어느 순간 쓰나미처럼 '아! 이런 건가!' 하며 몰려오기도 한다.

결혼하기 전 한창 인연 찾기에 집중하던 시기였다. 그때는 들어오는 소개팅마다 가리지 않고 나갔다. 이런 사람 저런 사람을 만나고 있었는데 번번이 '어디서 이런 듣도 보도 못한 사람이 나오지?' 싶어 철쭉님께 전화를 드려 신세 한탄을 했다. 평소엔 내가 별나서 그렇다고 장난스럽게 놀리시거나 내 불평을 웃음으로 받아주곤 하셨는데 그날은 이런 말씀을 하셨다.

"사람을 너무 많이 만나다 보면 중심이 흔들릴 수 있단다. 중심이 흔들리면 사람 보는 판단력이 흐려지는데 그러다 보면 주변 사람들이 실망해서 너를 떠날 수 있다."

처음에는 잘 이해하지 못했다. 머리로는 맞는 말씀이라고 생각했어도 일단 만나봐야 사람을 알 수 있지 않을까 하는 마음이었다. 슬슬 나이의 압박을 받게 되니 참고 만나보자는 생각이 더 강했다.

그중 직업이 의사고 외모도 내 스타일이었던 사람이 있었다. 처음 만났을 때 아무렇지도 않게 묻지도 않은 가족 이야기를 꺼냈다. 자기 어머니는 너무 예민해서 장난도 칠 수 없는 피곤한 사람이고 자기 아버지는 같은 남자로서는 이해하지만 좋은 남편이나 아빠는 아니라고 했다. 굳이 이런 얘기를 왜 하지? 하는 생각이 들었지만 한 번 더 만났다. 하지만 그 자리에서 결혼에 대한 생각을 나누어보니 자기는 결혼할 생각이 아예 없다고 하는 것이 아닌가! 황당 그 자체였다. 사실 첫 번째 만남에서 가족 이야기를 할 때 나와 결혼이나 가족에 대한 정서가 다른 사람이라는 것을 이미 알았다. 그런데 직업과 외모에 홀려 바보 같은 짓을 했구나 싶었다. 속이 쓰렸다.

또 한 사람은 외모가 내 스타일이 영 아니었다. 평소라면 두 번은 안 만났을 것 같은 사람이었다. 하지만 만나다 보면 달리 보일지도 모른다는 희망회로를 돌렸다. 그런데 두 번째 만남에서 테이블 위에 비싼 외제차 키를 로고가 보이게 턱 하니 올려놓는 것이 아닌가. 드라마에서나 봤던 장면을 눈앞에서 보게 될 줄이야! 공기업을 다니는 사람이었는데 부모가 부자라는 걸 자랑하고 싶었던 건지 무슨 비싼 수입종 화초를 키우고 있다나 뭐라나. 하는 말마다 번지르르했다. 그래도 다음 약속을 잡았다. 한 번 더 만나보면 나와 맞는 부분을 찾을 수 있을지도 모른다고 생각했다. 하지만 집에 돌아와 알려준 주소로 그 사람의 SNS를 들어가 보니 더 이상 흐린 눈으로 상대를 볼 수 없다는 것을 깨달았다. 자신이 가진 것을 과시하는 전형적인 사진들로 가득 차 있었던 것이다.

그 얼마 후 친구랑 통화를 할 일이 있었다. 친구에게 그간의 이야기를 했다. 그러자 친구가 말했다.

"사실 네가 그 사람들에게서 애프터를 받고 만나러 가길래 너답지 않다는 생각이 들었어. 만약 네가 그 사람들을 더 만나고 사귀었으면 나는 서서히 너와 멀어졌을 듯해."

친구는 자신이 보기에 너무 별로인 남자들과 내가 두 번째 만남을 가져서 실망했다고 했다. 그때 '아, 이런 건가?' 하며 철쭉님이 하셨던 말씀이 훅 치고 올라왔다. 나도 당시 다른 친구들의 연애나 소개팅 이야기를 들으며 나와 가치관이 너무 다른 친구들과는 마음속으로 거리를 두곤 했다. 그런데 정작 내가 그 친구에게 그렇게 비쳤다니 가슴이 철렁했다. 사람을 만나다 중심을 잃었고 내가 나답지 못한 모습이 되어 친구까지 잃을 뻔했다.

지금 남편을 만나기까지 소개팅은 이어졌다. 철쭉님 말씀대로 내가 눈이 높아서인지, 아니면 운이 없어서인지 세 번째 만남까지 이어지는 사람은 드물었다. 호감이 생기는 사람이 나타나면 전화부터 드렸다. 마음이 너무 가기 전에 어떻게 생각하시는지 여쭙고 싶었다. 그럴 때 철쭉님은 이것저것 많이 물으셨다. 호감이 일방적인 것은 아닌지, 건강한 사람인지, 당장 지위가 높거나 많은 것을 가진 것은 중요하지 않으나 자기 생활에 욕심이 있고 책임감이 있는 사람인지, 결혼에 대한 생각은 비슷한지, 현재 결혼할 수 있는 상황인지, 정서적인 배경이나 가치관은 비슷한지 등등. 그렇게 내가 결혼해도 될 사람인지 봐주셨다. 다 들으시고 나서는 만나라거나 말라거나 딱 잘라 말씀은 안 하셨지만 어떤 점이 아쉽거나 걱정된다고는 하셨다. 그 점을 감당할 수 있는지 내게 물으시는 것 같았다.

소개팅이 계속 안 될 때는 나도 모르게 의기소침해졌다. 그럴 때 철쭉님은 네가 사람을 참 좋아하고 살갑다, 사람들이 그런 너의 모습을 좋아한다고 격려하셨다. 또 시간에 밀려, 여론에 쫓겨('부모님의 성화나 나를 앞질러 결혼하는 친구들에게 부담을 느껴'라는 뜻의 '철쭉어') 잘못된 판단을 해서는 안 된다고, 중심을 잃지 말라고 지지하셨다.

그러는 한편 농담처럼 "적당히 해라. 네가 너무 까탈스럽고 눈이 높다."라고 타박하시며 "비슷한 사람을 만나 나머지 부족한 부분은 서로 채워가며 사는 것이 결혼이다."라고 하셨다. 내가 채워야지 하는 마음을 가지면 말주변이 좀 부족하다거나 외모가 내 스타일이 아닌 사람에게도 호감이 생길 수 있으니 하시는 말씀 같았다.

그렇게 마음을 비운 덕인지, 아니면 마음을 비운 나를 하늘이 기특

하게 여긴 덕인지는 몰라도, 나는 곧 모자라지도 넘치지도 않은 좋은 인연을 만날 수 있었다.

그렇게 되기까지 적지 않은 시간 동안 내가 자포자기하지 않고 마음 상하지 않고 지낼 수 있었던 것은 철쭉님 덕분이다. 사는 동안 나름의 기준을 고민하고 나를 돌아볼 수 있었던 것도 철쭉님의 안전망 속에 있었기 때문이다. 결혼과 출산은 시작에 불과할 뿐, 앞으로도 많은 일들이 나를 기다리고 있을 것이다. 하지만 어디에도 휩쓸리지 않고 나답게 헤쳐나갈 생각이다.

나로 서는 용기

몹시 습하고 더운 어느 여름날 캐리어를 하나 끌고 집단상담에 참석했다. 널찍한 공터에 주차하고 주위를 둘러보니 위쪽에 건물 하나가 우뚝 서 있었다. 저곳이구나. 조금 늦은 탓에 부랴부랴 올라가 짐을 정리하고 집단상담이 열리는 장에 들어섰다. 집단상담은 벌써 시작되어 다들 한 젊은 부부의 이야기를 무척 심각하게 듣고 있었다. 조심스럽게 빈자리에 앉아 오고 가는 이야기를 들어보니 나도 모를 긴장감에 몸과 마음이 경직되었다. 각자의 생각을 거침없이 말하는 사람들과 심각한 얼굴을 한 젊은 부부의 모습을 보며 두려움과 함께 '뭐 하는 곳이지?' 하는 궁금증이 생겨났다.

마침내 내 차례가 되었다. 별말을 하지도 않았는데 사람들이 다 짜고짜 "표정이 왜 그렇게 어둡습니까?" "왜 아무 말도 안 하고 듣고만 있나요?" "그렇게 기죽은 모습을 보니 가정에서든 직장에서든 대접이나 받겠습니까?" "당신은 남의 눈치만 보고 사는 것 아닙니까?" 등의 피드백을 하는 것이 아닌가. 마치 어느새 나를 낱낱이 파헤치고는 '당신은 이런 사람이다.'라고 말하는 것 같았다. 정신이 하나도 없고 무슨 말을 해야 할지도 몰라 순식간에 바보가 되고 말았다. 하지만 사람들의 말이 자꾸만 맴돌아 마음이 매우 복잡했다.

온갖 이야기들이 오고 갈 때 조용히 듣고만 계시다가 장이 혼란스러워지고 서로의 의견이 엇갈릴 때면 적절히 정리하시는 분이 계셨다. 조용하면서도 힘 있게 꼭 필요한 말씀만 하시면서 장을 이끌어가시는 그분은 철쭉님이셨다. 나에게도 한 말씀 하셨다.

"나는 당신이 우울증 약을 먹는 줄 알았소!"

결혼한 지 10년이 넘었다. 남편은 평소에는 유머가 있고 성격이 싹싹하여 남들은 재미있고 자상하다고들 말한다. 하지만 신경쓰이는 것이 있거나 일이 생각대로 풀리지 않으면 사소한 일에 꼬투리를 잡고 시비를 걸었다. 분명 본인이 실수하여 손해를 보게 되었으니 미안해해야 할 상황임에도 오히려 나에게 짜증을 내고 큰 소리를 냈다. 그 사람이 그렇게 나오면 나는 속상하고 억울해 더 말하고 싶지 않은 심정이 되었다. 그러면서 마음에 앙금이 쌓였다. 이제 남편도 나도 마흔이 넘었지만 남편의 감정적인 행동에는 변함이 없었고 나는 날로 지쳐만 가고 있었다.

그런 상황에서 찾은 곳이 집단상담이었다. 몸도 마음도 완전히 방전되어 생각도 내 생각이 아니었고, 마음도 내 마음이 아니었다. 그냥 달리 어찌할 수가 없으니 먹고 자고 숨쉬고 있을 뿐인, 한마디로 체념 그 자체인 상태였다. 하지만 남의 눈에 그렇게 우울하게 보이다니! 그것은 그것대로 당황스럽고 힘들었다. 특히 철쭉님의 말씀은 짧지만 너무 강렬해서 묵직하게 내 마음에 머물렀다.

일상으로 돌아와 처음 일주일간은 집단상담의 여운에 중독된 것처럼 매 순간 그 생각에서 헤어나지를 못했는데 몇 주 지나니 그래도 부끄럽고 창피했던 마음이 조금은 누그러들었다. 그런데 시간이 지나도 잊히지 않고 점점 또렷해지는 것이 있었다. 철쭉님의 말씀이었다.

"할 말은 하고 살아야 합니다!"

할 말을 한다? 생각해보니 그동안 나는 다른 사람이 상처받을까 봐, 특히 남편의 화를 돋우어 집안 분위기가 험악하게 되거나 크게 싸움이 일어날까 봐 참고 살았다. '이번만 넘기면 안 그러겠지!' 하는 말로 스스로를 위로하며 참는 것이 미덕이고 가정의 평화를 위해 엄마로서 아내로서 해야 할 일이라고 생각했다. 남편만이 아니었다. 부모님, 직장 동료, 그 누구든지 조금만 세고 까탈스러운 듯하면 할 말을 못 하고 어느새 눈치를 보며 비위를 맞추었다. 눈치 보는 병은 나의 오랜 고질병으로 지독히도 나를 괴롭히며 자꾸만 주저앉혔다. 만만치 않은 놈이었다.

철쭉님 덕분에 나의 모습을 들여다보게 되었지만 '어떻게 해야 할 말을 할 수 있을까?' 하는 고민은 쉽게 해결되지 않았다. 무엇부터 해야 할지, 어떤 상황에서 어떤 말을 해야 하는 건지 선명하게 그려지지 않았다. 하지만 용기를 내고 싶었고 여기에 뭔가 내 삶의 해답이 있지 않을까 하는 절박한 생각도 들었다.

이런 나만의 미션을 가지고 다시 집단상담에 참석했다. 다른 사람들의 살아온 이야기를 듣고, 혹독하고 아프지만 나에 대한 피드백도 들으며 나 역시 조금씩 할 말을 하게 되었다. 그렇게 나 자신의 틀을 깨고 나오기 위해 애썼다.

그러던 어느 날 남편이 별일이 아닌 일로 화를 내기 시작하더니 나의 직장, 집안일, 부모 형제에 대해서까지 함부로 말하는 것이 아닌가. 아마도 직장에서 뭔가 어려운 일이 있었던 것 같은데 아무리 그래도 이건 너무 심하다는 생각이 들어 속상한 마음에 밤새 잠을 이루지 못했다. 다음 날도 하루를 우울하게 보내다가 철쭉님께 전화를 드렸다.

"당신은 어찌 그리 노예처럼 엎드려 삽니까? 배울 만큼 배우고 좋은 직장도 있는데 한 가정의 아내로, 아이의 엄마로 뭐가 부족해서 기죽어 살고 있습니까? 남편한테 죽을죄라도 지었는가요? 평생 꼼짝 못 할 약점이라도 잡혔습니까? 정말 엎드려 사는 데 철저히 길든 사람이네요.

뭣이라? 남편이 직장에서 어려운 일이 있었던 것 같다고요? 밖에서 스트레스를 받으면 집에 와서 풀어도 됩니까? 집에 있는 사람이 무슨 샌드백이요? 밖에서 힘들면 집에 와서 욕도 하고 가족도 패고 그래도 되겠네요? 받아주는 사람이 있으니까 그동안 그 버릇을 못 고쳤겠지요.

잘했어요! 앞으로도 우리 남편이 밖에서 고생을 많이 해서 저렇지, 하고 이해하고 사랑하며 살아요. 당신 같은 자식을 둔 죄로 당신 부모는 사위한테 못 들을 소리도 들으시지만 그게 다 딸을 잘 키워 시집 잘 보낸 덕 아니겠어요."

철퇴를 맞은 듯 엄청난 충격을 받았다. 전화기 너머에서 불같이 쏟아지는 말씀들에 온몸이 굳는 것 같았다. 할 말이 없었다. 다 맞는 말씀이었다. 나 하나로도 모자라 내 부모까지 함부로 말하는 남편의 지금 모습이 온전히 내 작품이라고 하시는 철쭉님의 말씀에 정말 뼈가 아프도록 부끄러웠다.

한참 동안 퍼붓듯 쏟아지는 말씀을 들으며 나는 지금 내가 벼랑에 서 있다는 생각이 들었다. 더 이상 물러설 수 없는 벼랑 끝. 이제는 그만 도망치고 몸을 돌려 싸우든지, 아니면 계속 뒷걸음질 치다가 떨어져 죽든지 결정해야 할 때였다. 안 되겠다! 힘을 내야겠다! 하지만 남편에게 말을 해야겠다는 생각만으로도 머리끝에서 발끝까지 긴장이 되었다. 떨리고 무서웠다. 내가 이러니 철쭉님이 그렇게까지 퍼부으셨나 보다. 뜨거운 전화기 너머에서 불같이 말씀하시던 철쭉님의 목소리가 귀에 쟁쟁했다. 그 말씀들은 내 뒤에서 배수진을 치고서 더 이상 뒤로 물러서지 못하도록 나를 받치고 있는 듯했다. 그 힘을 믿고 정신을 바짝 차린 채 남편이 들어오기를 기다렸다.

"당신은 왜 그리 나를 무시해? 나는 당신이 그렇게 함부로 해도 되는 사람이 아니야. 나를 무시하지 마! 나한테 함부로 하지 마!"

큰 소리로 남편에게 말했다. 그러자 남편이 슬그머니 눈을 피하는 것이 아닌가! 뜻밖이었다. 소리 지르고 눈을 치켜뜰 것이라던 나의 예상과 너무도 달랐다. 남편은 말없이 방을 나가버렸다.

해냈다! 드디어 나도 하고 싶은 말을 했다. 어찌나 속이 후련하던지! 남들에게는 별것 아닐지 모르겠지만 나로서는 처음 내딛는 걸음이었다. 작은 시작에 불과하지만 시작했다는 것만으로도 어깨가 으쓱했다.

그 뒤로 나는 수시로 남편에게 나의 생각을 말했고 통하지 않을 때는 소리를 지르며 싸우기도 했다. 물론 큰 용기가 필요했고 뒤로 물러서고 싶을 때도 있었다. 하지만 철쭉님 말씀대로 한번 말을 하고 나니 그다음은 훨씬 수월했고 점점 여유가 생겼다. 감정을 가라앉히고 담담하게 이야기를 하니 남편과도 조금씩 소통이 되기 시작했다. 남편과 나는 아이 교육, 집안 대소사 등을 상의하며 대화를 많이 하게 되었다. 그러면서 신기하게도 답답했던 나의 마음이 편안해지기 시작했다.

또한 놀라운 변화는 직장에서도 일어났다. 동료나 상사에게 거리낌 없이 말을 하게 되었다. 상사에게 의견을 말하고 동료에게도 아닌 건 아니라고 하니 상사가 나의 의견을 묻기 시작했고 동료와는 격의 없는 대화를 하게 되었다. 직장에서도 나는 어느새 웃고 있었다.

언젠가 철쭉님께 여쭈었다.
"할 말을 하다가 실수하면 어떻게 해요?"
"괜찮습니다. 잘못했으면 사과하면 됩니다."

그 말씀이 어찌나 나를 안심시키고 자신감을 주던지. 성인이 되었지만 말하는 방법도 잘 모르고 너무나 미성숙하기만 했던 나는 이렇게 걸음마를 떼었다. 지금도 문득문득 주저하고 기죽을 때도 있지만 걱정하지 않는다. 철쭉님 말씀대로 하면 다 잘될 것이라는 확신이 있기 때문이다.

철쭉님은 말씀을 참 잘하신다. 그리고 아주 잘 들어주신다. 일반적으로 사람들은 상대방에게 이야기하면서 자신을 드러내고 인정받고 싶어 한다. 상대방을 위하는 것 같지만 결국 자기 자랑이고 자화자찬인 경우가 참 많다. 그런 말은 어느 순간부터 듣기 싫어진다. 분명 나를 위해 시간을 내어 위로하고 있는데도 위로가 되기는커녕 부담스럽기 때문이다. 그런데 철쭉님께서 말씀하실 때는 나도 모르게 집중하게 되고 말씀 하나하나를 기억하고 싶어 메모하게 된다.

잘못되었을 때는 단호하게 정리해주시고 어찌해야 할지 모를 때는 새로운 대안도 알려주신다. 그 말씀 한마디에 복잡하고 심란했던 나의 마음이 깨끗하게 정리되고 편안해진다. 때로 흔들린다 싶으면 호된 호통으로 우유부단하고 나약한 마음을 다잡게도 하신다. 그리하여 나는 더 이상 기죽지 않고 눈치 보지 않고 내가 주인인 삶을 살 수 있게 되었다.

전달의 기술

　2008년 1월 집단상담에 처음 참여했을 때 나는 집단원들의 엄청난 관심(?)을 받았다. 그대로는 살 수 없어서, 그리고 진짜 잘 살고 싶어서 그 뒤 1년에 한 번씩 집단상담에 참여했다. 남 보기에는 미약해 보여도 나름 뼈를 깎는 노력도 했고 다행히 소기의 성과도 거두는 듯했다.

　그러나 몇 년 전 집단상담에서 스펙터클한 피드백이 오가던 중 나의 과한 열정에서 나온 설익은 발언들에 집단원들은 강력한 십자포화를 퍼부었다. 완전히 탈탈 털린 나는 여전한 부족함에 또 한 번 좌절했다.

　요즘도 그렇지만 그때도 철쭉님과 장 교수님을 뵙겠다고 심연회원들이 방문을 했다. 철쭉님은 그 자리에서 2008년 1월의 나를 상기시키셨고 조금 전 나의 상태를 미주알고주알 얘기하시더니 마지막에 병 주고 약 주는 모양 딱 그대로 "니 진짜 진짜 사람 됐데이." 라고 하시는 게 아닌가. 그 자리는 한바탕 웃음바다가 되었다. 다들 웃었고 웃는 게 웃는 게 아닌 나도 같이 웃었다. 어쨌든 즐거웠던 나에 대한 앞담화 시간이 지나간 뒤 철쭉님은 슬쩍 나에게 귓속말하듯 말씀하셨다.

"잘하고 있으니 니 꼴리는 대로 해라."

나는 그 집단상담에서 내 꼴리는 대로 하고 집으로 무사 귀가하였다.

올해 내가 교사로 근무하는 학교 사업으로 '수업혁신팀 활동'이라는 것이 있었다. 교과서에 매몰된 수업에서 탈피해 다른 교사 혹은 타 교과와도 연계해서 학생들 스스로 팀을 꾸리고 연관된 작품을 만드는 수업이었다. 교육청에서 권장하는 활동이라 수업도 다른 교사나 다른 학교에 공개해야 하고 그 내용으로 발표회 혹은 전시회까지 진행해야 했다. 교사들이 딱히 반기지 않는 활동인데 우리 학교는 열정 있는 수석 교사의 헌신적인 설득에 10개 정도의 팀이 구성되었고, 그 대가로 연말 성과 점수에 0.1~0.2점 정도의 혜택을 받기로 했다.

그런데 교감이 수업혁신팀 교사들에 대해 성과 점수를 받으려고 나선 것이라고 비하하고 수업 공개 때 참석하지 않은 다른 팀원 교사는 성과금을 받으면서 의무를 하지 않는 파렴치한이라고 대놓고 몰아갔다. 특히 기간제 교사나 경력이 짧은 교사는 직접 혼내고 그 외 직접 말하기 불편한 교사들은 수석 교사에게 혼을 내라고 닦달하였다.

우리 학교는 수업만 하는 것이 아니라 교육 사업도 많고 출장도 자주 다니고 기업체 직원들의 학교 방문도 잦아 교사로서 수업이 없는 시간에도 할 일이 많다. 그런 와중에 수업혁신팀까지 하며 업무에 치여 살고 있는데 그걸 알아주기는커녕 비하하는 교감 때문에 약이 올라 잠도 잘 오지 않을 지경이었다.

그러던 중 철쭉님과 남자 심연회원들의 식사 자리가 있었다. 한 회원이 상사의 부당하고 부도덕한 지시에 반기를 들었고 그 결과 굉장한 곤욕을 치렀다는 이야기를 풀었다. 철쭉님은 회사 내 통용되는 업무 경로에 있다면 부당하더라도 상사의 지시를 따라야 한다고 하셨고 어쩌면 그 지시는 상사의 더 윗선에서 내려온 것일 수도 있다고 하셨다. 그리고 이렇게 말씀하셨다. "제일 상병신이 누군지 아나? 회사 생활하면서 스트레스 받는 사람이다. 받아들일 건 받아들이고 아닌 건 확실히 처신하고. 스트레스받지 말고 즐겁게 살아라."

그 말씀을 들으니 자괴감이 들었다. '교감 때문에 잠도 못 자고 스트레스를 받다니. 내가 바로 상병신이었네. 젠장.'

나는 철쭉님께 우리 학교 상황을 말씀드렸다. 그러자 철쭉님은 다른 팀 수업에 참관하라는 지시가 있으면 따르면 된다고 하시면서 덧붙이셨다. 무리하거나 부당한 지시를 해서 문제가 생기면 그것은 지시한 사람이 책임지게 되어 있으니 신경쓸 것 없다. 다만 인격적인 모독을 하거나 자존심을 건드린다면 그것만큼은 넘어가지 말고 의사표현을 해야 한다. 불끈불끈하는 내 성격을 아시고 괜히 나서서 오버할까 봐 걱정이 되셨는지 직장 생활에서는 할 말,

안 할 말을 잘 가려서 해야 한다고 신신당부하셨다.

"직장 생활하면서 약방의 감초처럼 입에 달고 살아가야 할 말이 뭔지 잘 알지? '네, 알겠습니다' '네, 검토해보겠습니다.' 이런 말이네. 이건 공무원 세계에서 특히 필요한 이야기야."

사사건건 따지거나 들이받지 말고 일단은 수용하는 것이 미덕이라는 말씀이실 것이다. 그래. 받아들일 건 받아들이고 들이받을 건 들이받자. 이렇게 결심했다.

그런데 아니나 다를까. 그 얼마 뒤 부장 회의 시간에 교감은 다시 수업혁신팀 교사들을 비하하며 막말을 했다. 이때다 싶었다.

"교감 선생님. 수업혁신팀 교사들이 해야 할 일을 지시하시면 따르겠습니다. 하지만 성과를 노리고 지원을 했다느니, 하는 일도 없이 혜택만 받으려고 한다느니, 자꾸 인격을 건드리는 말씀을 하시는데 더 이상 듣고 있기 힘듭니다. 자제해주셨으면 합니다."

회의에 참여한 교사들의 시선이 나에게 쏠렸다. 교감도 못마땅한 얼굴로 나를 보았다. 그런데 다른 교사들이 내 말에 동조하기 시작했다. 교감 선생님 말씀이 너무하다, 서운했다는 등의 얘기가 연이어 나왔다. 당황한 교감의 표정! 이거구나 싶었다. 이후 이 일을 전해 들은 교장은 교감의 강한 권위 의식이 교사들의 반발을 불러왔다는 것을 인지하시고 교감을 전담 마크하기 시작했다. 덕분에 근무하기 편해진 것은 물론이고 흥분하지 않고 할 말을 했다는 성취감에 날아갈 듯 기분이 좋았다. 다음 날부터 꿀잠의 연속이었던 것은 말할 것도 없다.

또 얼마 전 일이다. 경북에 있는 한 학생이 내가 부장으로 있는 학과로 전학을 오고 싶어 했다. 8월부터 그 학생과 소통하며 전학 정보뿐만 아니라 학습과 졸업 후 진로에 대해서도 상담했고 교무부장에게도 세 번에 걸쳐 이 같은 상황을 알렸다.

전학 결정은 교장이 하는데 보통 검토는 교무부장과 교감이 하고 해당 학과의 의견을 물어 교장의 승인을 얻는 방식으로 진행이 된다. 12월이 넘어도 교무부장의 연락이 없기에 퇴근하면서 그 학생의 학부모와 통화를 했다. 그런데 그 학부모 말이 전학을 거부당했다면서 인근 다른 학교를 알아보고 있다고 하는 것이 아닌가. 학부모께 "왜 나한테 말하지 않으셨나요?" 하고 물으니 교무부장님이 워낙 확고히 규정상 불가하다 하시기에 나를 불편하게 할까 봐 연락을 안 하셨다고 했다.

너무 화가 났다. 하지만 화를 좀 가라앉히고 교무부장에게 전화했다. "제가 8월부터 세 번이나 부장님께 전학 올 학생이 있다고 말씀드리지 않았나요?" 그러자 교무부장은 "전학을 온다고만 했지, 꼭 받아야 한다고는 안 했잖아요?" 하는 것이었다. 나는 "무슨 말장난을 하십니까? 온다는 얘기를 세 번이나 했으면 오면 꼭 받겠다는 본 학과의 의지이지 않습니까? 왜 회의도 없이 독단적으로 결정하셨나요?" 하고 항의했다. 그러자 교무부장은 "제가 결정할 권한이 없잖아요? 교감 선생님과 상의하시죠." 하며 쏙 빠져나갔다.

다음 날 나는 앞뒤 잴 필요 없이 교감에게 갔고 학교장의 승인을 얻어 해당 학생의 전학을 성사시켰다. 그런데 교무부장이 관련 공문을 경북으로 보내야 하는데 이번에는 그걸 보내지 않아 역으로 그쪽에서 나에게 연락이 왔다. 열이 올랐지만 참으며 이 같은 사항을 교무부장에게 전달했다. 하지만 교무부장은 계속 뭉그적거리며 시간만 보냈다. 정말이지 뒤끝작렬이었다. 학교장 재가가 난 사안에 대해 이런 태도를 보이니 안 되겠다 싶어 나는 교장, 교감이 포함된 전체 부장 교사 카톡방에 글을 올렸다.

"경북에서 공문을 받지 못했다고 하니 교무부장님께서는 최대한 빨리 공문을 발송해주시길 요청합니다."

그러자 교무부장은 자신이 나보다 위에 있는 부장인데 왜 명령하느냐는 식의 반응을 보였다.

"제가 언제 명령했습니까? 학교를 위해 건의하고 요청한 것입니다. 왜 그런 말씀을 하시는지 기분이 나쁩니다."

내 말에 교무부장은 더 이상 할 말이 없었는지 알겠다고 했다. 일을 바로잡아가는 과정에서 화가 나서 막말이 튀어나올 뻔한 순간이 많았는데 지난번 일을 교훈 삼아 매 순간 최대한 사무적으로, 하지만 해야 할 말은 참지 않고 했다. 그 결과 더 이상의 후폭풍(?) 없이 사태를 마무리할 수 있었다. 딱 하나, 교무부장이 다음 날부터 갑자기 나에게 엄청 친근하게 대하기 시작한 것이 부작용이라면 부작용이었다.

나는 여전히 화를 잘 참지 못하고 감정을 쉽게 드러내며, 설익은 나만의 관점을 정답인 양 말하는 부족한 사람이다. 그 탓에 사회생활을 하며 숱한 시행착오를 겪었다. 감정에 휩쓸려 말을 하고 나면 당장은 속이 시원했지만 그 뒤로 힘든 일이 많았다. 자책도 하고 후회도 했다. 기가 죽기도 했다. 하지만 철쭉님이 좌충우돌하는 그 자체도 소중한 나인 것을 알게 하고 다독여주신 덕분에 지금은 기죽지 않고 살아가고 있다. '내 꼴리는 대로' 할 말은 하되 감정을 다스리며 효과적으로 말하고 현명하게 행동하는 지혜를 배워가는 중이다.

밀어붙이는 힘

 나는 무엇이든 혼자 하는 것이 익숙했다. 중요한 결정을 할 때도 마찬가지여서 뒤늦게 후회하는 일도 많았다. 특히 대학원 석사과정을 다닐 때는 갑자기 오춘기가 찾아온 것처럼 방황했다. 기댈 곳 없이 나만의 동굴로 혼자 빠져들었고 한 달에 10킬로그램이 빠지며 건강이 안 좋아지기도 했다.
 그 시기 장 교수님을 뵙게 되었고 집단상담을 추천받았다. 처음에는 고민이 많았다. 누군가와 나의 이야기를 나누는 것이 어려웠고, 그 자리가 타인에게 평가받는 자리라는 생각이 들어서 부담이 되었다. 하지만 용기를 내 참석했고 철쭉님을 만났다. 철쭉님은 누구보다도 정이 많으시며 고민이 있거나 힘든 결정을 해야 할 때 언제나 기댈 수 있게 해주셨다. 비로소 어려운 일을 여쭈어볼 분이 생겼다는 것이 몹시 기뻤다.

얼마 지나지 않아 인생에 중요한 결정을 해야 할 일이 생겼다. 결혼 문제였다. 그때 내 나이 30대 중반. 당시 만난 지 3년이 되어가는 여자 친구가 있었다. 평생을 함께하고 싶다는 마음으로 사귀어 온 사람이었다. 함께 있으면 편안하고 안정감이 들었다. 마침 이직한 직장도 탄탄한 곳이어서 결혼을 더는 미루고 싶지 않았다. 하지만 여자 친구는 연애만 하고 싶어 했다. 내가 하는 일은 무엇이든 적극적으로 지지했지만 결혼에 대해서만큼은 생각이 달랐다.

사실 만난 지 1년여가 지나면서부터 결혼은 우리 둘 사이의 뜨거운 감자였다. 결혼 얘기만 꺼내면 여자 친구는 격렬하게 거부했고 나는 마음이 상했다. 여자 친구는 결혼은 여자에게 불리한 제도라며 자기는 평생 연애만 하겠다고 했다. 나는 시간이 지나면 마음을 바꾸지 않을까 하는 막연한 기대를 하고 있었다. 하지만 그런 변화는 좀처럼 일어나지 않았다.

여자 친구에게 결혼 얘기를 꺼냈다가 역시나 거부당한 어느 날 용기를 내어 철쭉님께 전화를 드렸다. 평소 통화가 어려웠는데 그날은 마침 연결이 되었다. 상황을 말씀드렸다.

"설득하고 납득시키고, 결혼은 그렇게 하는 게 아니다."

순간 당황스러웠다. 나는 진땀을 흘리며 설명했다. 여자 친구는 내가 싫다는 것이 아니고 결혼이라는 제도에 부담을 갖는 것이라고. 좋은 사람이며 나를 좋아하고 있다고.

"그게 말이 되는 소린가? 말해봐라. 상대가 왜 안 하려고 하는지."

철쭉님은 답답하다는 듯 물으셨다. 나는 드릴 말씀이 없었다. 한 번도 생각해보지 않은 이야기였다. 결혼 자체가 싫다는 여자 친구의 말을 곧이곧대로 들었을 뿐 다른 생각은 해본 적이 없었다.

"어제까지 네가 좋았는데 오늘 결혼하자니 싫다? 여자가 결혼을 안 하려고 하는 데는 이유가 있는 법이야. 남자의 경제력이 신통치 않다든지, 시골에 내려가 부모님을 모시고 살아야 한다든지, 생활에 위협을 받는 무슨 사정이 있다든지, 남자가 별 재미가 없다든지. 어떤 경우에 해당하는가?"

"어, 저는…… 해당 사항이 없는 것 같습니다."

"그래?"

머리가 어지러웠다. 철쭉님은 잠시 말씀이 없으셨다.

"냉정하게 들어라. 이 결혼을 꼭 해야 하겠나? 이 질문은 부정적인 질문이다. 생각해봐라."

"알겠습니다."

그날 밤 나는 잠을 이루지 못했다. 많은 생각으로 마음이 복잡했다. 며칠이 지나 다시 전화를 드렸다.

"아무리 생각해봐도 못 헤어질 것 같습니다. 처음으로 깊게 사귄 사람인데 결혼하고 싶습니다. 어떻게 해야 할까요?"

이번에도 한동안 침묵하셨다. 침묵이 길어질수록 내 마음도 무거워졌다. 마침내 철쭉님께서 말씀하셨다.

"오늘 가서 말해라. 나는 결혼을 해야겠으니 네가 못 하겠다면 헤어지는 수밖에 없다고. 그러고는 냉정하게 대해라. 그러면 여자 친구의 태도가 대번 달라질 것이다. 놀라서 너를 잡든지, 아니면 정말 헤어지든지."

가슴이 철렁한 말씀이었다. 결혼을 안 할 생각이면 헤어지자고 하라니. 헤어지고 싶지 않아 결혼하고 싶은 것인데 결혼을 고집하다가 여자 친구를 잃게 되면 어쩌나 두렵기도 했다. 그런 내 마음을 아셨는지 철쭉님은 덧붙이셨다.

"사람이 하루를 살아도 당당하게 살아야지. 줏대 있게 주장도 하고 분명한 태도를 유지할 줄도 알아야지. 힘 있고 배짱 있게 나가면 여자 친구도 너를 다시 보지 않겠나."

철쭉님은 내가 머뭇거리자 여러 말씀을 해주셨다. 단호하게 나갈 수 있도록 힘을 주셨고 여자 친구가 정 내 말을 받아들이지 않으면 헤어지는 것도 생각해보라고 하셨다. 세상에는 그 사람만 있는 것이 아니라고 덧붙이셨다. 처음에는 떠올리기조차 싫은 생각이었는데 나도 모르게 점점 '그래, 해보자. 안 되면 헤어지지 뭐.' 하는 마음을 갖게 되었다. 긴 통화를 끝내자 팔이 아프고 귀가 뜨뜻했다.

그래도 헤어지자는 말은 차마 나오지 않았다. 대신 결혼하자고 다시 한번 얘기했고 역시나 거부당한 뒤에는 전과 다른 태도로 여자 친구를 대했다. 친절하고 다정한 말은 하지 않았고 웃지도 않았다. 필요한 말만 평범하게 했다. 1주일, 2주일 시간이 갈수록 여자 친구의 말수도 줄어들었다. 내 마음도 좋지 않았다. 이대로 헤어지게 되는 걸까? 심란했다. 하지만 철쭉님의 말씀을 떠올리며 참았다. 한 달쯤 되었으려나. 여자 친구가 평소에 잘 따르는 사촌 언니를 같이 만나자고 했다.

그 사촌 언니와 저녁을 먹는데 공교롭게도 결혼 이야기가 다시 나왔다. 그분은 둘 다 나이가 있는데 뭘 고민하느냐며 빨리 날을 잡으라고 재촉했다. 평소라면 대뜸 발끈했을 여자 친구가 이번에는 가만히 듣고 있었다. 의아했지만 나는 아무 말도 하지 않았다. 며칠 뒤 여자 친구에게서 만나자는 연락이 왔다.

"내가 결혼하기로 마음먹었는데 왜 오빠는 결혼하자는 말을 안 해?"

갑자기 무슨 얘기지? 당황스러웠다. 하지만 반가웠다. 마음이 바뀐 것이다! 철쭉님 말씀대로 여자 친구는 달라진 내 태도에 고민이 많았단다. 곧 헤어지게 되겠구나 싶었고 그러면 저 사람은 다른 이와 결혼하겠지 하는 데 생각이 미치자 너무 슬프더란다. 사촌 언니에게 가자고 한 것은 그 언니의 말을 듣고 내가 한 번 더 결혼 얘기를 꺼내주지 않으려나 기대해서였단다. 이번에는 좋다고, 하자고 대답할 생각으로.

마음을 바꾼 여자 친구가 고마웠고 더 믿음이 갔다. 여자 친구도 나에게 더 의지하는 것 같았다. 3년 내내 씨름했던 일이 한 달 만에 해결되었다. 우리는 결혼을 했고 그 1년 뒤 태어난 아이는 벌써 세 살이 되었다. 철쭉님이 아니었다면 나는 지금까지도 눈치만 보며 헤어지지도 못하고 결혼도 못한 어정쩡한 상태로 지내고 있을지 모른다. 상상도 하기 싫은 일이다.

물론 결혼은 현실이라 갈등 없이 산다면 거짓말일 것이다. 심하게 싸우고 나서 괴로울 때는 그 사람과 결혼을 꼭 해야겠느냐고 물으셨던 철쭉님이 떠오르기도 했다. 하지만 내 선택에 책임을 지기 위해 최선을 다할 것이다. 줏대 있고 흔들림 없는 태도가 나뿐만 아니라 주변 모두를 지킨다는 사실을 명심하고 늘 정신 차리며 살아갈 것이다.

잘 싸우는 법

　장 교수님께 상담받던 시절 전해 들은 철쭉님은 어떤 어려운 일도 꿰뚫어보고 해결하는 전지전능하신 분 같았다. 그래서인지 심연회 가입 후 처음 뵀을 때 연예인을 보는 것 같은 마음이었다. 인사드릴 때는 눈도 못 맞추다가 먼발치에서 계속 힐끔힐끔 쳐다봤던 기억이 난다. 눈매가 매서워 보이고 아우라가 느껴져 '역시 소문대로구나.' 하고 생각했다.

　그러나 실제 가까이에서 만난 철쭉님은 거듭 뵐수록 첫인상과 아주 달랐다. 표정은 여전히 매섭고 필요할 때는 쓴소리도 마다하지 않으셨지만 날카롭기만 하신 것도 아니요, 호통만 치시는 분도 아니었다. 잘 지내셨느냐고 인사를 건네면 "너 때문에 안녕 못 하다." 하실 때도 있다. 그렇게 말 한마디로 왈칵 친밀감을 주기도 하시고 생각지도 못한 말씀으로 감동을 주기도 하셨다.

심연회 가입 후 얼마 안 돼 철쭉님께 도움을 받은 일이 있다. 당시 나는 작은 복지재단에서 다른 두 명과 팀으로 일하고 있었다. 내 직책은 관리자였는데 관리라고 해봐야 팀원과 함께 크고 작은 사업을 진행하는 정도였다. 일이 많고 바쁘기도 해서 팀원들에게 해야 할 업무분장이 미루어지고 있던 어느 날 한 팀원이 나를 찾아왔다. 그리고 자신이 맡은 일을 다른 팀원에게 나눠주기로 해놓고 왜 아직도 안 해주느냐며 다소 까칠하게 말했다. 그 팀원은 나보다 나이가 많아서 같이 일하면서 조심스럽게 대하기도 했고 잘 지내보려 나름 챙기기도 했던 사람이었다. 나는 순간 '왜 이렇게 말을 뚱하게 하지?' 하는 생각이 들었지만 일단 알았으니 나중에 다시 얘기하자며 돌려보냈다.

그리고 한참을 생각했다. 업무분장이라고 해봤자 지극히 간단한 것이었기에 일이 힘들어서 볼멘소리 하는 것은 아닌 듯했고 뭔가 내게 불만이 있어 보이는 태도였다. 기분은 나빴지만 실제로 업무분장을 할 필요도 있어서 팀원 두 명을 부르고 업무 얘기를 했다. 그런데 이번에도 내 지시가 끝나자 그 팀원이 나에게 왜 미리 말해주지 않고 이제야 얘기해주는 거냐며 따지듯이 말했다. 나는 무슨 말도 안 되는 얘기인가 싶었고 가만히 있으면 안 되겠다 하는 생각에 "이게 무슨 태도냐!"라며 언짢은 티를 내었다. 그러자 상대방도 굽히지 않고 "업무를 미리 얘기해주지 않은 것은 나를 무시해서 그런 것 아닌가?" 하며 감정적으로 반응했다. 대화가 도저히 안 되는 듯해 그만 얘기하자고 말한 뒤 일단락했다.

특별히 더 신경써서 대해온 사람에게 받치니 나는 뒤통수를 맞은 듯해 속이 말이 아니었다. 나중에 알게 된 건 그가 당시 이미 퇴사할 생각을 하고 있었고 그것이 태도로 나왔다는 사실이었다. 하지만 어찌 됐든 그의 저격 대상이 나였으니 속이 부글부글 끓을 수밖에 없었다.

그 뒤로 그 팀원과 나 사이에는 찬 바람이 쌩쌩 불었다. 팀원이 먼저 호의적으로 나오지 않는 이상 나 역시 그 사람과 말하고 싶지 않았으나 같은 업무를 하며 소통하지 않을 방법이 없었다. '이래서 사람들이 보복성 불이익을 주는구나.' 하는 생각까지 들었지만 그렇게 할 수는 없는 노릇이었다. 이리저리 한참을 생각하다 결국 철쭉님께 여쭈어봤다.

철쭉님은 내 얘기를 한참 들으시더니 일차적으로 상대에게 틈을 준 나를 나무라셨다. 잘 지내보자는 명목이었지만 상대에게 과도하게 친절했고 그걸 느낀 팀원은 나를 얕잡아 봤을 것이라고 하셨다. '그래, 맞다. 무른 태도로 허점을 보인 내 탓이지.' 철쭉님은 바로 대응책을 알려주셨다. 상대가 또 따지고 들면 일일이 대응할 필요 없이 관리자로서 해야 할 일을 하는 것임을 반복적으로 말하면 된다고 하시면서 강조하셨다.

"화를 낼 필요도 없고 좋게 좋게 얘기해라. 뭐 싸울 것도 없고 싸울 일도 아니지 않냐? 좋게 좋게, 알았지?"

걱정이 되셨는지 같은 말씀을 하고 또 하셨다. 예전에 집단에서 철쭉님이 "넌 초딩이다." 하신 적이 있다. 아마 애를 물가에 내놓는 기분이셨나 보다. 민망하면서도 웃음이 나왔다. 약이 오를 대로 올라 부글대던 마음이 금세 가라앉았다. 철쭉님의 몇 마디 말씀에 주관식 시험문제의 해답지를 본 듯 모든 것이 명쾌하게 느껴졌다.

얼마 지나지 않아 그 팀원과 다시 얘기하게 되었다. 상대방도 이전에 얼굴 붉혀 말한 것이 걸렸는지 다소 부드러워진 모습이었다. 그럼에도 불구하고 업무 얘기가 시작되니 다시 깐깐해졌다. 그 이후 이어진 우리의 대화는 무슨 각본을 따르듯 철쭉님이 말씀하신 대로 펼쳐졌다. 속으로 절로 감탄이 나왔다.

상대는 어떻게든 내 업무의 허점을 찾아내려 했는데 나는 일일이 반응하지 않고 내 입장만 담백하게 전달했다. 그러니 신경전을 펼 일이 없었고 나도 긴장은 했지만 화는 나지 않았다. 상대는 결국 자신이 어떤 게 속상했는지를 토로하며 눈물을 보였고 나는 담담히 그 얘길 들었다. 갈등으로 팽팽할 줄 알았던 대화는 이렇게 잘 마무리되었다.

철쭉님께 연락을 드렸더니 웃으시며 "네가 자기 의도대로 반응할 줄 알았는데 그게 잘 안 되니 눈물을 흘린 거다."라고 하셨다. 잘 버텼고 잘 얘기했다고 격려하셨다. 혹시나 상대에게 또 틈을 보였을까 봐 걱정하셨던 것이다. '철쭉님이 아니었으면 괜한 감정싸움에 휘말려 흑역사를 만들었겠구나.' 하고 안도하며 가슴을 쓸어내렸다.

그 일로 나는 대인관계에서 긴장의 끈을 놓으면 안 된다는 것을 몸소 체험했다. 관리자로서든 팀원으로서든 내가 하는 말과 행동이 상대에게 어떤 영향을 끼치는지도 헤아려보게 되었다. 이렇게 위기의 순간마다 방향을 알려주시는 철쭉님의 금쪽같은 조언을 따라 살다보면 '초딩'에서 탈출할 날도 곧 오겠지 하고 기대해본다.

4
—
더불어 살기

말이 안 되는 소리를 해라

부모님은 내게 한세상 살아가면서 가장 중요한 것은 성실함이라고 가르치셨다. 결과가 어떻든 최선을 다하면 언제 어디서고 떳떳할 수 있다고 일러주신 것이다. 그런 덕분에 나는 뭔가를 하면 열심히 하는 편에 속한다.

그러나 철쭉님은 내게 그것만으론 충분치 않다고 도전을 가하셨다. 빠꼼이처럼 자기 일에만 몰두하지 말고 주변 사람을 살피라고 자주 말씀하셨다. 성실하고 예의 바르면 다 되는 줄로만 알았던 나는 뭘 더 어떻게 하라는 것인지 잘 몰라 갸우뚱했다. 사람을 살피거나 챙긴다는 게 구체적으로 어떻게 하는 것인지 잘 몰랐다.

한번은 많은 사람이 모인 파티 석상에서였다. 나는 시종일관 앉아 자리를 지키고 있었다. 그러자 철쭉님께서 수장의 위치에 있는 사람이 앉아서 식사나 하면 어떻게 하느냐고 쓴소리를 하셨다. 그러면서 내게 각 테이블을 돌면서 사람들에게 인사를 하라고 귀띔하셨다. 자기를 반겨주고 맞아주는 사람이 있어야 다들 오기를 잘했다며 기분 좋아한다는 것이었다. 하지만 홀에 들어올 때 간략하게나마 이미 인사를 나누었던 사람들에게 새삼스레 또 인사말을 건네는 것이 쑥스러웠다. 내가 뭉개듯 가만히 앉아 있자 안 되겠는지 철쭉님이 홀로 각 테이블을 도셨다. 우스갯소리를 하여 사람들을 박장대소케 하셨다.

 종종 열리는 행사에서 늘 내게 같은 것을 기대하셨지만 나는 번번이 그 기대를 저버렸다. 그러자 어느 시점부터 포기하셨는지 더는 말씀하지 않으시고 혼자서 사람들과 인사를 나누셨다. 그러한 모습을 지켜보며 죄송하여 한두 번 철쭉님을 따르며 한마디씩 거들기도 했지만 그때마다 어색함과 씨름했던 게 사실이다.

 코로나19의 확산으로 심연회원들은 몇 년 동안 행사를 자제하며 지내야 했다. 그러다 어느 정도 규제가 풀리자 1박 2일 단풍놀이를 계획했다. 오랜만에 개최되는 단체 여행일 뿐만 아니라 멋진 단풍명소인 백양사와 내장사를 간다고 하니까 많은 회원이 기지개를 켜듯 출동했다. 나도 들뜬 감정으로 새벽부터 부산을 떨며 집결지로 나갔다. 곧이어 버스가 고속도로에 진입하자 한숨 자고자 눈을 붙였다.

 뭔가 왁자지껄한 소리에 눈을 떠보니 철쭉님이 버스 통로에 서서 익살을 떨고 계셨다. 한 사람 한 사람을 대상으로 싱거운 소리를 하셨고, 그 말을 들은 사람은 웃으며 소리를 질렀다. 그러면 근처의 사람들도 박장대소를 했다.

철쭉님 역시 아까 눈을 붙이시는 것 같았는데 어느새 일어나 사람들의 흥을 돋우고 계셨다. 아무리 입담이 좋아도 몇십 명이나 되는 사람들을 일일이 웃게 만들기란 쉽지 않을 텐데 한 발자국씩 뒷걸음질 치며 그렇게 하고 계시다니! 그 광경을 바라보며 나도 모르게 숨을 깊게 들이마셨다.

도착지에 다다라 철쭉님께 사람들의 흥을 돋우느라 애쓰셨다고 감사 인사를 드렸다. 그러면서 덧붙이기를 어쩌면 그리 너스레를 잘 떠시는지 놀랍다고 했다. 그러자 철쭉님은 이렇게 대꾸하셨다.

"말이 안 되는 소리를 해야 즐겁지, 장 교수처럼 되는 말이나 해서는 어디 웃을 일이 있겠소?"

"그렇네요! 그런데 말이 안 되는 소리를 어떻게 그렇게 술술 하시지요? 한두 사람도 아니고 그 많은 사람에게 어떻게 그렇게 일일이 맞출 수 있으시냐고요."

"입을 꾹 다물고 있으면 이 여행이 뭐 그리 즐겁겠소?"

"만약 철쭉님이 오지 않으셨으면 어쩔 뻔했나 싶어요. 주변머리 없는 저는 그냥 조용히 따라다니기만 하였을 테니 말입니다."

누군가가 끼어드는 바람에 철쭉님과의 대화는 거기서 중단되고 말았지만, 나는 한 발 뒤로 물러서며 철쭉님의 말을 곱씹었다. 그러면서 백양사 일대를 거니는 일행들을 살펴보니 철쭉님께서 애쓰신 덕택인지 다들 하나같이 즐거워했다. 흥겨움에 취하고, 정경에 취하고, 단풍에 취하고!

어느덧 고희를 맞고 보니 사람 사는 게 별것 아니라는 생각을 하게 된다. 세상을 쩌렁쩌렁 호령하던 영웅호걸도 세월 앞에서는 무룰을 꿇는 것처럼 생성된 것은 모두 소멸하게 마련이다. 만물의 영장이라며 태양이라도 딸 듯이 호기를 부리던 사람도 결국은 사그라들고 마는 것처럼.

그렇다면 어떻게 사는 게 잘 사는 것인지 묻지 않을 수 없고 그 답은 인간관계를 풍성하게 하는 데 있다는 것을 말하지 않을 수 없다. 우리의 행복이나 불행은 바로 관계에서 비롯하기 때문이다. 가족이나 친지 또는 주변 사람과 재미있게 지내면 잘 사는 것이고, 불화를 빚거나 썰렁하게 지내면 아무리 대단한 것을 이루었어도 잘 살았다고 말하기 어려운 것이다.

철쭉님은 나의 취약점, 즉 사람을 좀 더 가까이하지 못하는 면을 늘 안타까워하시며 그것을 탈피하게끔 자극을 주시곤 했다. 하지만 성향은 좀처럼 변화하기 어려운 것인지 나이가 꽤 든 지금에 이르러서도 나는 여전하다. 아니, 오히려 그 반대로 가장 궁극적인 가치는 생사 해탈을 이루고자 하는 종교 생활에 있지 않을까 하고 그쪽을 향해 기웃거린다. 이러한 내게 당신은 출가자가 아니라 일반인이고, 또 상담자라는 사실을 잊지 말라고 일침을 놓으신다.

아무튼 얼마 전 단풍놀이에서도 내가 하지 못하는 몫까지 담당해주시니 염치없음에 죽을 맛이다. 나뿐만 아니라 많은 사람의 든든한 뒷배가 되어주시는 특이하신 분, 철쭉님! 이런 분이 앞으로 얼마나 우리와 함께하실까 하는 생각이 스칠 때면 가슴이 철렁해지곤 한다. 하루하루가 소중하다.

마음까지 듣는 귀

　5박 6일 현실역동 집단상담이 중반을 지날 즈음이었다. 50대 중반으로 보이는 마른 체구의 중년 남성이 한참을 이야기했다. 중언부언하는 그 말에 집단원들도 지쳤는지 아무 대꾸를 하지 않았다. 사실 그는 집단상담 초기부터 줄곧 허세 섞인 자기 자랑을 하느라 바빴는데 내용인즉슨 자신이 고학력자로서 정력이 세기 때문에 여성들에게 인기가 많다는 것이었다. 집단원들은 처음 본 사이에 왜 그런 민망한 이야기를 하는가부터 가정이 있는 남자가 그렇게 말하면 되겠냐는 등 다양한 피드백을 주었다. 하지만 그는 아랑곳하지 않고 틈만 나면 같은 자랑을 반복했다. 그러니 누가 이런 우이독경牛耳讀經에 힘을 빼려고 하겠는가.
　그는 이번에도 한참을 떠들고 나서야 비로소 집단원들이 자신의 말을 듣고 있지 않다는 것을 알아차린 듯했다. 그가 입을 다물자

좌중에 한동안 침묵이 흘렀다. 잠시 후 철쭉님의 목소리가 조용하게 울려 퍼졌다.

"많이 힘들었겠소. 노력한다고 되는 것도 아니고. 몸이 더 상하지 않아야 할 텐데."

이 말씀이 무슨 뜻일까 하며 잠시 어리둥절해진 나의 눈에 조금 전까지 그렇게 말 많던 중년 남성의 어깨가 들썩이는 게 보였다. 그리고 터져 나온 울음소리. 뱃속 저 아래에서 끓어오르듯 아픈 울음소리가 집단원들의 귓가를 한참 울리다가 잦아들었다.

"감사합니다. 그동안 너무 힘들었습니다. 이렇게 알아주셔서 감사드립니다."

그제야 우이독경을 하는 심정은 나를 포함한 집단원들이 아니라 그 중년 남성이 더 크게 느끼고 있었겠다는 생각이 들었다. 되짚어 보니 그 약한 남성은 본인이 지금 건강상의 이유로 아내와의 관계가 얼마나 어렵고 힘든지에 대해서 처음부터 일관되게 이야기해왔던 것이다. 하지만 모두 조언하느라 바빴지, 해결할 수 없는 문제를 안고 있는 그의 울부짖음 앞에서는 귀를 막고 있었다.

집단상담이 끝난 후에 나는 철쭉님께 어리석은 질문을 하나 했다.

"언제쯤이나 제 눈에도 그렇게 말이 안 통해서 답답한 사람이 약해서 위로해야 할 사람으로 바로 보일까요?"

"그가 하는 이야기를 끝까지 잘 들어야 해."

우문현답愚問賢答이라고 했던가. 묻기 무섭게 바로 알려주신 이 가르침이 가장 옳고도 귀한 말씀이었다는 것을 제대로 알기까지는 생각보다 오랜 시간이 걸렸다. 당시 나는 그 말씀을 그저 초보 상담자에게 해주시는 원론적인 가르침으로만 여겼다. 그 뒤 한 어린 상담자의 이야기를 들어주시던 철쭉님을 뵙기 전까지는 말이다.

이제 막 20대 중반을 지났을까. 앳된 표정의 그 여성은 상담자로서 역량을 키우기 위해 집단상담에 참여했다면서 활발히 피드백을 주고받았다. 나는 그녀가 야무지게 참여하며 배움에 열심인 모습을 보고 호감을 느꼈다. 그런데 시간이 지나 자기가 살아온 이야기를 꺼내놓을 때 조금 당황스러웠다. 방금까지의 똘똘한 모습은 간곳없이 우느라고 말도 제대로 못 하는 일곱 살 여자아이로 변해버렸기 때문이다.

그 순간 그동안 집단상담에서 자신의 치부가 드러날 것 같으면 울음으로 무마하려던 사람들의 모습이 떠올랐다. 그녀도 그런 부류일 것으로 의심하게 되었다. 그녀가 한참 울먹이면서 이야기하는 동안 이런 의심은 점점 더 커졌다. 나는 그만 이 상황을 멈춰야겠다고 판단했다. 하필 왜 지금 그런 이야기를 꺼내는지 모르겠고 얻고 싶은 게 무엇인지 모르겠다고 냉정하게 말할 생각이었다.

그런데 말을 하려고 몸을 돌린 순간 철쭉님의 모습이 눈에 들어왔다. 나는 그대로 멈춰서 하려 했던 말을 삼켰다. 철쭉님은 그 어린 상담자를 향해 돌아앉아서 손을 귀에 대고 한마디 한숨도 놓치지 않으려는 듯한 모습으로 이야기를 듣고 계셨다. 무엇보다 나를 꼼짝 못 하게 한 것은 철쭉님의 눈빛이었다.

집단상담에 여러 번 오는 사람도 간혹 철쭉님의 꿰뚫는 듯 예리한 눈빛에 긴장하곤 하는데 그때 내가 본 눈빛은 그것과는 사뭇 달랐다. 그야말로 사랑하는 손녀가 얼마나 힘들게 살아왔는지 처음 들으면서 놀라고 안타까워하는 친할아버지의 눈빛이었다. 지금 이 손녀는 자신의 이야기에 귀 기울이는 할아버지를 만나서 생전 처음으로 그동안 힘들었던 이야기를 눈물 콧물 다 빼가면서 고해 바치고 있었다. 그토록 내밀하고 거룩한 치유의 순간을 나는 고작 내 몇 가지 경험의 틀을 가지고 우악스레 깨버릴 뻔했던 것이다!

나는 철쭉님의 그 눈빛 덕분에 어린 상담자가 얼마나 힘들게 여기까지 걸어왔는가를 끝까지 들을 수 있었다. 그녀가 어린 나이부터 경제적으로 어려운 부모를 도우면서 얼마나 열심히 살아왔는지, 지금도 힘내어 살아보려고 하는데 얼마나 힘에 부치는지를. 그런 후에야 나는 이 이야기가 어떤 문제해결을 위한 것이 아니라 그저 그녀가 흘렸던 땀과 눈물에 대해 함께 아파하고 공감해야 할 이야기라는 것을 깨닫게 되었다. 아니, 깨달았다기보다 철쭉님을 보고 배웠다고 하는 것이 더 맞는 표현이겠다.

그 귀한 시간이 지난 후 어찌 그리 끝까지 들어주실 수 있는지 여쭈었다. 그러자 잠시 회상하는 듯한 표정으로 계시다가 이렇게 말씀하셨다.

"어린 나이에 참 힘들게 살아왔지? 내가 해줄 수 있는 게 그것뿐인걸."

나는 비로소 "그가 하는 이야기를 끝까지 잘 들어야 해."라고 하셨던 철쭉님의 말씀에서 그동안 내가 '그가'라는 주어를 무심코 흘려들어 왔다는 것을 알게 되었다. 그렇다. '그가' 이야기하는 것이다. 땀과 눈물을 흘린 그가 힘들었던 자기 삶을 나누는 것이기에 마음으로 잘 들어야 하는 것이다. 그리고 이렇게 마음으로 듣는다는 것은 과연 어디까지인지에 대해 한 번 더 배울 기회가 있었다.

몇 년 전이었다. 나는 집단상담에 꺼내놓고 다루기엔 부담스럽고 혼자 해결하기엔 버거운 문제가 생겨서 속이 아주 시끄러웠다. 그래도 연례행사처럼 여기는 집단상담에는 빠지고 싶지 않아서 참여했다. 아무래도 그래서였는지 집단원들이 하는 이야기가 잘 들리지 않았고 가끔 하는 나의 피드백도 영 허술하기 짝이 없었다. 그런데 이상하게도 이번에는 철쭉님께서 통 아무 말씀을 하지 않으셨다. 게다가 가끔 고개를 돌리다 눈이 마주치면 먼저 시선을 옮기시는 경우도 몇 번 있었다. 집단상담을 끝내고 돌아온 뒤에도 계속 그 문제로 속을 썩느라 정신이 없었다.

그러던 어느 날 핸드폰을 보니 철쭉님으로부터 가벼운 안부 문자가 와 있었다. 먼저 연락을 주신 적이 없어서 바로 전화를 드렸더니 꼭 힘들 때가 아니어도 소소한 안부도 묻고 해야 사람 사는 거라 하시면서 여쭙지도 않은 당신 근황을 한참이나 이야기하셨다. 그날 이후 이런 식의 안부 전화나 문자를 자의 반 타의 반으로 몇 번 보냈다. 그러면서 시간이 흘러갔고 어느덧 내가 그렇게 힘들어하던 문제도 하나둘 해결되었다.

힘든 시간을 보내고 나서 여유를 찾은 나는 자연스럽게 지난 몇 달을 돌아보게 되었다. 그동안 철쭉님께서 내게 무엇을 하셨는지를 알아차릴 수 있었다. 나는 감사하는 마음으로 문자를 보냈다.

"그동안 조금 버거운 문제로 힘들어하고 있었는데 다른 말씀 없이 그저 지켜보아 주신 덕분에 이제는 힘 있게 잘 지내고 있습니다. 마음 써주셔서 감사합니다."

잠시 후 도착한 철쭉님의 짤막한 문자에 나는 한 번 더 감동하지 않을 수 없었다.

"그렇지 않아도 지난 집단상담에서 어떤 어려움이 있길래 저런 모습일까 싶어서 말은 아끼고 그저 안타까운 마음으로 지켜보기만 했네. 앞으로도 자주 연락하고 살자."

다른 이의 이야기를 잘 들어야 한다는 가르침은 단순히 주고받는 말의 차원을 넘어선다. 나는 말하는 것을 넘어 말하지 못하는 것까지 들으신 철쭉님이라는 귀 덕분에 비록 힘든 시간이었지만 견뎌낼 수 있었다.

누군가 철쭉님께 철쭉이라는 별칭을 택하신 이유를 물었다. 철쭉님은 긴 설명 없이 "어릴 적 밖에 나가보면 철쭉이 천지삐까리였지."라고만 하셨다. 점점 더 스승이라는 말, 어른이라는 말이 빛을 잃어가는 요즘 철쭉님을 닮아 잘 듣는 귀를 가진 사람이 '천지삐까리'로 많아진다면 얼마나 살기 좋은 세상이 될까. 나는 오늘도 그런 세상을 꿈꾼다.

함께 이룬 성취

"중국 여자!"

반갑게 부르시는 소리에 못 들은 척 고개를 돌렸다. 아무리 싫은 내색을 해도 아시는지 모르시는지 한 번씩 그렇게 부르시니 미칠 것 같았다. 열도 받고 밉기는 엄청 밉고. 안 보실 때 철쭉님을 향해 강력한 눈 레이저를 쏘곤 했지만 소용없었다. 나도 '한 성깔' 하는 사람이다. 그런데 철쭉님은 대체 왜 저러시는 걸까? 그때는 그런 마음이었다.

나는 중국 사람이다. 구체적으로는 재중 교포이자 조선족이다. 중국으로 출장을 온 한국인 남편을 만나 한국으로 왔고 결혼해서 산 지 어느덧 30년을 향해 가고 있다. 한국에 와서 온갖 고생을 했다. 남편은 없는 집 장남이어서 신혼 때는 19평 집에 시할머니부터 시어머니와 시누이 둘에 시동생까지 살았다. 그 유명한 한국의 시집살이가 이런 것인가. 시댁 식구들은 모든 것이 낯선 나에게 불친절했다. 모르는 것이 있으면 잘 알려주지 않으면서 이런 것도 모르냐고 타박했다. 자존심이 무척 상했다. 나도 중국에서 대학교를 나오고 직장을 다니다 온 사람인데 신혼 무렵에는 바보가 된 기분까지 들었다. 낯선 한국까지 따라올 정도로 의지했던 남편은 아무런 역할도 안 했다. 나는 속이 상해 곪을 지경인데 남편은 자기 일만 묵묵히 했다. 시댁 식구들과 남편을 향한 원망과 답답함은 가슴에 응어리가 되어 쌓였다.

악착같이 살았다. 두 아이를 조금 키워놓은 뒤에는 본격적으로 일하러 나갔다. 중국어 강습을 하며 열심히 돈을 모아나갔고 결국 시댁 탈출에 성공했다. 그 뒤로도 열심히 일을 하며 살림을 키워갔다. 그런데 어느 날 몸이 아팠다. 자궁암이었다. 수술을 받았다. 죽는 병은 아니라지만 너무 우울했다. 10여 년 쌓인 화가 막 터져 나왔다. 남편과 시댁 식구들에게 퍼붓기도 했고 사과도 받았다. 하지만 나아지지 않았다. 기운이 없어 집에 누워 있는 날이 많았다.

그런데 내가 그렇게 고통스러워하는 동안 그 피해를 두 아들이 고스란히 받고 있을 줄이야! 너무 늦게 알았다. 기가 죽어 눈치 보는 두 아들을 보고 어느 날 정신을 차리게 되었다. 아이들에게 어떻게 해 주어야 할까 고민하다가 뒤늦게 상담 공부를 시작했다. 그리고 마침내 상담의 대가이신 장 교수님을 찾아갔고 개인상담을 받다가 현실역동 집단상담에 참석하게 되었다.

5박 6일, 어렵게 시간을 냈으니 제대로 야무지게 배워보겠다는 결심을 했는데 막상 입을 떼려니 뗄 수가 없었다. 너무 큰 부담감 때문이었는지 정신없이 오가는 이야기를 따라잡기도 힘들었고 중간에 끼어들기는 더더욱 힘들었다. 나보고 무슨 말을 하라고 시간을 줘도 잘 할 수가 없었다. 계속 침묵하는 나에게 장 교수님은 중간중간 얘기 좀 해보라고 격려하셨지만 그게 죽어도 안 되었다.

"아니, 상담 공부하는 사람이 그렇게 아무 말 없이 앉아만 있으면 어떡해요?"

그런 일이 거듭되자 장 교수님은 답답하셨는지 채근하셨고 "산전수전 다 겪고 살아온 사람이 왜 그래요? 다른 사람에게 너무 관심 없는 것 아니에요? 참 보기 싫어요." 하며 자극도 주셨다. 하지만 소용없었다.

처음 뵌 철쭉님은 너무 무서웠다. 인상도 무서웠고 하시는 말씀도 그랬다. 눈도 마주치기 어려워 피하기 바빴다. 집단상담이 끝나고 집에 돌아간 어느 날 문자가 왔다. '그동안 고생 많았다. 낯선 타국에서 고된 시집살이도 하고 애들도 키우고 많은 걸 이루었구나. 너만큼 산 사람도 없다.' 이런 내용이었다. 핸드폰을 쥐고 한참 울었다.

말은 잘 못해도 계속 집단상담에 갔다. 장 교수님의 권유로 심연회에도 가입했다. 집단상담에서 만난 심연회원들은 여러모로 나를 격려해주었다. 사람들과 조금씩 친해지면서 긴장도 풀어졌다. 하지만 욕심만큼 말이 자유로워지지는 않았다. 그러던 중 대학원에 진학했고 석사를 거쳐 박사과정을 밟게 되었다. 한국에서 공부하는 것은 늘 어렵고 힘들었다. 하지만 나는 이번에도 악착같이 매달려 열심히 했다.

박사과정 논문 지도교수는 한국에서 좋은 대학을 나온 똑똑한 사람이었다. 어느 날 이주여성에 관한 소논문을 쓰고 있는데 도와줄 수 있겠느냐고 내게 물었다. 당연히 그러겠다고 했다. 교수는 나를 인터뷰했고 비슷한 사례들을 모아 논문을 완성했다. 제출하기 전 보여주었는데 너무 기가 막혔다. 교수는 나와 같은 이주자에 대해 뿌리 깊은 편견이 있었다. 한국에 살면서 나 역시 많이 들어온 이야기였는데 이주자들은 돈을 밝힌다, 인색하다 등 부정적인 내용 일색이었다.

나는 교수와 인터뷰를 하며 그런 이야기를 한 적이 없었다. 그럼 교수는 평소에 나를 그런 시각으로 봐왔다는 말인가. 친절하다고 생각했던 교수에게 뒤통수를 맞은 것 같은 기분이 들었다. 더구나 그 논문에는 나의 온갖 개인 정보들이 그대로 담겨 있었다. 인터뷰 대상자를 보호하기 위한 최소한의 가공도 되어 있지 않았던 것이다. 나를 어떻게 봤기에 이렇게 함부로 할 수 있을까. 아무리 내가 논문 지도를 받는 학생이라고 해도 이럴 수는 없었다. 내가 그놈의 학위를 포기하면 하지, 절대 그냥 넘기고 싶지 않았다.

논문을 쓰기 시작하면서 나는 어느덧 철쭉님께 온갖 것을 묻고 있었다. 무섭기만 했던 철쭉님이었지만 내가 다급하니 매달리게 되었다. 매섭게 혼내시다가도 돌아서면 토닥이시는 철쭉님께 마음이 얼었다 녹았다 하는 세월을 겪어서 그런가. 원래 나는 사람을 잘 믿지 못했다. 살아온 환경 때문이었는지, 아무튼 고집도 엄청나게 세서 다른 사람들 말을 잘 안 들었다. 물론 어른 말도 안 들었다. 하지만 철쭉님 말은 듣지 않을 수 없었다. 대놓고 중국 여자라고 하실 때면 정말 밉다가도 거침없이 농담하시며 친근하게 대하시면 어느새 웃으며 이야기하게 되었다.

언젠가 심연회원들이 철쭉님은 정말 못 말리는 분이라고 하며 이런 얘기를 들려주었다. 회원 중에 피치 못한 사정으로 이혼을 한 사람이 있었다고 한다. 어려운 이혼 과정을 마치고 철쭉님을 뵙자고 집단상담 중에 찾아왔다. 그런데 철쭉님이 멀리서 다가오는 그 사람을 보고 무척 반기시면서 다짜고짜 큰 소리로 "어이, 이혼녀!"라고 하셨다는 것이다. 다들 알음알음으로 그 사실을 알고 있었지만 그렇게 대놓고 말씀하시다니. 처음에 그 사람은 얼굴이 붉으락푸르락해지며 어쩔 줄 몰라 했지만 곧 에라 모르겠다 싶었던지 툴툴 털고 자유로워지더라는 얘기였다. 이혼이라는 게 모르는 남에게는 말할 필요가 없는 개인사지만 그렇다고 부끄럽게 여길 일도 아니니 혹시 알려질까 전전긍긍하며 살지 말라는 뜻이었을까?

그때 철쭉님은 "많은 사람 앞에서 내가 이혼녀라고 불러도 네가 눈물 한 방울 안 흘리는 것을 보니 앞으로 당차게 잘 살겠구나."라고 하셨단다. 정말 '병 주고 약 주고'가 따로 없다. 내가 생각해도 그렇게 강력한 예방 주사를 맞으면 면역이 생겨서 어디 가서 그런 소리를 들어도 새삼스럽게 울 일은 없겠구나 싶었다. 자랑할 것도 아니지만 그렇다고 숨길 것도 아닌 일. 그걸 가리려고 에너지를 쓰다 보면 사람이 쪼그라들고 눈치꾸러기가 될 것이다.

그래서 나에게도 한때 자꾸 중국 여자라고 하셨나? 알 수 없다. 아무튼 그렇게 찔러대신 덕분에 나는 중국 여자라는 말이나 조선족이라는 말에 예전보다 덜 예민해진 것 같다. 바람만 스쳐 가도 신경이 쓰던 때가 있었는데 그에 비하면 아주 뻔뻔해졌다. 언제나 불쑥 들어오시는 철쭉님께 눈을 흘기다 보면 내가 치고 있던 경계가 한 번에 무너지곤 했다. 그렇게 쉽게 친밀감을 느끼게 된 사람도, 고집 센 나를 꺾어 완전히 굽히게 만든 사람도 철쭉님이 처음이었고 철쭉님밖에 없었다.

지도교수에게 그런 일을 당하고 철쭉님께 전화를 드렸다. 화가 나서 쏟아내는 얘기를 찬찬히 다 들으시더니 도저히 있을 수 없는 일이라며 편을 들어주셨다. "너를 모델로 한 글에서 너를 부정적으로 묘사했다고? 그것은 인격 침해에 해당하니 허용하지 말아야 한다. 하지만 그건 그것이고 박사학위는 박사학위이니 이성적으로 대처해라."

밥 먹게 한번 나오라는 말씀에 몇몇 심연회원들과 ○○호텔로 갔다. 철쭉님은 거듭 교수가 뭐라 하든 논문은 수단과 방법을 가리지 말고 써야 한다고 말씀하셨다. 하지만 나는 마음이 상해서 그러기 싫다고 버텼다. 그 속상한 일을 내 작은 마음에 담고 어떻게 교수 얼굴을 보고 논문 지도를 받을 수 있을지 상상도 할 수 없었다. 하지만 철쭉님은 강력하게 나를 설득하셨다.

"논문을 쓰는 데 마음 같은 건 필요 없다. 그동안 박사학위 따려고 고생한 걸 생각해라. 감정에 휩쓸리지 말고 내 유리한 것을 택할 줄 알아야 현명한 사람이다."

함께 있던 회원들도 나를 설득했다. 열 받아 펄펄 뛰던 마음이 조금 가라앉았다.

다음 날 나는 교수를 찾아가 철쭉님이 일러주신 대로 말했다.

"저를 인터뷰한 내용을 교수님 소논문에 실으시겠다면 그렇게 하세요. 하지만 내용은 바꾸셨으면 합니다."

교수는 한동안 침묵하더니 알겠다고 했다. 돌아오는 길에 지도 교수에게서 문자가 왔다. 내 인터뷰를 아예 쓰지 않겠다는 내용이 었다. 이거구나. 기분이 풀어졌다. 한편 앞으로 내 논문을 잘 봐줄 지 슬며시 걱정되었다. 하지만 철쭉님은 교수가 그렇게 한다면 그 것은 직무 태만이니 그것도 거기에 맞게 대응하면 된다고 하셨다. 아니나 다를까. 교수는 내 논문에 대해 비협조적으로 나왔다. 이것 도 안 된다, 저것도 안 된다며 내가 제시하는 주제에 대해 별다른 설명 없이 계속 거부했다. 철쭉님은 이번에는 과일바구니라도 하 나 사 들고 가서 이렇게 말하라고 하셨다.

"교수님께서 직접 주제를 주십시오. 그대로 쓰겠습니다."

공을 교수에게 넘기라는 말씀이었다. 이번에도 그렇게 했다. 그 러자 교수는 내가 그동안 제시했던 것 중에서 하나를 골라 쓰라고 했다. 그 뒤로도 고비는 많았다. 하지만 여쭈어가며 하나하나 해결 했다. 지금 생각해보면 논문을 쓸 당시 철쭉님은 전화를 참 잘 받 아주셨다. 결국 논문 심사에 통과했다. 그리고 말로만 듣던, 심연회 의 박사연을 하게 되었다.

호텔에서 잔치를 준비하는 과정도 내내 철쭉님께 의논을 드렸 다. 누구를 초대하고 어떤 식으로 할지 등등 많은 것을 여쭈었다. 시댁 식구들과 한국에 와 있는 친정 식구들, 중국어 학원 선생님 들, 중국에서부터 인연을 맺어온 친구들, 직장 동료들. 초대하고 보 니 수십 명이 되었다.

그날 나는 시어머니, 친정엄마와 함께 예쁜 한복을 차려입고 미용실에서 머리도 했다. 특히 심연회원들이 자기 일처럼 발 벗고 나서 내가 초대한 손님을 맞이하고 행사를 진행했다. 내가 한국에서 주인공이 되어 이렇게 큰 행사를 치르다니. 말로 표현할 수 없는 뿌듯함과 벅찬 마음이 올라와서 감정을 절제하기 어려웠다.

예전 같으면 이런 날 남이 날 어떻게 볼까 걱정하는 마음에 좀 뒤로 빼기도 하고 아닌 척도 하고 그랬을 텐데 그날은 그러지 않았다. 남이야 어떻게 생각하건 말건 뽐내고 싶었고 자랑하고 싶었고 마음껏 기뻐하고 싶었다. 내내 얼마나 웃었던지. 단상에 올라 감사의 인사를 할 때는 미리 적어 간 원고도 제쳐두고 생각나는 대로 말을 했다. 언제 사람들 앞에서 말 한마디를 못 해서 쩔쩔맸던가 싶었다. 벅찬 기분으로 그동안 살아온 이야기, 감사한 이야기를 하는데 말이 술술 잘도 나왔다. 신기했다.

철쭉님은 축사를 하시며, 특히 공부하는 마누라 뒷바라지하느라고 고생한 남편의 노고를 많이 치사하셨다. 나를 향해서는 아니나 다를까 앞으로 턱 치켜들지 말고 겸손하게 살라고 신신당부하셨다. 하지만 올라간 턱은 그날만큼은 종일 내려오지 않았다.

잔치가 끝나고 참석했던 사람들로부터 전화를 많이 받았다. 심연회라는 곳이 뭐 하는 곳이냐, 철쭉님은 또 어떤 분이냐고 많이들 물어서 대답하기 바빴다. 그중에는 한국에 와서 경제적인 성공을 크게 이룬 분도 있었다. 그날 그분은 자신이 이룬 성공에 대해 돌아보게 되었다고 했다. 너를 위해 자기 일처럼 발 벗고 나서는 그 많은 사람과 인연을 맺고 살아가는 네가 참 부럽다, 네가 참 잘 살아온 모양이다, 한국에서 진짜 성공한 사람은 너 같다는 그분의 말을 들으니 나 역시 많은 생각이 들었다.

요란하게 잔치를 마치고 나니 먹지 않아도 배가 불렀다. 늘 빈 것 같았던 속이 다 채워진 것 같았다. 30년 가까이 남의 나라에서 남의 시선을 신경쓰고 살아왔는데 모든 열등감이나 위축감이 다 사라진 것 같았다. 학위만 해도 예전에는 '따기만 하면 꼭 말하고 다녀야지.'라고 생각했다. 그런데 잔치가 끝나고 나니 내가 학위가 있든 말든 그걸 누가 알든 말든 아무 상관이 없었다. 학위의 무게에 눌리는 마음도 없어졌다. '박사라고 모든 걸 다 아나. 아는 건 알고 모르는 건 또 배우면 되지.' 하고 배짱을 부리게 됐다. 그래서 부르는 곳은 다 간다. 이주여성도 만나고 어려움에 부닥친 그 자녀들도 만나 상담한다. 내 경험과 배움을 바탕으로 부족하지만 최선을 다하고 있다.

요즘에도 집단상담에 간다. 예전보다는 많이 나아졌지만 부족함은 여전하다.

"그 좋은 박사학위를 따고도 왜 눈만 껌뻑껌뻑하고 있나?"

내가 나서야 할 때를 놓치면 여전히 철쭉님은 가차 없이 찌르신다. 그런데 달라진 게 있다. 내가 이제는 지지 않는다는 것이다.

"졸업까지 다 한 마당에 저도 나서서 인정받고 싶은 마음이 왜 없겠어요. 그치만 놓칠 때도 있는 것 아니겠어요?"

정말 간이 커지긴 커졌나 보다. 또 쩨려보시겠지? 웃음이 난다. 이제는 정말 치켜든 턱을 잡아 내려야 할 때인가 보다. 어른 말씀은 듣는 게 맞다.

혼사, 소풍 보내는 마음으로

아들의 상견례 날. 예비 사돈을 처음 만나 덕담을 나누고 기분 좋게 막 일어서려는 순간이었다. 바깥사돈 될 분이 조심스러운 분위기를 풍기며 말씀하셨다.

"저기, 한 가지 말씀드릴 게 있는데요. 요즘 시대가 그러하니 예단은 생략하시는 게 어떠실까요?"

순간 멈칫하는 마음이 들어 남편을 바라보았다. 남편 역시 당황하는 것 같았으나 차분히 대답했다.

"저희는 아직 거기까지는 생각을 안 해봤습니다. 생각해보고 나중에 애들 통해서 말씀드리겠습니다."

돌아오는 길, 기분이 그다지 좋지 않았다. 예단은 통상 남자 쪽에서 결정하는 일로 알고 있었기에 생략하자고 들면 우리가 꺼내야 할 얘기이다. 그런데 먼저 그런 얘기를 하시다니. 그것도 상견례

자리에서.

 상견례가 처음이고 어려운 자리라는 얘기를 많이 들어온 터라 미리 철쭉님께 어떻게 다녀오면 좋을지 여쭈었다. 철쭉님은 요즘 시대가 변해서 그렇지 예전에는 상견례라는 걸 하지 않았다고 하셨다. 그만큼 사돈끼리 만난다는 것은 껄끄럽고 조심스러운 일이니 조용한 곳에서 차나 한잔하라고 일러주셨다. 아들에게도 그렇게 말하고 주변에 마땅한 곳을 알아보라 했다. 그런데 예비 사돈댁과 거의 한동네나 다름없어서 마땅한 곳으로 가려면 멀리 움직여야 하는데 어떡하느냐고 묻기에 그럼 조용한 곳에서 식사를 하기로 했다. 이런 상황을 들으신 철쭉님은 한숨을 쉬셨다.

 "어려운 사이인데다 초면에 무슨 밥이냐. 서로 얼굴이나 보고 귀한 자식 주셔서 감사하다는 인사나 나누면 될 것을."

 말씀을 들으니 그렇구나 싶었지만 돌이키기는 어려운 상황이었다.

 "밥을 먹든 차를 마시든 만나기로 했으니 잘 다녀와라. 의논이나 조율이 필요한 얘기는 하지 말고 기분 좋게 덕담을 나누고 오는 것이 좋다. '귀하게 키운 딸 주셔서 감사합니다.' 하고 흠뻑 반기는 인사를 하면 된다."

 철쭉님은 특히 말실수를 조심하라고 신신당부하셨다. 처음 보는 사이니 할 얘기도 별로 없을 것이다. 괜히 어색한 분위기 깨보겠다고 술이라도 하다 보면 긴장이 풀어져서 하지 말아야 할 말을 주고받는 실수를 하게 된다. 그렇게 바보짓을 하고 돌아와서 결혼을 시키네 마네 시끄럽게 구는 것만큼 어리석은 일은 없으니 특별히 경계하라고 하셨다. 그렇게 참석한 자리였다. 그런데 그런 말을 듣게 될 줄이야.

며칠 고민을 하다가 마침 심연회 행사가 있어서 철쭉님을 뵙고 사정을 말씀드렸다. 철쭉님은 사돈의 말이 옳다 그르다 하지 않으시고 그 말을 들으니 어떻더냐며 내게 먼저 물으셨다.

"생각지도 못한 얘기를 해서 당황스러웠지요. 이건 아니다 싶었어요."

그러자 철쭉님은 "그런 마음으로 며느리를 맞이하면 좋을 게 없다. 까닭 없이 며느리가 하는 말, 하는 행동이 안 좋게 보일 수도 있기 때문이야. 그러니 예단을 주고받고 싶으면 망설일 것 없이 그렇게 하자고 해라. 아이들에게 전하면 된다."라고 말씀하셨다.

그 말씀에 힘을 얻어 아이들을 불렀다. 우리는 간소하게라도 결혼에 필요한 형식은 다 갖추고 싶다고 말했다. 며느리 될 아이는 "알겠습니다. 그렇게 전하겠습니다." 하고 돌아갔다.

한 달이 가고 두 달이 갔다. 그런데 예비 사돈 댁에서는 아무 연락이 없었다. 간소하게 하자는 뜻은 이미 전했는데 별다른 답이 없으니 결혼을 시키기도 전에 자칫 맘이 상할까 걱정스럽기도 하고 경사 앞두고 탈이라도 날까 싶어 마음이 불편했다. 다른 한편으로는 경제적으로 넉넉지 않은 집에 내 욕심으로 괜한 부담을 드린 건 아닐까 싶기도 했다. 어쩔 수 없이 다시 철쭉님께 여쭈었다.

"사돈 될 분들이 고민이 많으신가 보다. 이럴 때는 나서서 교통정리를 해드리는 것도 좋다. 네 쪽에서 먼저 봉채를 보내라."

"네? 봉채요? 봉채가 뭐예요?"

철쭉님은 한숨을 쉬셨다. 그것도 모르느냐며, 결혼은 어떻게 했고 아이는 어떻게 낳았느냐며 한참 타박하셨다. 틀린 말씀은 아니었다. 내가 어찌어찌하여 결혼은 했고 나름 사회생활도 하고 있지만 자녀 결혼이라는 대소사를 앞두고 보니 나를 가장 힘들게 하는 것은 내가 모르는 것이 너무 많다는 사실이었다. 인륜지대사라는 결혼을 앞두고 눈앞이 캄캄할 정도로 아는 것이 없어 어쩌면 이럴 수 있는지 자괴감마저 들 지경이었다. 예전에 나는 어떻게 결혼했는지 기억도 희미하지만 아마 뭘 모른 채로 떠밀려서 정신없이 하지 않았나 싶다. 나는 그렇게 했어도 아들은 그렇게 시킬 수 없으니 무슨 욕을 하시든 그저 듣는 수밖에 없었다. 그나마 여쭐 수 있는 것만으로도 다행이었다.

사실 아들 결혼을 시키기 전에는 우리나라 결혼 문화에 불필요한 절차들이 너무 많다고 생각했다. 내가 할 때는 좀 줄여서 서로 편하게 해보고 싶은 마음도 있었다. 요즘 젊은이들이 똑똑하니 다 알아서 하게 둔다는 것이 먼저 자식 결혼시킨 사람들이 흔히 하는 말이었는데 그 영향도 없지 않았다. 그런데 나보다 먼저 딸을 결혼시킨 심연회 언니의 말을 듣고 마음을 바꾸었다. 그분도 딸의 결혼을 앞두고 나와 같은 생각이었단다. 서로 편하게 생략할 건 생략하며 하자. 그런데 철쭉님께 이것저것 여쭙다가 한 말씀 들었다고 한다.

"딸자식 결혼시키면서 무슨 짐짝 치우듯이 하는 거냐?"

유교적 예법을 중시하시는 철쭉님이 너무 고리타분하시다는 선입견이 있었지만, 말씀을 들을수록 수긍이 됐다고 한다. 형식이라는 것은 불필요하거나 거추장스러운 것이 아니라 그 안에 마음을 담는 최소한의 틀이라는 얘기였다. 그러면서 그 언니는 자식 결혼은 소풍을 보내는 것과 같은 마음이더라고 말했다.

그 말을 들으니 아! 하고 깨달아졌다. 어린 시절 소풍날 둘러앉아 먹던 친구들의 도시락을 떠올리니 무슨 말인지 너무나 이해가 되었다. 그날 그 도시락에서 서로 많은 걸 느끼지 않았던가! 내가 엄마가 되어 우리 아이들 소풍을 보낼 때도 그랬다. 어떤 엄마는 김밥집에서 호일로 싼 김밥 한 줄 덜렁 들려 보내는가 하면, 어떤 엄마는 너 먹고 싶은 것 사 먹으라고 돈을 주어 보내기도 했다.

만약에 아침 일찍 일어나 싼 따뜻한 김밥과 과일을 도시락통에 가지런히 담고, 목 막히지 않게 따뜻한 국물도 보온병에 좀 넣고, 아이가 좋아하는 간식도 챙기고, 친구들하고 나눠 먹으라고 몇 마디 당부도 하여 보낸다면 보내는 엄마의 마음이나 그런 도시락을 들고 나서는 아이 마음이 얼마나 좋을 것인가. 비싼 김밥일 필요도, 귀한 간식일 필요도 없다. 그만큼 공을 들인 것이니 평소에 아이가 잘 먹는 것들이면 충분하다.

소풍을 보낼 때도 그런데 하물며 결혼은 어떻겠나. 진짜 어른이 되어 자신의 가정을 이루려는 자식에게 나는 잘 모르겠으니 젊고 똑똑한 너희들이 알아서 하라고 돈만 주어 보낼 수는 없는 일이었다. 운 좋게도 눈 밝은 어른이 곁에 계시는 덕에 아무리 욕을 먹어도 부지런히 여쭈어가며 공을 들이지 않을 수 없었다.

하여 다시 여쭈어보니 봉채란 신부 쪽에서 예단을 보내오면 신랑 쪽에서 답례로 보내는 것이라고 하셨다. 예단이 먼저 와야 하는 것 아닌가? 봉채를 먼저 보내도 된다고? 처음 듣는 얘기였다. 또 하나 배웠구나. 환갑을 바라보는 나이에도 배울 것이 끝이 없다.

아무튼 기다리느라고 답답했던 나로서는 반가운 말씀이었다. 나는 아들을 통해 먼저 봉채를 보내겠다는 뜻을 전했다.

그런데 문제가 또 있었다. 아무 때나 기분 내킬 때 보내도 되는 것이 봉채가 아니었다. 좋은 날을 잡아서 보내야 하는데 내가 날은 어떻게 잡아야 하느냐고 여쭈었더니, 이번에도 한숨을 쉬시며 직접 날을 잡아 알려주겠다고 하셨다. 이미 사돈댁에 봉채를 보내겠다고 전했는데 하루, 이틀, 한 주, 두 주 아무리 기다려도 철쭉님은 날을 주지 않으셨다. 전화기도 꺼져 있었다. 애가 탔다. 봉채 가는 날이 언제인지 자꾸 묻는 아들에게 나는 계속 기다려보라는 말만 반복했다. 가시방석이었다.

결혼식을 앞두고 할 일은 얼마나 많던지. 그 와중에 혼주로서 피부 관리를 받으려고 금요일에 퇴근한 뒤 피부과에 들렀다. 관리를 받고 나와 보니 전화기에 철쭉님의 부재중 전화 기록이 있었다. 반가운 마음에 옷도 갈아입기 전에 전화부터 드렸다. 철쭉님은 대뜸 왜 전화를 안 받느냐고 화부터 내셨다. 아니, 그동안 전화를 안 받아 애태우신 분이 누구신데! 정말 을乙의 삶이란. 하고 싶은 말은 꿀꺽 삼키고 죄송하다고 하니 날을 주겠다고 당장 나오라고 하신다. "네? 지금요?" "그래, 시간 없다!" 정신없이 옷을 꿰입고 난리가 난 얼굴을 대충 가리고 길을 나섰다. 금요일 저녁 길은 왜 그렇게 막히던지. ○○호텔에 도착하니 바삐 나오신 철쭉님이 날과 시를 알려주셨다. 하필 바로 다음 날이었고 시간도 아침 10시였다.

이미 은행은 문을 닫았고 다음 날은 토요일이라 열지도 않는다. 급한 마음에 남편에게 전화해서 신권을 구하느라고 허둥댔다. 우여곡절 끝에 준비를 마치고 정성껏 봉채함을 꾸며 다음 날 아들을 통해 보냈다.

얼마 뒤 예단이 왔다. 내가 보낸 금액에 적절히 얹어 보내셨다. 나 역시 크지 않은 금액을 보냈는데 거기에 마음을 담아 보내주시니 부담을 드리고 싶지 않은 내 마음이 전달됐다는 것이 느껴졌다. 보내주신 정성도 느껴져 우리 아들을 귀하게 여기시는구나 싶으니 마음이 대번 훈훈해졌다. 그동안의 불편했던 기분이 확 풀렸다. 역시 주고받기를 잘했구나. 먼저 봉채를 보낸 것이 신의 한 수였다.

예단을 주고받았으면 한다고 뜻을 전했는데 만약에 사돈으로부터 너무 가벼운 예단을 받았다면 마음이 상했을 것이다. 반대로 너무 묵직하게 받았다면 부담을 드린 것 같아 불편했을 것이다. 하지만 내 쪽에서 먼저 봉채를 보내 대략의 기준을 정해드리니 사돈도 예단을 보내기 한결 수월하지 않았을까. 그런 마음이 통한 것 같아 기분이 좋았다.

그 뒤로는 모든 과정이 무난했다. 폐백도 했고 이바지에 답례까지 하고 싶은 것은 다 했지만 원활했다. 나는 사돈댁에서 보내온 예단으로 시어머니, 친정 부모님 한복을 해드렸고 양가 형제들에게는 넉넉히 넣은 봉투를 주었다. 우리 며느리가 가져온 것이니 앞으로 예쁘게 봐주시라 전하고 결혼식 날 좋은 옷 입고 오시라고도 했다. 그래서인지 그날 정말 다들 근사하게 차리고 기분 좋게 오셨다. 그걸 보는 내 마음이 또 어찌나 좋던지 며느리 얻는 실감이 났다. 허리가 굽은 시어머님께서는 안 온다고 하시는 걸 겨우 설득해서 모셨다. 결국 고운 한복에 화장도 하시고 머리까지 멋지게 하고 오셔서 그날 어머니 사진을 따로 찍었다. 근래 뵀던 중에 가장 고운 모습이셨다. 참 좋았다.

철쭉님은 우리나라에서 자녀 결혼은 부모의 행사라고 못 박으신다. 부모가 귀하게 키운 자녀를 잘 보내고 새 식구를 맞는 과정이라는 뜻이리라. 결혼식을 원활히 치르려면 부모가 자식 눈치 볼 것 없이 주도적으로 이끌고 가야 한다고도 하셨다. 이렇게 미리 알려주신 덕분에 오해를 낳을 수도 있는 실수를 줄이고 별 탈 없이 혼사를 치렀다.

결혼식 전날 아들과 예비 며느리에게 당부의 말을 담아 손편지를 쓸 때는 울컥한 마음이 들기도 했다. 이십 대 후반. 지금 돌이켜 보면 아는 것 하나 없는 나이에 결혼하여 이듬해에 아들을 낳았다. 그 솜털 보송보송한 아기였던 아들이 다 커서 내일이면 결혼해 새 가정을 꾸린다고 생각하니 뭉클한 마음도 들고 말로 표현할 수 없는 여러 감정이 밀려들었다.

나에게 때로 눈물과 시련을 주었지만 또 그와는 비교할 수 없이 많은 기쁨과 웃음을 주었던 아들. 그런 아들의 결혼식에 마지막 도시락을 정성껏 싸서 보낼 수 있었다. 지금 생각해도 더없이 뿌듯하고 홀가분하다. 그때 철쭉님께 배불리 먹은 욕은 고스란히 살이 되어 내 몸에 남았다. 이조차 감사드린다.

사람들 속으로

나는 본래 관계에서 자유로웠다. 갈등도 없었고 불편함도 몰랐다. 오히려 세상에 법이라는 것이 왜 필요하고 왜 그렇게까지 세분화되어 있는지 의아했다.

많은 사람이 물질에 대한 욕심을 채우느라 정신없이 살거나 아웅다웅 싸우거나 하는 것처럼 느껴졌다. 나는 그런 사람들을 속물 취급하며 무리에서 벗어나 관조하며 살았다. 그런 내가 세상을 여유롭게 잘 살고 있는 것이라 자신했고 그에 대해 나름의 자부심이 있었다.

상담공부를 하게 되면서 그동안 내가 현실에서 한 발짝 떨어져 회피하는 삶을 살았다는 것을 알게 되었다. 하지만 별다른 갈등이 없었기에 이런 태도가 잘못되었다는 것을 인정하지 못했다. 교육분석 때 장 교수님께서 "중도 아니고 속인도 아니고, 어찌 인생을 그리 사시오?"라고 하셨을 때도 '남에게 피해 안 주고 사는데 뭐가 문제일까?'라고만 생각했다.

상담가로서 수련의 필요를 느껴 집단상담을 다녀왔다. 그리고 그 얼마 뒤 장 교수님께 교육분석을 받으러 갔는데 철쭉님께서 며칠 전 내 안부를 물으셨다고 했다. 잘 살고 있다고 했더니 철쭉님이 "수국(별칭), 그 사람 참 많이 참으며 산 사람이오."라고 하셨다는 것이다. 그런데 이게 무슨 일인지, 그 말씀을 전해 듣는 순간 눈물이 왈칵 쏟아졌다. 한번 터진 눈물은 좀처럼 멈추지 않았다. 그 뒤로도 오랫동안 그 말만 떠올리면 눈물이 쏟아졌다. 의식적으로는 인지하지 못했으나 사실 내가 많은 것을 참으며 살아왔고 그러는 동안 많은 설움이 쌓였던가 보다. 감당할 수 없으니 그동안 꾹꾹 누르며 회피해왔을 것이다. 그런데 철쭉님의 그 한 말씀이 그렇게 나를 무장 해제시키다니!

돌이켜 보니 나는 인간관계가 조심스러웠고 그것을 회피하기 위해 관계를 별로 맺지 않고 살았다. 그런 까닭에 관계에서 갈등이 없었고 그걸 편하다고 느꼈다. 왜 그렇게 살게 되었을까?

나는 4형제 중 셋째 딸이다. 큰언니는 동생을 돌봐야 했고 둘째 언니는 몸이 약했고 남동생은 어렸다. 한 명이라도 부모의 손을 덜어야 했기에 나만 할아버지, 할머니, 고모가 사는 외딴집에서 초등학교 입학 전까지 어린 시절을 보냈다. 아이라고는 나뿐인 집이었다. 아침에 눈을 뜨면 어른들은 이미 밭에 나가서 농사일하느라 바쁘셨다. 들어와서 점심 먹고 쉬는 시간도 잠시고 다시 밭으로 나가서 종일 일하셨다. 나는 주로 혼자 꽃이나 나비, 잠자리와 놀았다.

그렇게 사람과의 교류 없이 오랫동안 지낸 세월 때문이었을까?

오랫동안 떨어져 살다 보니 형제들 사이에서 나는 이방인 같았다. 일곱 살 때였나, 본가에 와 있던 어느 날 동생과 싸웠다. 약이 오른 동생이 소리쳤다. "너는 너네 집으로 가! 우리 엄마야!" 그 말에 화를 참을 수 없어 나가겠다고 옷 보따리를 싸서 그 길로 집을 뛰쳐나갔는데 갑자기 엄마가 나타나 나를 붙잡으셨다. 나에게 화가 나셨던지 엄마는 나를 번쩍 들어 집 앞 도랑에 던지셨다. 그다음의 기억은 하나도 남아 있지 않다. 그저 크게 충격을 받았다는 것만 선명하다. 그 뒤로 나는 오랫동안 다시 함께 살게 된 가족들이 편치 않았고 그 불편함만큼 할머니가 계시는 외딴집을 그리워하며 살았다. 그 일 때문이었을까?

형제는 많고 집안 살림은 어려우니 부모님께 고등학교에 가고 싶다고 조르지 못했다. 한 번 여쭈어보고 어렵겠다는 답을 들은 뒤로는 두 번 다시 말을 꺼내지 않았고 혼자 알아서 산업체 고등학교에 진학하기로 하고 원서를 썼다. 학교는 마산이라는 먼 곳에 있었다. 태어나서 십 리 밖도 나가보지 못했던 내가 그렇게 멀리 떠나본 것은 처음이었다.

어린 마음에 억양이 강한 그 고장의 사투리와 시멘트로 덮인 겨울 도시의 풍경이 참 낯설었다. 화단에 시들어 있던 흰색과 보라색 꽃배추 역시 그때 처음 보았는데 어찌나 생경하든지 아직도 그 장면이 생생하다. 홀로 떨어진 듯한 고립감과 새로운 생활에 대한 불안으로 첫 한 달이 몇 년은 된 것처럼 길고 아득했다. 그래서 처음으로 명절을 맞아 고향으로 가는 날, 그 상황이 혹시 꿈은 아닌가

실감이 안 날 정도였다.

하루 여덟 시간 3교대로 돌아가는 공장에서의 노동과 학교생활에 적응하기 위해 얼마나 긴장했는지. 열이 후끈한 공장에서 땀 흘리며 일하고 나오면 얼굴에 묻어 있던 소금 가루들. 늘 잠이 부족해 야간 출근길에는 눈도 뜨지 못한 채 걷기도 했다. 그렇게 힘들었던 그 3년의 시간 때문이었을까? 그나마 자신 있었던 것이 공부였는데 전문대학의 교문을 들어설 때의 그 수치심. 그리고 대학 생활 내내 쉴 틈 없이 해야 했던 아르바이트의 지난함. 그 때문이었을까?

난 늘 말없이 위축된 모습으로 있는 듯 없는 듯 소수의 사람과만 관계하며 살았다. 말주변도 없었거니와 말은 꼭 필요할 때만 해야 하는 것으로 생각했다. 상대에게 불편하거나 억울한 감정이 들어도 나는 이해를 잘하는 사람이라 합리화하면서 참고 흘려보냈다. 말을 별로 안 하다 보니 사람들과의 대화가 쉽지 않았다. 그러니 더욱 관계를 회피하고 입을 다물고 살아가는 악순환에 빠졌.

이런 나의 삶의 방식이 잘못되었다는 것을 깨닫기까지도 어려웠지만 거기에서 벗어나는 것은 더 어려운 문제였다. 사람들에게 다가가는 것이 어색했고 특히 어른들을 대하는 것은 더 조심스럽고 어려웠다. 알게 된 지 얼마 안 된 사람과 전철이라도 함께 타면 같이 가는 시간이 왜 그리 길게 느껴지던지. 할 말은 없고 어색해서 진땀만 났다.

집단상담에 다녀온 뒤 어느 날 철쭉님께서 전화하셔서 불쑥 반말로 "잘 지내냐?"하고 물으셨다. 아무리 어른이시지만 나도 나름 나이도 먹고 결혼도 했고 무엇보다 사이가 가깝지도 않은데 반말이시라니? 사람과 터놓고 지내는 게 어렵다 보니 철쭉님의 그런 태도가 당황스러웠다. 하지만 갑자기 훅 들어오는 철쭉님의 한방에 내 견고하던 관계에 대한 벽이 한 겹 깨지는 것 같았다.

그 뒤로 철쭉님은 차근차근 나를 관계 속으로 밀어 넣으셨다. 심연회에 가입하게 하고 역할도 맡기셨다. 회원들에게 전화도 하고 만나라고 재촉하셨고, 심지어 진짜 했는지 확인까지 하셨다. 도살장에 끌려가는 심정이었지만 어쩔 수 없었다. 심호흡을 하고 전화번호를 눌렀다. 조금이라도 뭉그적거리면 국제적인 쪼다다, 그 정도밖에 안 되느냐고 호된 면박을 주셨다.

사람 관계에서 그때그때 할 말을 못 하고 돌아서 속으로 구시렁거리면 어찌 아셨는지 전화하셔서 너는 태어날 때 태(胎)만 나와서 컸냐는 등 쏘아붙이시며 자존심을 있는 대로 긁으셨다. 심연회 행사가 있던 어느 날은 이미 상황을 들어 알고 계심에도 불구하고 말주변이 부족한 나를 훈련하기 위해 행사에 대해 다 설명해보라고도 하셨다. 철쭉님의 갑작스러운 주문에 머리가 엉켜서 우물쭈물하면 곧바로 도대체 지금 몇 살이냐는 등의 수모도 주셨다. 나이와 관련해 받은 면박은 셀 수도 없다. 또 어떤 날은 나에게 몇 날 몇 시에 전화하라고까지 하셨다. 왜 그렇게 시간을 정하시느냐고 여쭈었더니 주변머리 없는 내가 전화를 안 할 것 같아서 그러셨단다. 내가 그 정도였나?

인간관계에 소극적인 나를 보실 때는 너는 사람들에게 피해도 안 주지만 도움도 안 된다, 물이 맑으면 고기가 못 산다는 등 마음을 후벼 파는 말로 몰아붙이셨다. 혹독한 칼을 휘두르시고는 기가 죽을까 싶으셨던지 또 따뜻한 말로 풀어주시고 잘한 것은 인정하시고 부족한 것은 포용하셨다. 배가 아플 정도로 웃게 하시는 것도 부지기수. 어느 날에는 고상(?)했던 내가 듣기에 민망한 표현과 사회적으로 조심하는 용어들도 거침없이 섞어 말씀하셨다. 처음에는 놀라고 당황했지만 차츰 그런 말들이 편안하고 친근하게 느껴졌다. 그렇게 철쭉님께서 내 눈높이에 맞춰 여러 가지 방법으로 나를 두드려 넓히고 단련해주신 덕분에 고지식했던 나의 틀이 조금씩 깨져갔다.

오랜 시간 철쭉님의 가르침을 통해 나는 환한 바깥세상을 향해 마음을 열게 되었고, 또한 내가 타인에게 관심을 보이면 상대도 마음을 열고 함께하고 싶어 한다는 사실도 알게 되었다. 사람에 대한 신뢰가 생겼고 더불어 사는 친밀한 관계가 얼마나 뜨뜻하고 재미있으며 삶을 풍요롭게 만드는지를 알게 되었다. 그런 마음으로 사람들과 마음 가는 대로 주고받으니 사는 게 참으로 자유로워졌다. 진정한 자유였다.

나이가 사십이 넘으면 사람이 잘 안 변한다는 말을 자주 한다. 사십이 넘은 나이에 철쭉님을 만난 내가 이렇게 많은 변화를 이룰 수 있었다니, 다시 생각해도 참 놀라운 일이다. 고래힘줄 같은 나를 두고 씨름하신 지난 20년. 철쭉님의 그 노고를 생각하면 문득문득 죄송한 생각이 든다.

밑지고 살아라

지금 내 나이 칠십이 넘었으니 벌써 25년이 다 되어간다. 출판사를 하는 여동생이 하도 괴롭히기에 개인상담을 시작하였고, 이어서 그해 여름 집단상담에 참석하였다. 그러기까지 여동생은 거짓말 보태서 한 수십 번을 나만 보면 상담을 받아보라고 난리였다. 내가 미친놈이냐, 그런 데를 왜 가느냐고 실랑이를 하다가 결국 못 이기고 가게 되었다.

집단에는 사람이 많았지만 그중에 나와 연배가 비슷해 보이는 한 여성분이 눈에 들어왔다. 말하는 걸 들어보니 영락없이 미친 사람에 바보라, 참 답답하다 싶은 마음으로 그 사람을 지켜보고 있었다. 그런데 어느 순간 그 사람이 나를 가리켜 말했다.

"○○님은 사람 말귀를 참 못 알아듣네요."

'이게 무슨 소리지?' 어리둥절해하고 있는데 더 놀라운 것은 거기 있던 사람들이 이구동성으로 그 말에 맞장구를 치는 것이었다. 망치로 딱! 뒤통수를 맞은 느낌이었다. 이게 뭐야? 무슨 상황이야? 처음에는 어리둥절했다. 하지만 사람들의 이야기를 듣다 보니 눈앞에 번개가 번쩍하면서 깨달았다. 내가 뭔가 잘못됐구나. 그래서 여동생이 나를 여기 보내려고 그렇게 애를 썼구나.

그렇게 깨졌다. 돌아보니 나는 내 식대로 '척하는 병'에 걸려 있었고 돈의 노예, 칭찬의 노예로 살아왔더라. 내가 그런 줄도 모르고 남의 허물을 따졌다니 사람이 참 자기 잘못된 건 그렇게 모르고 살더라.

그때 처음 뵌 철쭉님은 아주 까칠했다. 모습 자체도 그랬고 서슬이 아주 시퍼랬다. 나보고 용팔이라고 했지만 내 보기에는 그 양반이 더 용팔이 같았다. 그래도 나에게 용팔이라고 하는 게 기분이 나쁘지 않고 허물없이 느껴졌다. 집단에는 교수니, 변호사니, 의사니 하는 사람도 많았지만 철쭉님은 평생 영업을 하며 살아온 나를 용팔이라고 놀리면서 대번에 친근하게 대하셨다.

그래서 그다음에 마누라를 보내고 대학생이던 아들도 보냈다. 어느 날은 아들내미가 철쭉님께 메일을 받았는데 새벽 3시쯤인가 보내셔서 놀랐다고 했다. 나는 그것도 그렇지만 당신보다 한참 어린 녀석에게 그렇게 긴 글을 써서 보내시나 싶어 감탄했다. 세상에 이런 걸 다 보내시는구나. 철쭉님은 정말 나이나 직업이나 아무튼 조건 따지지 않고 사람들을 챙기시는구나. 나는 그동안 먹고살기 바쁘다는 이유로 아들 녀석에게 놓친 것이 많다.

내가 나이가 좀 있는 편이니 철쭉님이 심연회에서 나를 좀 대우를 해주신다는 것을 느낀다. 세상 누구 말도 안 듣고 내 마음대로만 살아온 나인데 철쭉님 눈에 얼마나 허점이 많이 보였겠나. 하지만 다른 사람에게처럼 노골적으로 말씀하신 적이 없다. 말로 집어 주진 않으셔도 느낄 건 다 느끼고 있다.

시간이 흘러 나이 칠십을 넘기니 더욱 그러신다. 일전에 심연회에서 단체로 제주도를 갔는데 특별히 나에게 독방을 배정하셨다. 마음이 푸근했다. 장 교수님 퇴임연에서도 나보고 축사를 하라고 하셨다. 많이 배우지 않은 내게 어떻게 장 교수님 같은 대가의 퇴임연에서 단상에 올라가 축사를 하라고 하시나. 그날 외부에서 교수님과 박사님들이 얼마나 많이 오는데 말이다. 부담스러우면서도 벅찬 마음이었다. 철쭉님은 나에게 평생 못 할 경험을 쌓게 하고 그걸 통해 더 큰 마음을 갖도록 하시는 것 같다. 심연회 행사에서 한 번씩 뵈면 "ㅇ 선생, 이제 쉬운 나이가 아닐 텐데."라고 하신다. 칠십이라는 나이, 당신도 지나온 길이기에 경험으로 말씀하시는 것 같다.

언젠가 송년회 자리에서 철쭉님이 말씀하셨다.

"밑지면서 살아라."

처음 듣는 이야기가 아닌데 그날은 유독 귀에 쏙 들어왔다. 긴 세월 사실 나는 밑지지 않으려고 애쓰며 살아왔다. 영업을 하면서 하루하루 손해보지 않으려고 발버둥 쳐왔다. 그런데 일뿐만 아니라 인간관계에서도 자꾸 계산하다 보니 곁에 사람이 남지 않았다. 관계는 밑져야 이익이 남는다. 그것도 나중에 남는다. 그날 왜인지 밑지고 살라는 말씀이 마음에 남았고 그 뒤로 자꾸 곱씹고 되새기게 되었다.

　이제는 계산하는 방법이 조금 달라졌다. 얼마 전 식탁에서 밥이 좀 많기에 "여보, 나 밥 좀 덜어줘." 했더니 아내가 "앞으로는 직접 퍼서 드세요."라고 대꾸했다. 그냥 알겠다고 넘기면 될 텐데 대뜸 "그럼 앞으로는 밥하지 마."라고 해버린 것이다. 그러자 아내도 지지 않고 "그래요. 그럼 당신이 해요." 하고 맞받아치는 게 아닌가. 결국 웃고 말았지만 속으로는 내가 아직도 지지 않으려는 쓸데없는 고집이 몸에 배어 있는 사람이구나 싶었다. 그런 나에게 늘 눌려 살았던 아내의 숨통을 이제라도 틔워주기 위해 말을 잘 받아주려고 하는데 쉽지 않다. 사람 마음은 왜 이렇게 조석으로 변하는지. 그래도 맞받아치는 아내를 보며 속으로 기분이 나쁘지 않았다.

　계산 없이 하는 인간관계가 어떤 것인지는 철쭉님을 보며 많이 배운다. 심연회 남성 모임에서는 한 번씩 철쭉님 댁이 있는 밀양으로 가서 하룻밤을 자고 온다. 철쭉님은 우리가 머무는 펜션에서 같이 고기를 구워 드시고 한참 얘기하다가 자정쯤 댁에 가신다. 그런데도 다음 날 새벽에 일찍 올라가는 사람이 있으면 그 시간에 맞춰 다시 오신다. 와서 주변을 다 살피고 그 사람을 역까지 데려다주신다.

　한번은 사모님과 며느님이 만든 거라고 하시면서 아침에 김밥이랑 황태해장국이 담긴 솥을 들고 오셨다. 김밥에는 얇게 채 썬 매운 진미채가 들어 있었는데 댁에서 잘해 드시는 김밥 같았다. 아주 맛났다. 황태해장국도 말할 것 없이 부드럽고 시원했다. 누군가 "새벽부터 사모님하고 며느님 고생이 많으셨네요. 이따 댁에 못 들어가시는 거 아니에요?" 하고 농담을 하니, 웃으시며 "맞다! 나도

4. 더불어 살기　275

델꼬 가라." 하고 맞장구치셨다. 그리고 덧붙이시길 "우리 며느리가 서울에서 손님들만 왔다고 하면 '아버님, 김밥 쌀까요?' 하고 물어. 아주 자동이다." 푸근한 마음에 배가 터지도록 먹었다.

밀양 산세가 얼마나 좋은가. 그 아래 퍼질러 앉아 철쭉님과 노닥노닥 보내는 시간이 참 좋다. 헤어질 때는 농사지은 감자, 양파 등을 차에 한 아름 실어주신다. 헤어지는 아쉬움으로 눈에 보이지 않는 것까지 마무리하신다. 철쭉님은 늘 사람을 사랑하라고 하신다. 처음에는 그게 어떤 말인지 잘 와닿지 않았다. 하지만 철쭉님이 사람 챙기시는 모습을 보면 저런 게 사랑이구나 싶다.

사회생활을 시작할 때 누구를 만나느냐는 대단히 중요하다. 세상에 어른은 많다. 하지만 참어른은 드물어 찾을 수가 없다. 나는 무엇보다 어른을 찾을 수 있는 눈과 귀가 없었기에 아집과 욕심에 사로잡혀서 30대와 40대를 보냈다. 50대 초반이 되어서야 겨우 철쭉님이라는 참어른을 만났다.

사람을 변화시키는 작업은 참 어렵고 힘든 일임에 틀림이 없다. 그렇다면 철쭉님은 왜 그 일을 선택하셨을까? 추앙받는 지도자가 되고 싶으셨을까? 아니면 권력을 갖고 싶으셨을까? 끊임없는 인기를 얻고 싶으셨을까? 어느 하나 해당이 없다. 사람을 변화시키고자 하는 철쭉님은 언제나 대가를 바라지 않으셨다. 그렇게 힘든 일을 왜 그토록 오래 하실까? 나의 짧은 머리로는 도대체 알 수가 없다.

다만 '삶의 긴 여정에서 가장 필요한 것은 계산 없이 조건 없이 사람을 사랑하는 마음'이라는 그 말씀만은 제대로 알고 갈 수 있기를 바랄 뿐이다.

주고받기의 균형

주고받는다는 것은 무엇인가? 사회적 인간관계에서 자연스럽게 이뤄지는 이 일에 대해 나는 새삼스럽게 무슨 얘기를 하려는 걸까. 그렇다. 이 당연한 이치와 자연스러운 흐름을 많은 사람이 어려워한다는 것이다.

어떤 사람들은 받는 데 더 익숙하다. 자신에겐 관대하고 내가 많이 갖는 것에 더 관심이 많다. 그래서 자꾸 더 채우려 한다. 남의 입장에는 별 관심이 없고 내 욕구와 내 감정이 충족되면 그것으로 끝이다. 반대로 주는 데 익숙한 사람들이 있다. 자기 것은 잘 챙기지 못하면서 남에게는 관대한 사람이다.

사람이란 대체로 자신의 이익을 위해서 살아가는 존재들이니 본능에 충실한 전자의 사람들은 어떤 면에서 솔직하다. 그러한 행동이 결과적으로 최대의 이익을 가져다줄지에 대해서는 의구심이 들지만. 반면에 남에게만 관대한 사람들은 조금 복잡하다. 이런 사람들은 일견 본능에 어긋나는 행동을 하는 듯이 보인다. 하지만 조금 더 생각해보면 꼭 그렇지는 않다. 이들의 행동 역시 자신의 이익에 부합되는 면이 있다.

'상대에게 무엇인가를 줌으로써 마음의 빚을 지게 한다. 이를 통해 상대가 자신을 공격하지 못하도록 한다.' 이는 주로 약한 사람의 패턴이다. 또 스스로에 대한 연민을 상대에게 투사하는 경우도 있다. 상대의 객관적인 상황보다는 자신의 감정이 우선할 때 이런 행동이 나온다. 누군가에게 베푼다는 것은 사회적으로 인정받는 행동이니 그 인정을 취하기 위한 것일 수도 있다. 이런 다양한 심리적인 이유로 어찌 보면 지극히 간단하고도 쉬운, 이 주고받기라는 명제 앞에 균형을 잃는 사람이 많다.

나 역시 그랬다. 받는 것보다는 주는 것에 익숙한 사람이었다. 누군가와 밥이라도 먹게 되면 먼저 밥값을 내기 일쑤였고, 누가 사준다고 나간 식사 자리에서도 계산할 때 상대가 좀 느리다 싶으면 그것을 기다리는 것이 힘들었다. 특히 나보다 나이가 어리거나 경제적으로 힘든 사람이라는 생각이 들면 우겨서라도 내가 사는 경우가 많았다. 아마도 살면서 경험했던 일들이 나에게 큰 영향을 끼쳤던 것 같다.

나는 성장 과정에서 경제적으로 어려움을 많이 겪었다. 학비와 생활비를 혼자서 다 감당하며 살아야 했던 시절에는 늘 주머니가 비어 있었고 통장 잔액도 간당간당했다. 이런저런 아르바이트를 하면서 근근이 생활했으니 내가 원하는 것을 하는 것은 생각도 할 수 없었고, 어디 가서 밥 한 끼를 하려 해도 늘 주머니 사정을 따져봐야 했다. 늘 지치고 피곤한 삶이었다. 몇 년을 그렇게 살다 보니 세상은 거대한데 마음은 쪼그라지고 일상이 생존만을 위한 것처럼 느껴졌다.

세월이 흘러 그런 어려움에서 벗어나게 되었다. 하지만 마음은 여전히 거기에 머물러 있었나 보다. 나처럼 어려워 보이는 사람을 만나면 안쓰럽고 도와주고 싶은 마음이 앞섰다. 내 마음이 투사가 된 것이다. 상대가 어떠한지 객관적으로 알기보다는 내 마음 편한 것이 우선이었다. 언제든 내가 밥값을 내겠다고 우기고 월급을 타서 적금을 들기보다는 고아원이나 양로원에 기부했다. 약해 보이는 사람의 도와달라는 제스처에 선뜻 도움을 줬다가 돈을 떼인 적도 여러 번이었다. 하지만 나는 올바르게 산다고 나 자신을 인정하고 스스로 위로했다.

상담을 접하고 나서야 나의 이런 패턴이 잘못된 것일 수도 있겠구나 하고 생각하게 되었다. 사람은 서로 대등하게 주고받아야 좋다는 것을 우선 머리로는 이해했다. 하지만 여전히 내 행동은 내 생각보다 빨랐다. 그러지 말아야지 하는 생각이 들기도 전에 이미 내 손은 돈을 내고 있었다. 그러고 나서 자위했다. 잘한 것은 아니지만 그렇다고 뭐 그리 안 좋을 것까지야?

그런데 어느 날 철쭉님께서 청하셨다.

"나 차 한잔만 사도라."

아니, 나보다 어른께서 차를 사달라고 하시다니? 경제적으로도 나보다 나으실 것 같은데. 물은 위에서 아래로 흘러야 한다는 한

가지 생각만 고수하고 있던 당시의 나에게 철쭉님의 그 말씀은 적잖이 충격이었다.

그런데 그것이 의외로 좋았다. 오히려 나를 다른 방법으로 인정하시는 느낌이, 멀기만 했던 철쭉님의 존재가 한결 편해지고 가까워지는 느낌이 들었다.

물론 아마도 고지식한 나라는 사람을 잘 아시고 여러 가지 의도로 그렇게 말씀하셨을 것이다. 그 평범한 요청에 나의 틀이 한순간에 무너지는 느낌을 받았다. 밥 한 끼, 차 한 잔이 뭐라고. 상대방도 내게 베풀고 싶은 이유가 있고 주는 기쁨이라는 것도 있는데 그걸 허용하지 않았던 내 태도는 그동안 상대방에게 빚지는 심정만 들게 했겠구나. 그저 내 감정에 빠져서 내 식대로 고집을 부렸구나. 참 어리석었다 싶은 생각이 들자 허탈함마저 느꼈다.

삶의 순간순간, 필요한 말씀 한마디로 생각의 전환점을 만들어 주시는 철쭉님. 철쭉님이라는 세계의 크기는 대체 어디까지일까.

수도자의 자유

나는 삼동원에서 집단상담을 하던 1997년 1월, 철쭉님을 처음 뵈었다. 오랜만에 나온 수녀원 밖의 낯선 환경에 이리저리 눈치를 보고 있을 때였다. 철쭉님이 물으셨다. "수녀원에는 왜 들어갔나?" 수녀가 된 뒤 으레 들어온 질문이라 늘 하던 대로 고등학교 때부터의 희망 사항이었다고 답했다. 그런데 돌아오는 말씀이 학생이 공부는 안 하고 무슨 딴생각을 그렇게 했느냐는 것이다. 나는 그 말씀이 핀잔으로 들려 창피했다. 그때까지 나의 출가를 하느님의 섭리에 따른 성소聖召*라는 말로 그럴싸하게 포장하며 선민사상選民思想에 사로잡혀 살고 있었는데 철쭉님께는 통하지 않았다.

당시 나는 갓 종신 서원을 한 뒤 직업학교에서 생활지도과 소임

---

* 하느님의 부르심을 받는 일로 성직 생활 또는 수도 생활을 하도록 부르시는 것을 뜻함.

으로 여섯 명과 공동체 생활을 하고 있었다. 또래 학생들과는 무리 없이 지냈지만 선배 수녀님과 교사들과의 관계에서는 종종 불편함을 느끼곤 했다. 특히 같은 공간에서 생활하는 다섯 명의 선배 언니들을 대할 때 자주 경직되었고 뭔가가 어설프고 편치 않았다. 철쭉님은 내가 오기로 똘똘 뭉쳐 있고 성질이 못됐다고 하셨다. 그러면서도 나의 약함을 읽으셨는지 마음이 몹시 외로울 것이라는 말씀도 함께 하셨다.

첫 집단상담을 다녀온 후 나는 모든 것을 신앙적 섭리로만 받아들이던 과거에서 벗어나 새로운 세계를 발견한 것처럼 나의 내면에 대해서도 알아갔다. 공동체에서 내 생각을 표현하며 나의 자리도 편안하게 만들어갔다. 그동안 불편했던 것은 사실은 별 게 아니었고 대부분 내가 괜히 만든 오해와 편견의 산물이었다. 집단상담을 통해 용기 있게 사는 것이란 자기를 사랑하며 주인의식을 가지는 것이고 그렇게 하면 남도 사랑할 줄 알게 되고 긍정과 부정을 식별하는 안목도 생긴다는 것임을 깨달았다.

1999년에 나는 서울의 한 본당에서 소임하고 있었다. 12월 27일 성탄예술제 행사로 바쁜 이른 아침에 본가에 있는 성당 수녀님으로부터 연락이 왔다. 아버지가 돌아가셨다고 했다. 경황없는 어머니를 대신해 전해주신 소식이었다. 너무 갑작스럽고 당황스러워 머릿속이 하얗게 되었다. 서울에서 부산까지 어떻게 하면 빨리 갈 수 있는지 궁리조차 못 하고 있는데 철쭉님과 연락이 닿았다. 찬찬히 일러주시기를 김포공항으로 가서 비행기를 타고 내려가라셨다. 난 그때까지 비행기를 타본 적이 없었기에 오히려 머리가 더 복잡해졌다. 하지만 다섯 시간이나 걸리는 기차를 타고 가자니 그건 너무 아득하게 느껴졌다. 다행히 성당 사무장님이 나를 공항으로 데려다 주고 표도 끊어주셨다. 처음 타는 비행기에 넋이 반쯤 나간 채 김해공항에 도착했다.

그런데 공항에서 철쭉님이 나를 기다리고 계셨다. 마음이 산란하여 반갑다거나 감사하다거나 느낄 여유도 없이 그저 한달음에 집에 갈 생각만 가득했다. 그런데 철쭉님이 나를 붙잡아 앉히셨다. 그때 무슨 말씀을 하셨는지 기억은 나지 않는다. 하지만 점점 마음이 안정되었고 울렁거리던 가슴도 가라앉았다. 그렇게 한숨 돌리고 나서 다시 집으로 향했다.

아버지의 선종은 내게 말 그대로 청천벽력이었다. 철쭉님은 당황한 내가 마음을 가라앉힐 수 있도록 시간을 벌어주셨다. 큰일을 당할수록 허둥대지 말라는 깊은 뜻이었다.

2003년 석사학위를 받고 나서 이 정도면 학업이 완수되었다고 생각했다. 그런데 철쭉님은 박사과정까지 하라셨다. 나는 안 될 일이어서 웃고 말았다. 현실적으로 수도회에서 계속 공부를 시켜주지도 않을 것 같았고 나 자신도 공부가 버거워 엄두가 나지 않았다. 하지만 철쭉님은 간간이 연락이 닿을 때마다 공부를 권하셨다. 자꾸 들으니 한번 해볼까 하는 생각이 들었다. 수도회 총장님께 말씀드렸더니 나를 박사과정에 보낼 계획은 없으시단다. 그럼 그렇지, 하고 물러나면서 혹시 계획이 생기면 말씀해달라고 여지를 남겼다.

1년 후 총장님과 다시 면담하면서 그동안 생각해보셨는지 여쭤니, 안 하셨단다. 그럼 한번 생각해달라고 하고 또 물러 나왔다. 그 다음 해 면담에서는 박사과정과 심연회에서 가는 해외 연수라는 두 가지 안을 가지고 갔다. 어떤 것을 하면 좋을지 여쭈니 그때야 박사과정을 하라고 하셨다. 3년 동안 인내한 끝에 얻어낸 허락이었다. 그 3년 동안 나는 기다리기만 하지 않고 수도회 부름이 있으면 적극적으로 참석하여 도와드렸고 후배들에게 상담심리학 강의도 했다. 아마 이런 나의 모습에 총장님의 마음이 움직인 듯했다.

　박사과정을 시작하니 철쭉님은 또 학위를 따면 잔치를 하라고 하셨다. 나는 수도자가 무슨 잔치냐며 생각도 안 했다. 주경야독하면서 어렵게 소임과 학업을 병행한 끝에 드디어 학위 논문 심사를 통과했다. 그런데 그 순간 거짓말처럼 '그래! 잔치해야지!' 하는 생각이 제일 먼저 들었다. 없던 용기가 갑자기 생긴 것이다. 형제들에게 경비 도움을 받아 근사한 곳에서 내 생애 제일 화려한 잔치를 했다. 형제들도 심연회가 주최하는 막내의 학위 잔치에 참여하여 함께 기쁨을 나누었고 이 일은 큰 추억거리로 남아 아직도 가족 간의 즐거운 이야깃거리가 되고 있다.

　이처럼 오늘날 내가 있기까지 성장의 중요한 순간마다 철쭉님이 계셨다. 삼십 대 중반 멋모르고 우왕좌왕할 시기에 철쭉님을 만나, 네 것도 내 것도 아닌 수도 생활에 욕심부리지 말고 살라는 말씀을 들었고 지금까지 그것을 제1의 원칙으로 삼고 있다. 진정한 자유인이 되라는 그 말씀을 마음에 담고 지내온 시간이 어느덧 25년이다. 강한 동시에 유연한 철쭉님을 보며 나 또한 그렇게 살기를 연습했다.

한때 나는 신을 따른다는 이유로 보통 사람들과 좀 달라야 한다는 생각을 하기도 했다. 하지만 현명한 사람은 자극적이거나 색다르기보다는 상식적이고 보편적이며 자연스럽다는 것을 깨달았다. 또한 사람으로 태어나 사랑하고 사랑받는 것만큼 행복한 일은 없다는 것을 알게 되면서 어색하고 두려워 도망쳤던 사람들 사이로 한 발씩 발을 들여놓게 되었다.

진정으로 자유로운 사람은 마음 놓고 웃을 줄도 알고 울 줄도 안다. 또 기쁘게 행복을 누릴 줄도 알고 불행이 와도 두려워하지 않는다. 그 모든 것이 인생의 여정이고 삶이기 때문이다. 철쭉님을 만나 환골탈태한 덕분에 나는 다른 삶에 대한 부러움도 아쉬움도 없이 내게 주어진 소임에 만족하며 여유 있게 살고 있다. 신께 다가가는 수도자인 동시에 사람을 소중히 여기는 자연인으로 살아갈 수 있음에 감사한다.

외로움을 녹이는 사람의 온기

처음 변호사 일을 시작했을 때 나보다 15년 정도 경력이 많았던 선임은 모니터 화면을 엄청나게 크게 키워서 서면을 작성하곤 했다. 그 모습이 뭔가 촌스러워 보이면서도 안쓰러웠다. 그렇게 화면 배율을 키워놓고도 잘 안 보이는지 미간을 찌푸리면서 자신이 써 내려간 부분들을 읽어보곤 했다. 핸드폰도 옆에 지나가는 사람마저 모두 읽을 수 있을 정도로 글자 크기를 키워놓고 썼다.

얼마 전 안과에 다녀왔다. 언제부턴가 인공눈물 없이는 하루 업무를 소화하기 힘들고 그래도 잘 보이지 않아서 사람들이 없을 땐 모니터 배율을 높이곤 했다. 그 선임 생각이 났다. 촌스러운 게 아니라 지극히 당연한 거였구나. 겪어보니 알겠다. 눈이 불편하여 걱정스러운 내 마음과 달리 의사는 너무도 당연하다는 듯이 말했다. "노안이에요. 익숙해질 거예요." 내가 느끼는 노안과 의사가 말하는 노안의 온도 차이는 참 컸다. 나에게는 지금껏 겪어보지 못한 불편함인데 의사는 누구에게나 찾아오는 흔한 노화의 과정이란다.

인공눈물을 넣거나 안경을 이마에 얹고 핸드폰을 볼 때 나를 보는 엄마의 안쓰러워하는 시선이 느껴진다. 익숙지 못한 상황에 직면하니 그동안 신경쓰지 못했던 부분들이 눈에 들어온다. 부모님 연세가 많이 드셨구나. 내년에 초등학교에 입학하는 둘째의 운동회에서 달리기 1등을 할 자신이 없다. 5년 전만 해도 어렵지 않게 1등을 했는데…….

자주 모이는 친구들이 있다. 네 명이 모여서 특별히 하는 것은 없고 시시껄렁한 농담 따먹기로 시간을 보내곤 한다. 가끔 재미로 카드를 치는데 언제부턴가 패가 헷갈려서 안경을 이마에 올리고 친다. 이렇게 만나온 지도 15년. 한 친구가 "지금 산 만큼만 더 살아도 구십이 넘어. 우리 처음 봤을 때 나이 다 합쳐도 사 곱하기 삼십은 120이었는데, 이제 200이 가까워." 하는 말에 "그럼 더 부지런히 놀자."로 결론을 냈다. 그래도 뭔가 씁쓸함이 남아서인지, 앞으로 다 합쳐서 진짜 200이 넘을 때까지 이 얘기는 꺼내지 않는 걸로 했다.

전에는 부고 문자를 받고 화환을 보내거나 조문을 가도 상주의 마음까지는 느끼지 못했다. 내가 조문을 가는 게 중요했지 장례가 끝난 뒤 상주가 느낄 허전함은 생각해보지 않았다. 더구나 그 마음을 어루만질 줄은 더욱 몰랐다. 얼마 전 동기의 모친상이 있었다. 올해 초에 아버지가 돌아가시더니 11월 첫 한파에는 어머니가 돌아가셨다. 밤 열한 시에 다른 친구와 대전에 있는 빈소로 출발했다. 더 이상 조문객의 발걸음이 없는 깊은 밤 빈소에 오래 머물러 보기는 처음이었다. 상주의 어머니는 새벽에 옆집 밭일을 같이 해 주신다고 옷을 꺼내 입고 나서시다가 찬바람에 뇌경색이 왔다고 한다.

　서울에서 그 소식을 듣고 내려가는 동안 교통 체증으로 막힌 차 안에서 온갖 생각이 다 나더라는 상주의 이야기와 어머님이 그래도 옆집 아지메와 밭일을 다니셔서 아버님 돌아가시고 홀로 되신 후에도 너무 외롭거나 심심치 않게 잘 지내셨던 것 같다고 위로하는 친구의 말을 조용히 들었다. 겨울에 어머니 모시고 하와이를 다녀오려고 비행기표까지 끊어두었다는 상주는 부모님 계실 때 잘하라는 말로 우리를 배웅했다.

　보내드려야 하는 사람들과의 시간이 조금씩 줄어든다. 노안이 오면서 도리어 선명하게 보이는 사실이다. 친구들과의 시간도 상대적으로 많이 남았을 뿐 줄어들기는 마찬가지다. 미치도록 아쉽고 안타까운 마음은 아니다. 다만 시간이 줄어들고 있다는 사실을 이제 체감하게 되었다. 그래서 엄마한테 더 장난을 걸게 된다. 책에서나 많이 접했던 '삶의 유한함'이라는 말을 실감하기까지 50년 가까운 시간이 필요했다. 어떻게 나이가 들어야 하고 부모님은 어떻게 보내드려야 하는 걸까 하는 물음이 머릿속에 새로이 자리잡았다.

　철쭉님은 탑골 공원에 나가보면 흥미로운 것이 보인다고 말씀하셨다. 노인들이 아침부터 모여서 할 일이 있는 듯 없는 듯 멀뚱멀뚱 있거나 조그만 유희에 몰두하다가 밥시간이 되면 사라진다. 어디론가 가서 식사를 해결하고 다시 모인다. 그나마 용돈을 조금이라도 받아서 옆 사람 밥이라도 사줄 수 있으면 거기서는 성공한 사람이다. 밥시간에도 홀로 자리를 지키는 노인들이 있다. 사람이 가는 건 결국 외로워서다.

사실 철쭉님에게 대놓고 물어보고 싶었던 건 "부모님이 나이 드시는데 어떻게 해야 하나요?"였다. 그런데 이 질문은 입 밖으로 꺼내지 못했다. 지구상에서 이렇게 멍청한 질문이 어디 있을까. 꺼내고 싶은데 못 꺼내는 질문을 읽으신 건지 자연스레 탑골 공원 이야기를 하셨다. 내 마음에 탑골 공원의 외로운 영혼들에 대한 말씀이 들어와 자리를 잡았다.

삶의 유한함을 느끼면서 동시에 찾아든 것이 외로움인 것 같다. 지금은 같이 있는데 갈 때는 혼자 가니 갈 생각이나 보낼 생각을 하면 가든 남든 외롭다. 외로워서 비둘기가 많은 공원에 모이고 외로워서 사실은 그리 필요도 없는 옆집 밭일에 나선다. 부모님이 홀로 남겨지는 게 싫어 멀리 나가시는 일은 없도록 해드려야겠다. 손주들이 엉겨 붙을 수 있도록 몰래 조금이라도 용돈을 더 드려야겠다. 퇴근하고 잠깐이라도 더 수다를 떨어야겠다. 나도 친구들과 더 놀아야겠다. 청암회(심연회 남성 모임) 생일 모임도 횟수를 거듭하니 더 반가워진다.

외로움이라는 화두를 두고 심연회와 나를 돌아보니 그동안 참 맥락 없이 참여했다는 생각이 든다. 모이라면 모이고 모이면 즐거운데 돌아가면 따로 연락은 하지 않았다. 그러고 보니 나는 참 외롭게 모임을 하고 있었구나 싶다. 사람의 온기가 좋다는 얘기를 들으면서도 나는 얼마나 온기가 있었을까. 명왕성은 너무 온기가 없어 태양계에서 쫓겨났다. 내가 그렇게 될 수 있겠다.

"사람 냄새가 물씬 풍긴다."라는 말은 철쭉님이 하시는 가장 큰 칭찬 중 하나다. 그 사람 냄새라는 게 결국 외로움을 이겨내는 사람의 온기일 것이다. 노안은 아련해지는 것들을 다시 보게 해주었고 철쭉님은 그 아련해지는 것들을 돌보는 건 사람의 온기라는 걸 일깨워주셨다. 나는 노안을 그렇게 받아들이기로 했다.

인간관계 첫걸음 떼기

나는 철쭉님을 뵙기 전까지 인간관계에 서툰 사람이었다. 사람들과 어울리기보다는 공부를 방패로 삼은 채 주변과 단절되어 살았다. 아마 아버지의 영향이 컸던 것 같다. 아버지는 어려운 유년 시절을 보내시며 가난의 쓴맛을 그 누구보다 여실히 겪으신 분이다. 아버지에게 최우선 순위는 경제적 성공을 통한 안정적인 삶이었고 반면 좋은 인간관계나 그로 인한 인생의 행복에는 관심을 둘 여력이 없으셨다. 아버지는 내게도 실력을 쌓아 성공한 삶을 살아야 한다고 가르치셨다. 나는 아버지께 그것을 공부로 증명해 보이려고 애썼다.

처음에는 내가 인간관계에 젬병이라는 철쭉님의 평가가 박하다고 생각했다. 나름 성실히 살았는데 그렇게 쓰임 없는 사람으로 보이는 것이 억울하기도 했다. 하지만 눈을 떠보니 나의 부족함을 꿰뚫어 보신 정확한 평가였음을 용기 내어 고백한다.

그럼에도 불구하고 나는 꽤 오랜 시간 고집스럽게 철쭉님의 말씀을 행동으로 옮기지 않았다. 그만큼 사람과 가까이하는 것이 부담스럽고 불편했다. 그 일이 있기 전까지는 말이다.

교사로 발령받은 뒤 2년 가까이 나는 신규이자 막내로 근무했다. 그러던 와중에 재직하던 학교 근처 아파트에 사람들이 입주하며 학급이 증설되었고 신규 선생님들이 대거 발령받아 오게 되었다. 나는 또래 동료 선생님들이 반가웠고 어울리고 싶었다. 하여 옆 반 신규 선생님에게 부탁하여 술자리를 갖게 되었다. 그 후에도 몇 차례 모임과 술자리를 가졌는데 언제부터인가 선생님들과 만나면 무엇인가 찝찝하고 잘못되었다는 느낌이 들었다.

신규 선생님들끼리 번개 모임을 자주 가졌는데 누구누구 모여 있으니 올 사람 오라는 식으로 단체카톡방에 글을 올리고는 했다. 어느 날 내가 번개 모임을 제안했는데 막상 별로 모이지 않았다. 그래서인지 분위기도 좀 썰렁한 듯했다. 우연일 수도 있겠지만 신경이 쓰였다. 뭐가 잘못된 것일까.

고민하다가 철쭉님께 전화를 드렸다. 가만히 이야기를 들으시던 철쭉님은 대뜸 돈은 누가 냈느냐고 물으셨다. 갑자기 돈 얘기가 나오니 의아했지만 나누어 냈다고 답했다. 그러자 철쭉님은 "아이고, ○○아, 너는 심연회 들어온 지가 벌써 몇 년인데 아직도 그걸 모르냐." 하고 꾸짖으셨다. 영문을 몰라 다시 여쭙자 "네가 먼저 자리를 주선해놓고 선임자로서 계산하지 않았으니 말은 안 해도 웃긴 사람으로 비쳤겠다."라고 하시는 것이 아닌가. 갑자기 머리가 띵해졌다. 입장을 바꾸어 생각해보니 자명했다. 누군가 모이자고 하여 시간 내서 갔는데 더치페이를 한다고 돈을 내라고 하면 나 역시 대놓고 말은 안 해도 속으로 저 선생은 참 웃긴 사람이라고 생각했을 것이다. 부끄러웠다. 나는 철쭉님께 매달렸다.

"어떻게 해야 되겠습니까?"

"신규 선생들을 모두 모아 저녁 식사를 대접해라. 그리고 자리가 시작할 때 원래 이런 자리를 마련하려고 했는데 늦어졌다고 하고 오늘은 내가 맛있는 밥과 술을 대접할 테니 마음껏 즐기시라고 해라. 그러면 된다."

철쭉님의 솔루션은 항상 실행하기 불편함이 있다. 용기가 필요하다는 것이다. 솔직히 부끄러운 나머지 선생님들에게 다시 모여 주십사 문자를 돌리기가 부담스러웠다. 혹시 마음이 상한 선생님들이 내 제안을 거절하면 어떻게 하나 하는 걱정도 들었다.

하지만 다시 마음을 다잡고 연락을 돌렸다. 그러자 열 명이 넘는 신규 선생님들이 모두 초대에 응했고 곧 자리가 성사되었다. 그들에게 밥과 술을 대접하고 오는 발걸음은 어느 때보다도 가벼웠다. 누군가에게는 별것 아닌 일일지 모르겠으나 인간관계에 담을 쌓고 살았던 나에게는 너무 뿌듯한 첫걸음이었다. 실수를 만회했다는 생각에, 그리고 예전의 나라면 하지 못했을 일을 해냈다는 생각에 너무 기분이 좋았다.

그런데 이게 무슨 일인지 다음 날 신규 선생님들이 나에게 돈을 보내왔다. 대접하는 마음은 고마우나 금액이 너무 커 부담이 될 것 같아 돈을 모았다는 것이다. 순간적으로 당황했고 이 돈을 받아야 하나 말아야 하나 고민이 되었다. 거절하자니 선생님들의 성의를 외면하는 것 같았고 받자니 찝찝할 것 같았다.

다시 전화를 드렸다. 철쭉님의 반응은 뜻밖이었다.

"우리 ○○이가 대박을 터뜨렸구나. 잘했다!"

철쭉님은 항상 예상을 벗어나신다. 이번에도 대접한 마음이 거절당한 듯하여 다소 풀이 죽어 있었는데 오히려 좋은 현상이라고 하신 것이다. 이해가 되지 않아 묻자 설명해주셨다.

"그 친구들이 착하고 순수해서 그런 것이다. ○○이가 불러 모으니 일단 가서 얻어먹긴 했는데 평소에 그리 대접을 받아본 적이 없다 보니 감당이 되지 않아서 돌려준 것이야. 그럴 때는 그 돈을 안 받으면 된다."

"받지 않아도 될까요? 더 부담스러워하지는 않을까요?"

그 말에 철쭉님은 웃으셨다.

"○○이가 샌님은 샌님이구나. 이럴 때는 분명하게 받지 않는다고 해야 하는 거란다. 기분 좋아서 밥이랑 술 한번 산 거 가지고 이러면 나야말로 부담스럽고 자존심도 상하는 일이다. 나중에 다시 밥 한번 하면 되는 거 아니냐고 하면 된다."

결국 여러 번의 실랑이 끝에 돈을 돌려주었다. 그 과정에서 나는 많은 감사 인사를 받았고 풍부한 대화를 나누며 선생님들과 친해졌다. 또 이번에는 본인들이 밥을 사겠다며 다시 약속을 잡는 선생님들도 있었다. 철쭉님은 사람에게서는 사람 냄새가 나야 한다고 말씀하시는데 그게 이런 것 아닌가 싶었다. '삶이 힘든 것은 사람과의 관계가 힘들어서이고 즐거운 것은 좋은 사람과 어울려 지내기 때문이다.'라는 말씀도 실감나게 다가왔다.

"주변에 돈 많은 사람도 명예가 높은 사람도 많지만 결국 인간관계에 실패하여 폐인이 되는 것을 너무도 많이 본다. 너는 인간관계의 달인이 되어서 사람 냄새 풍기며 즐겁게 살도록 해라. 그것이 성공한 인생이다."

인간관계의 달인이 무엇인지 몸소 보여주고 계시는 철쭉님. 나 역시 그런 삶을 지향하다 보면 언젠가 흉내는 낼 수 있지 않을까.

철쭉님은 인간관계를 잘 맺기 위해서는 거절도 잘해야 한다고 하셨다. 학교의 12월은 싱숭생숭한 달이다. 다음 해 업무분장을 하고 부장 교사를 선출해야 하기 때문이다. 학교에서의 '부장'은 직장과는 다르다. 평교사보다 직급이 위라기보다는 그냥 그해 해당 학년과 업무를 책임지는 사람이다.

부장 교사는 대개 승진을 준비하는 30대 이상의 교사들이 맡게 되는데, 내가 근무하는 학교에는 그런 나이대의 교사들이 적어 관리자들이 어려움을 겪곤 했다. 하루는 교감 선생님이 나를 호출하셔서 부장 교사를 맡아주면 좋겠다고 하셨다. 일단은 인정받은 것 같아 퍽 기분이 좋았다. 하지만 동시에 겨우 초임 교사 딱지를 뗀 내가 그 자리를 맡는 것이 괜찮을지 의문이 들었다. 생각해보겠다고 하고 자리를 떴다.

곧장 철쭉님께 전화를 드렸다. 철쭉님은 대뜸 물으셨다.

"○○아, 사람들이 왜 교육을 받는지 아나?"

명색이 교사인데 순간 말문이 막혔다.

"거절하는 법을 배우기 위해서야. 일제강점기 때 우리 민족이 그렇게 어려운 상황에서도 계몽운동을 하고 필사적으로 후대를 교육했던 것도 바로 이 때문이다. 거절은 그만큼 중요한 거란다."

아! 나도 모르게 탄식이 나왔다. 철쭉님은 부장 교사는 절대 하면 안 된다고 딱 잘라 말씀하시며 네가 얼마나 만만하게 보였으면 그런 제안을 받느냐고 타박까지 하셨다. 내가 그랬나? 그간의 학교생활이 파노라마처럼 스쳐 갔다. 거절해야 했는데 놓쳤던 부끄러운 순간들이 떠올랐다. 얼굴이 뜨거워졌다.

"제가 어떻게 대처하는 것이 좋겠습니까?"

철쭉님은 이렇게 말하라고 일러주셨다. 부장 교사를 맡게 되면 중간관리자로서 지시도 내리고 결정도 해야 하는데 다른 선생님들이 어린 나의 의견을 따를 리 만무하다. 또 학교에는 많은 선배님이 계시다. 그분들을 제치고 내가 맡는 것은 말이 되지 않는다. 만약 그렇게 된다면 그런 결정을 한 교장, 교감 선생님뿐만 아니라 이를 승낙한 나 역시 이상하게 보일 것이다. 이런 합리적인 이유를 차분히 이야기하면 아무 말 하지 못할 것이라고 하셨다.

이와 더불어 강조하신 것은 상식적인 말하기를 주저하는 너의 태도는 자신감 없는 사람의 전형이니 어떤 상황이건 누구 앞에서건 목소리를 낼 수 있어야 한다는 말씀이었다. 교장, 교감 선생님도 맡은 업무와 지위가 다를 뿐 같은 교사이므로 예의를 갖춘다면 못 할 말이 있겠느냐며 격려하셨다.

용기를 내어 교감 선생님을 찾아갔다. 말하기 전에는 내심 거부하는 나를 부정적으로 보면 어떡하지? 기분 나빠하지는 않으실까? 하는 걱정이 들었다. 하지만 막상 교감 선생님은 고민하고 답해준 것 같아 고맙고, 오히려 내 입장을 이해한다고 하시는 것이 아닌가. 예의를 갖춘 상식적인 말의 힘을 경험한 순간이었다.

 동료 교사들과의 원만한 교류, 조직에서의 합리적 처신. 철쭉님의 그늘 아래 그동안 엄두 내지 못했던 일을 해나가고 있다. 객관적으로 보자면 사회생활의 첫걸음을 겨우 뗐을 뿐이겠지만 속도를 높여 더욱 힘있게 나아갈 앞으로의 나를 기대해본다.

'교과서'가 터득한 유연한 세상

　나이가 들어가는 요즘도 '교과서'라는 단어를 접하면 20여 년 전 집단상담의 기억이 떠오른다. 한창 집단상담에 몰두하던 30대 초반 철쭉님께서 한없이 딱하다는 뉘앙스로 나를 비유하신 말이다. 교과서…….
　그 당시에는 당황스럽고 부끄러운 마음에 차마 그 정확한 의미를 여쭈어보지도 못했다. 고지식하고 앞뒤가 꽉 막혀 있다는 뉘앙스로 이해하면서도 조금은 의문이 들었다. 교과서라면 소위 기본은 한다는 것이니 그리 부정적인 의미는 아니지 않을까? 교과서가 얼마나 중요한데 말이야. 이렇게 마음 한구석에서 변명했던 기억이 있다.
　며칠 전 직장 후배들이 같은 팀 동료와의 갈등으로 너무 힘들다고 찾아왔다. 자리에 앉자마자 성토가 시작되었다. 나 역시 문제의 그 동료와 근무해봤던지라 어려움은 충분히 짐작되었다. 후배들은 그 동료가 작년에 여러 가지 어려운 일들을 겪고도 어떻게 올해 하나도 달라진 점이 없는지, 생각이란 것을 하고는 있는지, 본인들이 이렇게 도와주는 데도 고마워하기는커녕 어떻게 탓을 할 수 있는지 도저히 알 수가 없다고 했다.

같은 사무실에서 얼굴 보기가 싫어 출근도 하기 싫단다. 내년에는 다른 부서로 옮겨달라고 요청할까 진지하게 고민 중이라고까지 했다. 팀장도 만났단다. 그 자리에서 팀장은 이해한다며, 자신이 나서서 정리하겠다고 했다. 하지만 정작 전체 회의에서는 다들 애쓰고 있으니 잘 협력해보자는 식으로 에둘러 정리하고 말더란다. 후배들은 아무런 성과 없이 오히려 자기들만 예민한 사람이 되었다고 답답해했다. 어쩌면 예전의 나와 이렇게 똑같을까 싶었다.

나는 우선 후배들에게 팀장도 아니면서 왜 그렇게 스트레스를 받고 있는지 물었다. 팀장에게 의사 표현을 했다면 그걸로 된 것이고 그것을 어떻게 수용하고 진행하는가는 팀장의 몫임을 알려줬다. 그리고 왜 그렇게 이 일에 목숨을 거는지도 함께 돌아봤다. 도와준다는 것은 도움을 받을 준비가 된 사람에게나 의미가 있는 것임을 잊지 말았으면 좋겠다고 했고, 원치 않는 곳으로 부서를 옮길 만큼 그 사람이 내 인생에 그렇게 중요한 사람인지에 대해서도 생각해보기를 권했다. 지금은 비록 그렇게 싫은 그 사람도 긴 인생에서 보면 행인 1, 2, 3에 지나지 않을 수도 있다고 조언했다.

다행히 후배들은 내 말을 금방 받아들였다. 생각을 깔끔하게 전환하게 됐다며 환한 얼굴로 연신 감사를 전했다. 사실 우리가 남들

4. 더불어 살기

보다 좀 고지식하지 않으냐고 하니 크게 웃기도 했다.

돌이켜 보니 철쭉님과 심연회 안에서 깨지고 다듬어지며 지내온 나의 젊은 시절은 '교과서'에서 벗어나는 과정이었다. 하나의 정답만을 목숨처럼 고수하는 답답한 틀을 넘어 다양한 관점과 다양한 선택지에 대해 조금씩 배워나갔다. 그런 시간을 통해 조직 속에서, 관계 속에서 내 위치와 역할에 관한 밝고 넓은 시야를 얻게 되었다. 나는 오직 최선을 다할 뿐이고 그것을 받아들이고 말고는 오롯이 상대방의 몫임을 알게 되었다. 다양한 사람들을 인정하고 존중한다는 것이 어떤 의미인지는 지금도 계속 배워가고 있다. 그러면서 역할에 대한 당위나 원칙보다는 조금씩 조금씩 더 '사람'을 보게 되는 것 같다.

올해는 모든 것이 바뀌었다고 해도 과언이 아닐 정도로 직장에서 큰 변화가 있었는데 큰 어려움 없이 한 해를 마무리한 것도 그 덕이 아닐까 생각된다. 사실 연초 나에게도 비슷한 갈등이 있었다. 업무 추진 과정에서 협력이 필요한 다른 부서의 동료와 의견 차이가 생긴 것이다. 내가 보기에 당연한 협조를 이런저런 이유로 거절하는 동료를 보면서 딱한 마음과 답답한 마음이 교차했다. 두 번 정도 의견을 나누었지만 차이가 좁혀지지 않자 바로 함께 직속 상사를 찾아갔다. 누가 옳은지 판단을 요청하기보다는 상황을 전달하고 어떻게 진행하면 좋을지 의논을 드렸다. 그랬더니 그 동료도 감정적으로 나오지 않고 오히려 덕분에 배운 것이 많다며 고마워했다. 애초에 원했던 그의 협조를 얻어낸 것은 물론이다.

과거의 나는 관계가 깨질까 봐 눈치를 살피며 의사 표현을 제대로 하지 못했다. 누군가에게 지나치게 의존하기도 했고, 반대로 누군가 나에게 지나치게 의존하는 것을 인정받는 것으로 착각하며 받아주었다가 어느 순간 그 엄청난 무게에 놀라 줄행랑을 치기도 했다. 그러나 요즘은 내 생각을 유연하게 표현하게 되니 저절로 그리 얽매이지 않으면서도 관계 속에서 '살아 있음'을 느낀다. 문득 이런 것이 철쭉님께서 말씀하신 자유로움이구나 하는 생각이 스쳐 간다. 그러고 보니 몇 년 전부터 철쭉님은 자주 "자유롭게 살아라."라고 하셨다. "교과서를 벗어나라."부터 "자유롭게 살아라."까지. 생각해보니 그동안 계속 일관된 말씀을 하셨다.

단조롭고 답답한 내 인생에 여러 빛깔이 있음을 알게 해주신 철쭉님의 넓은 울타리 안에서 그 다채로움을 자유롭게 누리는 유연함을 오늘도 열심히 배워가고 있다.

사람이 제일 중하다

등기 보낼 일이 있어서 우체국 문 닫기 한 시간 전 급히 발걸음을 재촉하는데 휴대전화 벨이 울렸다. '앗! 철쭉님이시다.' 주말에 심연회 행사가 있었다. 회장으로서 평소 여러 가지를 여쭈며 일하고 있지만 행사를 앞두고는 더 자주 연락을 드리며 준비해야 했다.

"별일 없나? 이번 주에 몇 명이 참석하나? 안 오는 사람은 누군가? 왜 안 오나? 준비는 철저히 하고 있제?"

내 답이 석연치 않으면 재차 물으시며 당부하셨다. 그 와중에 내가 모르는 회원의 동정도 이미 아시고는 "회장이 그것도 모르면서 회장이라고 할 수 있나? 뭐 하나? 제대로 안 할래?" 하시더니 곧 회원들에 대한 애정을 가득 담은 질문을 이어가신다. 사람들이 오고 가면서 힐끗힐끗 쳐다보는 우체국 앞 한쪽에서 통화가 길게 이어졌다. 달궈진 전화기의 열기로 귀가 뜨끈해져서 체온이 38도쯤으로 올라가는 것 같았다. 통화가 끝났다. 그사이 우체국은 문을 닫았다. 길을 되짚어 돌아갔다.

철쭉님은 늘 말씀하신다.

"회원들과 통화할 때 본론은 30초면 끝나는 것 아닌가? 그 외에 이런저런 이야기를 하면서 안부도 묻고 근황을 들으면서 회원들을 살피고 챙겨야 한다. 그게 회장이 할 일이야. 회원들이 어찌 지내는지 알아야지."

회장을 하던 당시 나는 지방에서 초등학교 저학년인 두 아이를 키우며 일하고 있었다. 행사 전에 개인적으로도 챙길 일이 너무 많았다. 토요일에는 대학 강의가 있었다. 대부분 심연회 행사는 토요일이어서 일정을 빼서 상경하는 것도 만만치 않았다. 그래도 맡은 직무에 최선을 다하고 있는데도 철쭉님의 담금질은 끝이 없었다. 곤혹스럽고 힘들어서 전화를 피하고 싶은 적도 많았다. 하지만 며칠이 지나면 전화나 문자메시지를 주셨다. 회장의 역할이나 도리를 일깨우는 한편 노고를 알아주시면서 억울한 마음을 풀어주시기도 하고 격려도 하셨다.

한번은 신입회원의 모친상이 있었는데 안면도 트지 않은 상황이라 그 회원이 부고를 알리지 못했던 것 같다. 그런데 우연한 기회에 철쭉님께서 그 소식을 듣고 전화하셨다.

"회장이 뭐 하나? 회원의 어머니상이 난 것도 모르나?"

어안이 벙벙했다. 그때야 처음 들었던 것이다.

"어찌 그게 회장 책임입니까? 그 회원이 들어온 지 얼마 안 돼 다들 얼굴도 잘 모르고 아직 어색해서 알리지 못했나 보네요."

하지만 철쭉님은 아랑곳없이 쏘아붙이셨다.

"얼마나 회장이 회원에게 친밀감이 없으면 어머니상을 못 알렸겠나? 일 그렇게 할래?"

어떤 변명도 안 통하니 어찌나 억울하고 속상하던지, 정말 너무하신다고 생각했다. 하지만 그렇게 한참을 야단치시다가도 뒤이어 낮은 목소리로 "사람이 제일 귀하다. 회장은 아무나 하는 것이 아니야. 회원들 잘 챙기고 매사를 단단히 해라." 하고 당부하시면서 전화를 끊으시는 것이다. 통화를 마치고 한동안 정신 나간 사람처럼 멍하니 있었다.

억울함이 가라앉자 슬며시 반성하는 마음이 들었다. 아직 회에 정식 인사를 한 회원은 아니지만, 내가 전화로라도 심연회 분위기는 이렇다는 둥 경조사가 있으면 꼭 알리라는 둥 '슬기로운 심연생활'을 안내하며 친밀감을 쌓았다면 이런 일은 일어나지 않았겠구나 싶었다. 철쭉님의 말씀 중에는 처음에는 100퍼센트 공감이 안 되지만 시간이 지나면 이해가 되는 것들이 많다. 회장을 하면서 강조하셨던 역할이 특히 그랬다. 철쭉님의 기준은 그 당시 내게는 너무 높아서 버거웠던 것이 사실이다. 하지만 철쭉님의 그 담금질 덕분에 나 역시 사람을 챙기는 훈련이 되어서 그 뒤로 어느 조직에서 어떤 일을 하든 거뜬히 해내는 능력과 눈이 생겼으니 참 신기하다.

아무튼 시도 때도 없이 시달리다 보니 어렵기만 하던 철쭉님과도 어느새 친근해졌다. 어떨 때는 철쭉님께서 전화로 야단을 치시면 나도 모르게 '오늘 좀 덜 바쁘신가? 덜 고단하신가 보다.' 하는 생각도 하는데 그런 내 모습이 스스로도 웃겨 슬며시 미소 짓기도 한다. 그런데 신기하게도 그걸 보고라도 계신 듯 전화기 너머에서 한 말씀 하시는 게 아닌가.

"이젠 내 말을 귓등으로도 안 듣는다. 오늘 장사, 참 안 되네."

이제는 "부엌에서 소도 잡을 기세"라며 영락없이 무서울 게 없는 아줌마가 다 되었다고 웃으시는 것이다. 나도 웃으며 말씀드린다.

"감사합니다. 철쭉님 덕분이네요."

철쭉님은 회원들 경조사 중 특히 초상에 더욱 마음을 쓰신다. 예기치 않게 맞이하는 힘들고 어려운 일이라 그러시는 것 같다. 철쭉님은 오래전 지역 경영인 모임의 총무를 하셨다. 한 회원이 모친상을 당했는데 그 회원의 사세가 부쩍 기울어가던 무렵이어서 찾는 사람이 적을 것 같으셨단다. 이에 초상 첫날부터 발인까지 내내 상갓집에 진을 치고 계시며 오는 손님을 맞이하고 오지 않은 회원들에게는 안부 겸 전화를 돌리셨다. 철쭉님의 그런 유난 때문에 그 상가가 얼마나 북적거렸을지는 안 봐도 알 것 같다. 초상이 끝나고 그 회원은 어머님 가시는 길 외롭지 않게 해줘 고맙다며 거듭 인사를 하더란다.

몇 해 전 나도 부친상을 당했다. 너무 갑작스러워 나 역시 막막한 마음부터 들었다. 철쭉님은 집행부를 통해 부고를 전하게 하고 근조화환을 챙기고 많은 회원이 조문하도록 뒤에서 지휘하셨다. 장례식 내내 상주인 나에게 전화하셔서 놓치기 쉬운 것들에 관해 조언하고 위로도 아끼지 않으셨다. 정신 바짝 차리고 아버지 마지막 길을 잘 모시라고 얼마나 당부하시던지.

막상 장례를 치르고 보니 못 말리는 철쭉님의 애정, 관심, 그리고

4. 더불어 살기　305

집행부를 비롯한 회원들의 손길과 발길이 그렇게 든든하고 따스할 수가 없었다. 힘든 일일수록 의지하며 헤쳐가는 것이 사람 사는 것이라던 말씀을 그전에는 머리로 이해했다면, 직접 큰일을 치르고 나니 가슴으로 알게 되었다.

최근에는 철쭉님 조언 덕분에 서울로 이사도 했다. 이십 년 전 한 몇 년 살다 올라올 계획으로 지방에 내려갔는데 어느새 강산이 두 번 바뀔 세월이 흘렀다. 그렇게 길어진 이유는 두 아이의 학교 문제가 가장 컸고, 박사학위를 받고 나름 그곳에서 자리 잡은 나의 일도 큰 이유가 되었다.

그런데 몇 해 전 집단상담에 참석하니 철쭉님이 문득 "그래. 이제 올라올 생각은 없나?" 하고 조심스럽게 물으셨다. 사실 그 당시만 해도 나는 그럴 생각이 별로 없었다. 오래 살다 보니 그곳이 익숙하고 좋았다. 그런데 철쭉님은 두 아이 모두 수도권에서 대학을 다니게 되었으니 이제 연고도 없는 그곳을 떠나는 게 어떠냐고 하셨다. 하긴 서울에서 혼자되신 엄마도 이제 내 손길이 더 필요해진 상황이었다.

참 이상한 일은 그 말씀을 듣고 난 뒤부터 생각이 많아지고 하루라도 빨리 올라가고 싶은 마음으로 머릿속이 복잡해졌다는 것이다. 나도 모르게 마음이 붕 떠서 어느샌가 계획을 세우고 있는 것이 아닌가. 철쭉님은 그 뒤로 나를 보실 때마다 이것저것 물으시며 순리에 맞게 준비해 올라올 수 있도록 속도 조절을 해주셨다. 오래전 박사학위 논문을 쓸 때 밤낮 가리지 않고 재촉하고 격려하시던 때와 비슷했다. 본인인 나도 생각지 못한 일을 살피고 방향을 잡아주셨다. 사람에 대한 애정이 없이는 불가능하고 그 사람의 전체적인 상황을 모르면 나올 수 없는 조언이었다.

얼마 전에는 큰아이 일로도 도움을 받았다. 어느 부모든 자식 일이라면 물불을 가리지 않고 신경을 쓰고 매달린다. 나 역시 그렇지만 자식 키우는 일은 늘 만만치 않다. 자식을 집단상담에도 보내고 철쭉님께 여쭈어가며 살피지만 어렵기만 하다. 그래서 자식은 잘 키워야 본전이라고 하나 보다.

큰아이는 직장 초년생으로 올해 출근을 시작했는데 함께 일하던 사람과 갈등이 생겼다. 마침 심연회 산행이 있어 참가하여 기회를 살폈다. 행사 때마다 철쭉님 옆에는 회원들이 번갈아 곁을 지킨다. 하긴, 살면서 여쭈어볼 게 얼마나 많을까. 모두 같은 마음일 것이다.

산행을 마치고 내려갈 무렵 겨우 틈을 찾아 철쭉님께 의견을 구하는데 산행 중이다 보니 따로 앉을 곳도 없고 급한 대로 길 한쪽에 서서 이야기를 나누었다. 번잡한 등산길이었지만 철쭉님은 아랑곳하지 않고 집중해서 내 얘기를 들으셨고 열과 성의를 다해 말씀해주셨다. 아이의 성향과 그 주변 사람들과 직장의 특성까지 눈으로 보신 듯 꿰고 계신 철쭉님은 그 상황이 최악으로 치달으면 어떻게 되는지까지 세세하게 말씀하시면서 큰아이가 어떻게 처신해야 하는지 알려주셨다. 길에 서서 거의 30여 분 동안 말이다. "언제든 ○○이 힘들 때 전화하라고 해라." 하는 말씀까지 덧붙이셨다.

아이가 취업이 되어 전화를 드렸을 때도 얼마나 기뻐하며 축하해주시던지. "뒷바라지하느라 고생 많았다. 부모가 덕을 쌓아서 자식이 잘된 거야. 애썼다!" 사실 아이가 자격증 시험을 준비하는 동안 힘든 일이 많았다. 끓는 속을 내색하지 않으려고 애쓰며 아이를 뒷바라지했는데 그 마음을 아셨던 것 같다.

언제나 귀에 못이 박히도록 "사람이 제일 중하다."라고 강조하시는 철쭉님 곁에서 20여 년을 지냈다. 다사다난했던 그 세월을 짚어 보니 철쭉님은 내게 가르치시기만 한 것이 아니라 그 말씀대로 나라는 사람 또한 참 귀하고 중하게 여겨주셨구나 하는 것을 새삼 깨닫는다. 코끝이 찡하다.

5
—
인터뷰

상담에 대하여

　5박 6일의 일정으로 적게는 1년에 4회에서 많게는 6회까지 진행되는 한국현실역동상담학회의 집단상담은 그 역사가 무려 30년이 넘는다. 철쭉님과 장성숙 교수님, 두 분이 1990년부터 만들어오신 독보적인 이 기록은 한국 상담학계에서 그 유례가 없을 것이다.
　상담 장면에서 철쭉님은 늘 경이로우시다. 한마디 말로 사람의 마음을 열고 문제의 핵심을 짚어내시며 흐름을 바꾸신다. 하지만 더 경이로운 것은 철쭉님이 한 사람에게 온전히 집중하시는 순간이다. 많은 사람이 거의 포기하는 심정으로 바라보던 이에게 이마에 땀을 흘리며 몰두하시는 철쭉님과 결국 그런 철쭉님께 눈물로 마음의 응어리를 쏟아내는 내담자가 만들어내는 순간은 언제나 표현할 수 없는 깊은 감동을 준다. 상담자가 가져야 할 사람에 대한 관심과 애정의 깊이가 어디까지일 수 있는지 가늠하게 되는 순간이다.

사람으로서, 그리고 상담자로서 더욱 성장하고 싶어 하는 이들을 위해 철쭉님께 상담자의 마음가짐에 대해 여쭈었다.

어떻게 상담을 하시게 되었어요?

장성숙 교수에게서 도와달라는 부탁을 받고 우연한 기회에 상담하는 데를 가본 거지. 그런데 가보니 이건 아닌 거야. 이해나 공감이라는 명목으로 오가는 얘기들을 들어보니 너무 상식에 어긋나는 거라. 그래서 처음부터 안면몰수하고 바른 소리를 했다. 내가 그렇게 나오니까 사람들이 되게 충격을 받은 것 같아. 내가 욕도 엄청스레 잘하거든.(웃음) 그런데도 그게 확산이 된 거지. 우리 집단상담을 받은 사람들이 다른 데 가보더니 이제 다른 상담은 장난이라고 하는 거야.

어쨌든 사람들한테 바른말을 해줘야 제대로 깨어날 것 아니냐. 그렇게 하니 진짜로 사람들이 많이 변하더라고. 그걸 보면서 나도 상담이라는 것에 대해 기대를 갖게 되었지.

사람들이 변하는 걸 보면 뿌듯하셨겠어요.

뿌듯하다기보다 고마웠지. 스스로 느끼고 다시 태어나는 그 모습이 얼마나 고맙던지. 생판 모르는 사람들인데도. 이 마음이 뭘까 생각해보면 자식 키우는 마음인가 보다 해. 누군가 귀하게 낳은 자식이 보고 듣지 못해서 어둡게 살아가는데 도와줘야지. 사람을 밝은 데로 한번 끌고 나오면 다시는 어두운 곳으로 안 돌아가거든.

하다 보면 힘이 들어서 약속된 다음번까지만 하고 더 안 한다고 해. 그런데 집단상담에 가면 또 그런 안타까운 사람들이 있는 거야. 그럼 또 몰두해서 씨름하게 되는 거고. 남의 일이지만 그냥 두고 볼 수가 없더라고. 이 밝은 세상에!

집단상담을 인적이 드문 외딴곳에서 5박 6일 동안 진행하시는 이유가 있을까요?

처음에는 2박 3일을 했어. 그런데 말도 안 되는 일이지. 애기를 하다 마는 거야. 한 사람의 본마음을 많은 사람이 집중해서 도출해 내고 변화까지 끌어내려면 5박 6일은 되어야겠더라고.

왜 외딴곳이냐고? 도시와 가까우면 사람들이 집에 왔다 갔다 하지. 밤에 나가서 술을 먹고 오기도 하고. 집중하기 위해서야. 우리 집단은 5박 6일이다! 이렇게 딱 알려져 있으니까 장난삼아 오는 사람은 없지. 그만큼 절실하고 절박한 사람들이 각오를 하고 오거든.

현실역동 상담에서 역점을 두는 부분은 무엇일까요?

내담자에게 상식에 기반한 '현실적인 대안'을 제시해주는 것, 그리고 '직면'을 원칙으로 하는 점이지.

사람은 자신의 문제에 대해서 현실적인 대안이 있어야 살아갈 힘을 얻게 된다. 막연하고 추상적인 이야기는 말장난에 불과해. 당장 실천할 수 있는 아주 구체적인 이야기를 해주어야 해.

또한 변화를 위해서 직면이라는 기법을 많이 사용해. 사람들이 상담을 왜 받아? 변하고 싶어서잖아. 변화에 가장 빠르고 효과적인

이 방법을 안 쓸 이유가 없지.

직면이 내담자의 변화를 끌어내는 가장 강력한 방법인 이유는 무엇일까요?

사람은 부끄럽다고 느낄 때 가장 빨리 변하거든. 아주 특효약이야. 마약보다도 빠르지. 좋게 말하면 깨어나지를 않아. 그래서 좀 심하게 할 때가 있지. 그래야 그 말에 열을 받든 어쨌든 정신이 번쩍 들어서 앞으로 힘 있게 나아갈 거 아니냐. 사람, 진짜 안 변한다. 습ㄹ이라는 게 얼마나 무서운데. 아무리 말해도 꿈쩍 않는 사람 많다.

직면이 변화에 효과적인 반면 내담자들의 반발을 불러올 위험도 큰데요.

사람들은 보통 처음 접하는 낯선 것에 저항하게 마련이지. 하지만 시간이 지나면 결국 받아들이더라고. 내가 한 말에 대해 태어나서 처음 들어봤다, 엄청나게 당황했다고들 하지만 그게 다 자기네들이 뭉개고 덮어놓고 지내던 것들 아니냐. 그런 게 들통났으니 부끄럽다고 실토하는 거지.

직면하게 한 뒤에는 어떻게 마무리하시나요?

직면시키고 나면 반드시 풀어주어야 해. 힘들었던 마음도 알아주고. 물론 그래도 받아들이지 못하고 가는 사람도 있지. 그런데 2주 있다 연락이 오기도 하고, 한 달이 있다 연락이 오기도 하고 그래. 6개월이 지나서 연락하는 사람도 있다. 이제야 내 말이 이해가 되었다고, 고맙다고.

내담자가 직면을 잘하도록 하는 노하우가 있을까요?

보편적으로 상담자가 내담자에 대해 힘이 부칠 때 직면시키는 걸 부담스러워하지. 상담자가 합리적인 힘을 갖고 있다면 내담자는 무리 없이 상담자의 직면을 수용하게 돼. 그 힘이라는 것은 내담자가 안고 있는 문제를 상담자가 정확하게 이해하고 해석할 때 생기지. 보통 직면을 거부하는 사람들은 현실을 부정하는 사람들이야.

우선 상담자는 내담자의 이야기를 잘 들어야 해. 처음에는 무조건 들어. 이야기를 듣다 보면 줄거리도 나오고 핵심도 나오거든. 그걸 정확하게 파악하고 나서 상담자로서 이야기를 풀어가면 돼. 경험이 부족해서 내담자 파악이 잘 안 되어도 너무 겁먹지 마. 일단 어렴풋이라도 알게 된 내용을 근거로 이야기를 풀어가는 거야.

직면이 적중했다면 내담자는 말이 없어진다든지, 운다든지 하는 반응을 보여. 내담자가 말이 없다는 것은 알았다는 뜻이니 거기에서 멈춰야 해. 눈치 없이 더 이상 접근하면 마음에 없는 엉뚱한 말이 나온다.

그리고 아까도 얘기했지만 직면시키기 위해 질타를 했다면 반드시 풀어주어야 해. 따뜻한 말로 힘든 마음을 알아주고 감싸주어야지.

철쭉님께서 상담의 첫 번째 목표로 삼으시는 것은 무엇인가요?

기본적으로는 그 사람이 당당하게 제 목소리를 내고 자기 정신으로 살도록 돕는 거지. 많은 사람이 남의 옷을 입고 제 것인 줄 착각하며 살고 있어. 자기 욕구를 누르고, 남에게 맞추고, 할 소리 못 하고 산다고. 자기 밥 먹고 자기가 사는데 왜 할 말도 못 하고 살아! 아닌 걸 아니라고 할 수 있을 때 비로소 당당해지는 거지. 사람은 언어적 동물이기 때문에 이 모든 것이 말을 통해 이루어진단다. 말은 사람이 자기를 표현하는 처음이자 끝이야.

사람들의 문제를 빨리 파악하시는 비결이나 비법이 있으세요?

상담이란 비법으로 풀어내는 요술이 아니야. 정답이 정해져 있는 것도 아니고. 사람마다 정서도 다르겠지만 생각과 감정의 깊이가 다르기에 이론과 상식과 경험을 바탕으로 접근해야 해. 그리고 내담자가 하는 말을 퍼즐을 맞추듯 맞춰가는 거야. 내담자의 말을 잘 듣다 보면 문제의 핵심이 꿰어지기도 하고, 내담자가 뭔가 감추려고 한다든지 부적절한 경우에 그 단서를 찾을 수도 있어.

어떤 여성이 남편과 주말부부로 살다가 다시 합치려고 하니 불안하다고 하더라. 그래서 남편이 폭력적이거나 위협적이냐 물었지. 그런 건 아니래. 이것저것 챙겨줘야 하니 불편하다는 거야. 그런데 왜 처음에 불안하다고 표현했을까? 그 말을 타고 들어갔더니 내담자가 외도를 하고 있다는 사실이 드러나. 남편에게 들킬까 봐 불안했던 거지. 그 마음이 부지불식간에 말로 나온 거야. 그런데 상담자들이 내담자의 말을 잘 못 들어. 자기 주관에 빗대어 듣거나 자기 경험의 틀 안에서 들으니까.

오랜 세월 휘어진 나무를 한순간에 펼 수 없지? 상담도 그래. 잘못된 습관, 질서 없이 다듬어진 성격이나 정서를 스스로 알게 하고 거기에 알맞은 연습을 하도록 안내하는 것이지. 단번에 기적적인 변화를 이루자고 욕심을 부리면 역효과가 난다.

내담자가 숨기는 사실은 어떻게 파악해요?

사람은 누구나 자격지심이나 자존심 때문에 부끄럽거나 불편한 이야기는 피하고 싶어 하지. 당연한 것이야. 그러니 그런 행동을 삐딱하게 보지 말고 인정해주고 공감해주면 좋아. 그러다 보면 어느 순간 자신이 불편한 이야기를 반드시 하게끔 되어 있네. 좋은 이야기만 하자고 상담하는 곳까지 찾아오는 사람은 없으니까.

간혹 내담자가 자기 이야기에 취해 시간을 너무 오래 끈다면 반드시 물어라. 찾아온 진짜 이유가 무엇인지를.

내담자의 핵심 문제를 파악하고 방향과 목표를 정할 때 기준이 있을까요?

사람의 마음은 생물이라 상담의 틀과 방향을 정할 때도 다른 왕도가 없다. 이 역시 내담자의 이야기를 잘 듣는 수밖에.

내담자가 호소하는 내용은 '욕구불만'이나 '피해의식' 중 하나야. 그게 아니면 정신과의 물리적인 치료가 필요한 영역의 문제지. 그만큼 욕구나 욕망에서 비롯된 문제가 많다는 것이야.

욕구에서 비롯된 문제는 대개 재물, 사람, 명예, 세 가지 범주 중

하나에 속해. 사실 이 모두가 자연스러운 인간의 욕구들이라 원래는 남이 관여할 수 없는 것들이야. 하지만 상담자를 찾아와 호소하니 접근하는 것이지. 욕구나 욕심이 없으면 사람은 못 살겠지? 하지만 과도한 욕심이 나를 망가뜨리고 모든 갈등의 원천이 되니 다스리도록 하는 것이지.

먼저 경제적인 호소를 하는 경우. 내담자에게 현실을 인정하도록 하는 데 상담의 목적을 삼아야 해. 돈이 없으면 없는 대로 살 수 있게 적응을 돕는 방향으로 나아가야지.

물론 상담자가 현실적인 눈이 밝아 내담자에게 경제적인 돌파구를 찾아주면 금상첨화겠지? 하지만 그런 건 쉽지 않지. 그러니 내담자에게 돈이 있어도 지옥인 사람들이 얼마나 많은지도 알려주고, 라면 한 그릇이라도 마음 편히 먹는 것이 천국이라는 것을 일깨우는 식으로 접근하면 돼.

둘째, 사람에 대해 호소하는 경우. 사실 돈 욕심이나 명예 욕심보다 사람 욕심이 제일 어렵다. 상대를 좌지우지하거나 소유하려는 욕심을 내면 주변에 사람이 없어진다는 것을 일깨워줘야 해.

셋째, 명예에 대해 호소하는 경우. 명예란 반드시 누군가를 딛고 올라가야 채울 수 있는 것이라고 말해주지. 적당히 해야 하고 무엇보다 순리에 따라야 한다는 것을 알도록 하면 돼.

주의해야 할 것은 내담자의 마음을 다 이해하기도 전에 속으로 정답을 정하고 자기 상식선에서 이야기하면 안 된다는 것이야. 많은 상담자가 상담하면서 알게 모르게 자신의 이야기를 하고 있어. 상담자 자신의 정서나 욕구를 내담자에게 투사한다는 얘기야.

처음에는 나름대로 근사하게 잘 나가다 어느새 자기 이야기로 빠지는 상담자가 많아. 자기 경험으로 내담자를 압도하려고 한다고. 엄마들도 자기 정서, 자기 결핍대로 아이를 보거나 키우기 쉬운데 상담자도 마찬가지야. 그렇게 되지 않도록 각별히 주의해야 해.

상담자로서 소진되거나 스트레스를 받을 때 어떻게 극복할 수 있을까요?

마음이 약해서 그래. 내담자 말에 홀려버렸거나 더 나아가 내담자와 맞설 힘이 부족할 때 그럴 수 있다. 상담자의 주관이 분명치 않을 때도 이런 현상이 오고. 이 역시 상담자의 몫이기에 왕도란 있을 수 없어. 한편 이런 '소진'이라는 것이 상담자 개인의 다른 문제에서 비롯된 것은 아닌지도 돌아봐야 할 것이야.

설득해야 할 사람이 설득을 당하면 되겠나? 내담자를 이해시키는 힘은 상식에 기반한 설득력이야. 내담자의 아픔에 공감은 할 수 있어도 상담자가 나가떨어지는 일은 없어야지. 상담자가 소진된다는 것은 지혜나 상식이 부족하여 내담자를 벅차게 느낀다는 증거지. 이러한 경우 자칫하다가는 상담이 말장난으로 변질될 수도 있으니 매우 조심해야 해. 다만 이것이 능력의 문제라면 그것을 더욱 강화시키는 방법을 찾는 것은 중요하지.

좋은 상담자가 되려면 어떻게 해야 할까요?

능력보다 자질을 갖춰야 해. 상담에 자질이 없는 사람이 흔히 하는 말이 내담자가 버겁다거나 보기 싫다는 푸념이야. 말 안 듣는다고 자식을 싫어하는 부모가 있나? 내다 버리는 부모가 있나? 있다면 부모 자질이 없는 사람이지. 상담자도 마찬가지야. 물론 나도 사람이라 태도만 봐도 기분 나쁘고 싫은 사람이 있긴 하지. 하지만 그런 사람일수록 상담자가 표를 내지 않고 중심을 지키고 있으면 어느새 마음의 문을 열고 상담자에게 기대오기 마련이다.

능력은 노력으로 채울 수 있지만 자질은 그렇지 않아. 사람이나 상담을 좋아하는 마음, 열정, 책임감 등이 없으면 상담해서는 안 된다고. 남의 인생을 다루는 일 아니냐. 장난으로 하면 안 되지. 사명감으로 해야지.

상담이란 이론의 기초 위에 상식과 경험을 활용하는 것이야. 상담자는 우선 사회 상식에 밝아야지. 그리고 이를 통해 객관성에 눈이 떠 있어야 한다. 보통 사람들 몇 곱의 노력을 기울여 상식과 객관성을 갖춰야 한다고.

또 상담이란 말로서 시작과 끝을 맺는 일이라 자칫하면 그 말로 사람의 마음을 상하게 할 수도 있으니 그것 또한 매우 조심해야 하지. 공감하는 능력도 필요해. 마지막으로 상담자는 무한대로 자기 관리를 해야 해. 연습하고 노력하면 다 된다. 걱정하지 마라.

상담 경험이 부족한 초보 상담자들은 특히 어떤 마음으로 상담에 임하면 좋을까요?

상담 능력이란 사람마다 다르고 또 자기 노력에 따라 무한대로 달라지는 것인데, 경험이 없는 초보 상담자들을 생각하면 사실 마음이 무겁단다. 몇 가지 얘기해줄 테니 잘 들어봐.

첫째, 경험 없는 상담자들이 겁을 내는 대목이 상대의 마음을 섣불리 잘못 알아줄까, 문제를 잘못 짚을까 하는 것이지? 너무 걱정하지 마. 핀트가 안 맞으면 대화 자체가 안 돼. 대화가 겉돈다 싶으면 '아, 내가 잘못 짚었구나.' 하고 다르게 접근하면 돼. 실패하면 다시 시도해보고. 내담자는 도움받을 목적으로 왔기 때문에 어떻게든 문제를 풀고 싶어 하거든. 틀렸다는 것에 연연하지 말고 잘 모르겠다면 "중요한 얘기다. 생각해볼 얘기다. 다음에 다시 얘기하자." 하고 일단 마무리를 잘해라.

둘째, 버거운 내담자를 만났다? 그러면 우선 보고 듣고 느낀 그대로를 말해줘라. 잘 모르는 생소하고 자신 없는 이야기는 절대 하지 말고.

셋째, 버겁다고 해서 상당 회기 상담한 내담자를 다른 상담자에게 보내는 것은 큰 실례다. "남의 인생으로 연습을 했나? 지금까지 나를 농락을 했나?" 내담자가 이렇게 화를 내면 뭐라고 할 거야. "상담하다 보니 아닌 것 같았습니다." 이런 말은 정말 무책임한 말이다. 내가 감당할 수 없을 것 같으면 빨리 말해야 해. 그건 첫날 바로 알 수 있어.

넷째, 약속된 상담 시간 외에 개인적으로 연락하는 내담자도 있지. 내담자의 이런 전화는 가급적 피하는 것이 좋아. 원칙적으로야 상담자가 자신의 능력에 따라 재량껏 할 일이지만 실제로 그 전화를 받게 되면 내담자가 별것 아닌 일로도 계속 전화하는 경우가 생기네. 그러니 상담자는 공식적인 상담 장면에서 최선을 다하고, 혹시 사적으로 전화가 오면 다음에 상담실에서 만나 얘기하자고 하는 것이 제일 좋단다.

다섯째, 내담자 중에는 자기 얘기를 해놓고 힘들어하는 사람도 있어. 사람이 자신이 없으면 그렇다. 하기 어려운 이야기를 어쩌다가 하고 나서 허탈해하고 감당하기 버거워하는 것이지. 이럴 때는 위로를 해주어야 해. 그런 말을 해주어서 고맙다고 할 것은 없어. "어려운 이야기를 해주었다. 이야기를 들어보니 참 힘들었겠다."라고 해도 충분해. 이럴 때 상담자가 자기 개방을 하면 내담자가 큰 위로를 받고 좋지. 그 뒤에 직면을 시키면 돼.

상담자의 자기 개방은 어디까지 하는 게 좋을까요?
자기 개방은 뜬금없이 하는 것이 아니고 상담 장면에 걸맞은 내용이어야 해.

내담자가 부끄러운 이야기를 하거나 힘든 과거의 이야기를 하면 나도 그랬다, 나도 그런 경험이 있다고 말해주는 것이야. 이것이 왜 중요하냐? 내담자가 마음의 문을 열기 때문이야. 내담자에게 용기를 줄 수도 있고.

상담하다 보면 약을 먹어야 하는 사람도 있어. 하지만 대개 정신과 약은 먹기를 꺼리지. 그런 사람에게 상담자는 이런 얘기도 해줄 수 있어야 해. "나도 약을 먹는다. 뭐 그런 거 가지고 그러느냐. 약 먹는 것 별것 아니다." 이런 개방은 상담의 양념이야. 시간이 지나면 그 내담자가 뜬금없이 되묻기도 한다. "진짜 약을 먹고 있습니까?" 이런 질문은 신뢰하니까 나오는 것이야. 상담자를 부정해서 하는 것이 아니고.

자기 개방을 해서 상담자의 권위가 떨어질 것이라 지레 겁먹지 마라. 내담자에게 도움이 된다면 어떤 내용이든 개방해도 된다. 다만 해당하는 내용을 개방해야만 해. 등산에 관한 상담이면 등산에 관해서만 얘기하는 거지.

내담자가 무례하거나 막무가내일 때는 어떻게 대하는 게 좋을까요?

자기중심적으로 다듬어진 무례한 사람들 대다수는 인간관계에 취약한 사람이지. 대부분 의도적으로 스스로를 방어하려는 행동이란 걸 알아야 해.

흔한 예로 남자 내담자는 여자 상담가를 무시하는 경우가 많지. 결혼한 내담자가 결혼 안 한 상담가를 무시하기도 하고. 또 내담자가 어린 경우나, 처음부터 상담에 대해 어떤 선입견을 품고 있는 경우에 상담자를 만만하게 볼 수 있지. 그런데 막무가내로 행동하는 것도 오랜 습이지. 이런 습을 가진 사람은 관계에 대한 개념이 별로 없어. 제동이 안 되는 것도 습관적인 경우가 많거든.

하지만 상담자의 내공이 깊다면 내담자도 금세 선입견을 버리고 마음을 열게 되어 있다. 이런 경우 특히 상담자는 절대로 모르는 것을 아는 척해서는 안 돼. 애매한 것이 있으면 시간을 벌고 슈퍼비전을 받거나 선배들에게 물어라.

상담자가 잘 모르는 특별한 경험을 한 사람들을 대할 때는 어떻게 해야 할까요?

내담자 중에 특별하거나 험악한 경험을 한 사람이 있지. 그런 사람은 정서에 골병이 들어 있는데, 그 골병 든 정서를 정확하게 공감을 해줘야 마음의 문이 열린다. 살아온 세월을 풀어주고 응어리진 마음을 알아줘야 해. 그리고 직면을 시켜라. 내담자가 털어놓는 경험의 무게에 눌려서 공감만 해주고 마는 경우가 있는데 그런 경우 이후의 상담 진행이 어려워.

공감에 이어 반드시 바로 직면을 시켜야 내담자도 자신을 객관화할 수가 있어. 때를 놓치고 나중에 직면시키면 내담자가 "그때는 아무 말 없이 들어놓고 왜 이제 그런 말을 하나?" 하며 배신감을 느낄 수 있으니 유의해야 해.

상담 사례 중 가장 기억에 남는 하나만 들려주세요.

예전에 의부증도 아닌데 남편을 의심해서 호주머니도 뒤지고 속옷도 뒤집어 햇빛에 비춰보고, 매일 죽네 사네 하는 부인이 있었어. 내가 그 부인에게 아들을 걸고 넘어졌지. "당신이 그렇게 하니 남편도 병들지만 아들도 병들지 않느냐. 이제 그만해라. 남을 의심하는 사람은 자기 경험 없이 그러지 않는다." 그러니까 그게 무슨 말씀이냐고 펄쩍 뛰어. "말하기 곤란하다. 그런데 당신, 외식은 하러 가느냐?" 하고 물으니까 간다는 거야. "어느 집에 가니 맛있나? 맛있는 집이 있나?" 하고 물었더니 있다고 하는 거야. 그래서 내가 말했지. "맛을 봤으니 그걸 아는 것 아니냐?" 그랬더니 억울하다고 펄펄 뛰더라고. "간단하다. 당신이 몰라 그렇지, 다른 사람들은 당신을 의심한다." 그러자 눈동자가 막 흔들려. 남이 자신을 정말 그렇게 보느냐고 묻길래 말해줬지. "당신이 불필요한 의심을 안 받으려면 자유로워져라. 남 의심하지 말고. 그래야 당신 남편도 자유롭고 아들도 자유로워진다."

집단상담이 끝나고 돌아간 뒤 이 부인이 전화를 해서 차를 한잔 사고 싶대. 그래서 됐다고 전화로 말하라고 했지. 그랬더니 이제 마음이 편하대. 그러면서 다시 묻는 거야. "지금도 남들이 나를 그렇게 볼까요?" 내가 말했지. "당신 하는 대로 간다."

직장 생활에 대하여

철쭉님은 몇 개의 인생을 사셨는지, 여쭈어보는 많은 것들에 대해서 거의 막힘이 없으시지만 특히 직장이나 조직 문화에 대해서도 이렇게 정통하신 분은 없다는 인상을 받는다. 젊은 시절에 조직 생활을 하셨고 나아가 기업 경영과 기업 컨설팅에 경영 고문까지 두루 섭렵하신 분이기에 하나를 물으면 열을 알려주시며 막힌 부분을 뚫어주신다. 구체적인 사례에서 더욱 귀신 같은 조언을 해주시지만 그걸 담을 수 없으니, 아쉬운 대로 직장 생활 전반에 대한 조언을 구했다. 특히 사회 초년생의 입장에서 현명한 직장 생활을 위한 기본적인 마음가짐과 직장 생활의 기준에 대해서 여쭈었다.

직장 생활을 시작하면서 가져야 할 마음가짐이란 무엇입니까?
직장을 가정 다음으로 사랑해라. 직장이라는 새로운 환경에 마음을 열고 매사를 받아들이는 자세가 꼭 필요해. 정서적으로도 다른 사람들과 예측 불허한 감정을 나누는 것이 조직 사회야. 감정을 어떻게 다스리냐에 따라 손익이 발생하기 때문에 조직에서는 늘 긴장하고 살아야 한다. 더 나아가서는 그 조직에서 유통되는 음어陰語나 약어를 비롯해 그 조직의 문화를 빨리 숙지하는 것이 초심자의 자세라고 할 수 있지.

상사와의 대면이 불편한 것은 누구나 그래. 상사와의 관계라고 특별히 긴장하거나 더 신경쓸 필요는 없어. 상사란 하숙생 같은 거야. 언제 다른 곳으로 떠날지 모르는 사람이다. 상사에게 반갑게 인사만 잘해도 대우받는 곳이 직장이란다.

처음 직장 생활을 시작하는 사람에게 나는 기록하기를 권해왔다. 출근 첫날부터 최소한 1년에서 부지런하면 3년 동안 매일 어떤 지시를 받았는지, 상사가 몇 시에 어떤 이야기를 했는지, 그때 옆에 누가 있었는지 등 소상히 기록하면 좋아. 이런 기록은 무엇보다 자기 발전을 위해 필수적이고, 또한 업무상 시비가 생겼을 때 나를 보호해주는 가장 좋은 수단이 된단다.

간혹 상급자가 사사로운 업무 지시를 남용하는 경우가 있습니다.

가능한 한 수용하지 말아야 해. 안 들어주면 제일 좋고 한 번까지는 들어줄 수 있지. 하지만 또 부탁해오면 내 업무를 핑계로 거절해야 한다.

직장에서 사사로운 모임을 강요할 때도 있어. 한 번쯤 참석해보고 다음부터는 적당한 핑계로 불참하는 것이 좋은 선택이지 싶다.

물론 유익하다고 생각될 때는 지인들에게 물어도 보고 숙고하여 결정하면 돼.

직장에서 라인 얘기를 하는 사람들도 있어. 직장 생활을 오래 하려면 라인이 없어야 해. 그러니 라인 때문에 스트레스받는 것도 허약한 짓이야.

회식을 빙자한 술자리가 불편할 때가 있습니다.

옛날에는 회식 문화가 아주 심했단다. 요즘은 그렇지 않지. 회사마다 다르겠지만 이것 역시 처음이 문제란다. 스스로를 지킬 자신이 있으면 한두 잔 먹어도 좋아. 하지만 안 그런 사람에게 술은 절대 금물이란다.

여자의 경우 술자리에서 개인 시중을 들라고 하는 사람을 만날 때가 있지? 그건 그냥 거절하면 돼. 분위기에 눌려 술을 따른다든지, 시중을 든다든지 할 필요가 없어. "싫어요. 과장님이 따라 드세요." 하고 말할 줄 알아야 해. 자식이 회사 생활을 시작하면 부모가 이런 건 미리미리 알려줘야지. 그런 사전 교육을 받으면 엉겁결에 술을 따르고 나서 뒤에서 속을 끓이지 않는단 말이다. 혹자는 묻는다. 상사한테 그렇게 말해도 되나요? 그럼 해서 안 되는 말을 상사는 왜 하냔 말이야.

못난 상사는 다음 날 부르기도 한다. "회사에 오면 친절해야 하는데 말이야." 하면서 썰을 풀어. 무슨 말인지도 모르는 얘기를 하는 거야. 신경쓸 거 없어. 그 사람이 자기가 불편해서 그러는 것이니까. '이러다가 말썽이 나거나 상사가 불이익을 주면 어떡하나.'

지레 이런 걱정을 하는 게 병신이야. 상사가 약간 거시기하게 굴더라도 그냥 내버려둬. 시간이 지나면 다 잠잠해지게 돼 있다. 계속 아무렇지도 않게 대하면 돼.

성추행이나 희롱 같은 불필요한 접촉 때문에 어디나 아주 시끄럽지. 나는 그런 이야기를 하는 여성들에게 묻는다. "당신이 왜 그런 일을 당했나요? 당신도 당당하게 그 회사에 들어간 것 아니요. 그런데 왜 그렇게 보였습니까?" 그러면 대부분 억울하다고, 나보고 너무한다고 하지. 그렇게 묻는 이유는 정신을 바짝 차리고 살라는 얘기야. "네가 그렇지 않은 줄 안다. 하지만 이게 중요한 대목인데, 너의 얘기를 들으면 누구나 첫 생각을 그렇게 갖는다."

사람 사는 것은 다 광대 짓이고 연출이야. 처신을 잘하고 관리를 잘해야 해. 특히 직장에서는 더 그렇지. 누군가 술을 먹고 접근할 때 "어머, 어머" 하지도 말고, 피하거나 당황하지도 말고 "과장님, 이래도 되는 거예요?" 하고 정색하면 끝나는 일이야. 그럴 때 피하면 그것도 허용이라고. 술이 깨면 그쪽에서 지레 겁을 내지. 이쪽에서 가만히 있지 않을 거라고 생각하니까. 그런데 그런 줄도 모르고 당한 사람이 괜히 겁을 먹는 경우가 많아. 부적절한 행동을 한 상대가 마음을 졸여야 하는데 거꾸로 이쪽에서 겁을 먹어서야 되겠어? 술이 과한 사람 옆에 있어서 당했다? 왜 그 옆에 있었나? 다 제할 탓이다.

과도하거나 불필요한 업무 지시를 받을 때가 있습니다.

공적인 업무는 본인의 업무영역을 침해받지 않는 선에서 한 번쯤 들어줄 수 있지. 회사 일이니까. 하지만 그것도 두 번은 안 돼. 예의 바르지만 단호하게 거절 의사를 전달해야 해. 내 업무를 두고 남의 업무를 하지 마라! 이것이 직장의 불문율이야.

정 거절하기 힘들면 업무를 받아 놓고 그냥 있어라. 상사가 어떻게 됐냐 하고 물으면 내 일이 바빠서 아직 못 했다고 해. 이것이 지혜야. 지시받은 그 자리에서 바로 "못 하겠습니다." 하는 게 낫나? 일을 받아두고 나중에 물으면 "제 일이 바빴습니다." 하는 게 낫나? 생각해볼 일이다. 거절하면서 상대를 기분 나쁘게 안 하려면 합리적인 핑계를 대면 된다. 두 번만 거절하면 다시는 부탁을 안 하게 되어 있어.

못난 상사 중에는 공사직을 막론하고 후임의 성과를 가져가는 사람도 있어. 그런 일이 생기면 당장 가서 내가 한 것은 어떻게 된 것인지 물어. 기분 좋게, 이성적으로만 이야기하면 90퍼센트는 해결된다. 그렇게 해도 해결이 안 된다면 그것은 내가 평상시에 그런 걸 허용할 사람으로 그 사람 눈에 비친 까닭이다.

아버지라면 자식이 첫 직장 생활을 시작할 때 교과서가 되어주어야지. "○○아, 오늘 회사에서 별일 없었냐?" 하고 묻고, 늘 대화를 해야 해. 아버지의 사회 경험을 최선을 다해 알려줘야지.

직장 동료들과의 관계는 어떻게 하면 좋을까요?

동료들과의 우호적인 관계는 절대 필요하다. 베풀고 배려하면 동료들하고 잘 지낼 수 있어. 하지만 개인적으로는 친해도 업무적으로는 이성적이어야 해. 먼저 인사하고 모르는 것은 항상 묻는 습관을 갖고 아는 것은 베풀고. 이러한 마음가짐이라면 조직에서 나를 싫어하는 사람은 없을 것이다.

조직에서 인간관계가 안 되는 사람은 상사나 회사의 부당한 요구를 열에 아홉은 수용하게 마련이야. 인간관계도 안 되는 판에 제 목소리를 낼 수 없다고 스스로 위축되거든. 회사에서 유난히 마음대로 부려 먹는 사람이 그런 사람들이야. 일을 시킬 때는 다들 얼마나 친절해. 하지만 일이 끝나면 상대도 안 해준다. 참 비참하지. 인간관계가 안 되는 사람들은 회사에서 업무로 자리를 찾고 싶어 하기에 더욱 자기 목소리 내기를 어려워해.

회사에서 당당하게 지내려면 그만큼 인간관계가 중요하니 늘 힘써라. 상대가 하는 말은 진솔하게 경청하고, 공적인 일에 관해서는 만병통치어가 '검토해보겠습니다.'라는 말이야. 이 말을 잊지 마라.

조직 생활에서 조심해야 하는 것은 무엇입니까?

삼삼오오 모여서 뒷담화로 누군가를 씹거나 회사에 불만을 토로하는 사람들이 종종 있어. 이건 매우 나쁜 습관이란다. 이런 데 부화뇌동해서는 절대 안 돼. 그런 자리는 가급적 피하는 것이 좋지만 불가피하면 침묵으로 일관해. 여러 사람이 모여 살아가는 데는 말 조심, 사람 조심이 필수적이다.

직장 생활에서의 시간 활용 방안이 있다면 무엇입니까?

시간은 철저하게 관리해야지. 그중에서도 필수항목에 두어야 할 것은 운동이야. 자투리 시간에 운동하지 마라. 시간이 나면 하고 안 나면 안 하는 것이 운동이 아니야. 내 일과 안에 운동을 집어넣어라.

그리고 스스로 업무에 관한 계획을 세밀하게 짜야 한다. 이걸 게을리하면 일에 중독될 수도 있으니 조심해야 해. 직장의 상하관계에서 제일 무서운 것은 자기를 알아주는 사람이야. 사람은 자기를 알아주는 이를 위해 목숨을 바친다는 말까지 있지 않나. 많은 사람이 돈보다 우선순위로 두는 것이 조직에서 인정받는 것이야. 하지만 인정 욕구의 노예가 되면 안 돼. 인정 욕구에 집착하지 말아라.

직장에 충실하다 보면 다른 사람들과 일상의 관계가 소홀해질 수 있어. 직장 밖에서의 인간관계 역시 일 다 하고, 내 볼 일 다 보고 자투리 시간으로 하면 안 돼. 아무리 바빠도 관계의 틀을 벗어나지 마라.

부모의 역할에 대하여

여기서 '부모의 마음'이란 단순히 자녀를 키우는 마음을 넘어 철쭉님이 세상과 사람을 대하는 마음이다. 철쭉님은 그 마음으로 집단상담도 하시고 조언을 구하는 많은 사람을 대하신다. 그러므로 부모의 마음은 철쭉님이 가진 인간애의 근원이자 원천일지도 모른다. 철쭉님께 부모로서, 특히 아버지로서 가져야 할 마음과 역할에 대해 여쭈었다.

단도직입적으로 부모란 무엇인가요?

자식 때문에 머리도 아프고 '아, 저놈의 새끼, 어째야 할까?' 고민하고 그래야 진정한 엄마가 되고 아버지가 된다는 것이야. 자식은 콩나물처럼 저절로 자라는 그런 것이 아니야. 자식을 키우다 보면 부모에게는 썩어 문드러지는 마음만이 남는단다. 자식 때문에 웃었다, 울었다, 속이 곪아 터졌다 해야 부모라는 이름을 가질 수 있어. 속 썩이지 않는다고 자랑하는 건 이 세상 모(母) 자 들어가는 사람 중에 숙모밖에 없다고.

그러니까 자식 자랑 남발하지 말고 사람답게 잘 키울 고민이 우선이다. 부모가 자식을 위한 희생이나 근심 걱정을 회피한다면 응당 부모의 이름을 반납해야지. 그래서 어떻게 보면 부모와 자식은 서로 좋은 인연이 아니고 고통을 분배받은 악연이라고 할 수 있다.

자식은 부모와 전생의 악연을 풀기 위해서 세상에 나온 건가요?
정품 자녀를 둔 부모라면 좋은 인연이라 할 것이고 유사품을 둔 부모라면 악연이라 할 것이야.(웃음) 만나고 헤어지는 것은 인연이지만 자식은 버릴 수 없으니 악연이라고도 해. 그 관계가 선택이 가능하다면 악연이라는 말을 하지 않을 것이다. 하여 자식이란 이름만으로도 부모의 가슴을 짓누르는 것이지.

그렇다면 부모의 역할은 어때야 할까요?
부모는 자식에게 교통정리를 해주는 사람이지. 대통령처럼. 한 나라도 대통령이 잘못 판단하면 사고가 나듯이 집안도 그래. 하지만 대통령 중에 부모만큼 인내가 강한 사람은 없어. 자식에 대한 인내는 안 할 수가 없거든.

또한 살아생전 종놈 노릇을 하는 것이 또 다른 부모의 역할이라면 역할일 거야.(웃음)

부모는 자식을 인내로써 성장시킨다는 말씀이세요?

방법이 없으니까 참는 것이지. 남은 보지 않으면 그만인데 자식이란 피할 수가 없으니까. 부모란 무한대의 인내를 가지고 자식을 관찰하고 보호해야 하지. 자식의 허물이 곧 부모의 허물이고 자식의 아픔이 곧 부모의 가슴앓이란다.

현대의 부모들은 시대적 배경이 그래서인지 주어진 의무와 역할을 사회생활이 바쁘다는 핑계로 회피하는 일이 다반사야. 자신의 성취감을 위해 등장시킨 변명이겠지. 부모의 역할은 흥정의 대상이 아니야. 뜻대로 되지 않는 것이 자식이라는 것이니 그림 그리듯 간단히 생각하지 마라.

아무리 바빠도 자녀에게 관심 가지고 대화를 많이 해야 하는 것은 특히나 아버지의 의무사항이지. 아버지는 하루 일정에 반드시 자녀들과의 시간을 포함시켜야 해. 제 볼일 다 보고 남는 시간으로 자녀들과의 관계를 운운하지 마. 자식을 일과 저울질해서는 절대 안 된다고. 사회, 경제 활동보다 자녀들에 대한 마음이 뒤처진다는 것은 있을 수 없는 일이야.

자녀를 잘 키우려면 정성을 기울여야 해. 경제적인 뒷받침을 해주는 것도 중요하지만 그보다 자녀를 사람답게 성장시키는 것이 더 먼저고 중요해. 이게 진정한 부모의 역할이지.

저 집은 참 따뜻하고 멋지고 좋다 하는 집이 있어. 엄마는 변호사고 아버지는 의사야. 그 집 애가 이제 고등학생인데 사춘기 들어서면서부터 행패를 부리기 시작했어. 근데 이 아버지하고 엄마하고 손을 들었다고. 왜? 감당이 안 돼서. 이 애가 그럴 수밖에 없는 성장배경이 있어. 아주 어릴 때부터 남의 손에서 큰 거야.

그 부모가 어떻게 하면 좋으냐고 하면 내가 도리어 물어본다고. 애를 남한테 맡겨놓고 무슨 떼돈을 번다고 엄마라는 사람이 엄마의 권리를 포기했나. 자기는 포기를 안 했대. 포기지 뭐냐, 그게. 그러면 항변하지. 그 당시에 어쩔 수 없었다고. 자기도 어쩔 수 없이 뭘 해야 하고, 남편도 어쩔 수 없어 뭘 해야 하고. 그거 다 거짓말이야. 불필요한 이야기야.

그때부터 애는 골병들기 시작한 거야. 남의 손에서 남의 손으로, 또 다른 남의 손으로. 인간으로 태어나 욕구불만이 엄청스레 많은 거야. 인정 욕구, 사랑 욕구, 모든 욕구가 다 안 채워졌다는 거야. 그러니 말을 안 듣지. 그런데 어릴 때는 말도 잘 듣고 공부도 잘했다는 얘기야. 그럼 지금은 왜 그러냐. 어릴 때야 힘이 없으니까 마음에 맺힌 것이 있어도 말을 들었지. 그게 말 잘 듣는 게 아니야.

그렇게 자식이 말을 안 들어 감당할 수 없을 때는 어떻게 해야 해요?

"감당할 수 없다."라는 말은 틀렸다! 부모는 그런 말을 하면 안 된다고. 제가 낳은 자식 제가 감당할 수 없으면 누가 감당하란 말이야. 부모가 감당이 안 된다고 손 놓고 있으면 자식들은 아주 끝까지 엇나가게 마련이지. 말 안 듣는다고 가슴 칠 일이 아니라 그 마음을 알고, 말 안 듣는 이유를 알고, 자녀를 바라봐야지.

엄마는 엄마한테 주어진 역할을 분명히 해야 하고 아버지는 아버지한테 주어진 역할을 분명히 해야 해. 욕이라도 해야 해. 그리 안 하면 안 되게 되어 있는 게 가족의 역동이야. 남이 그렇게 해주겠어? 내 아이한테 싫은 소리를 저 다른 사람이? 삼촌도 그리 안 한다고. 아버지 엄마가 이렇게 싫은 소리, 좋은 소리를 해야 하는데 안 하니까 남들도 다 안 하지. 그러니까 애들이 동서남북 모르고 그리 튀는 거야.

어떻게 하면 좋으냐. 부부가 묻는 말에 내가 그랬다. "부모는 반성하고 자녀를 보듬고 응어리진 마음을 풀어줘라. 맞벌이라는 이름으로 자신들의 성취감과 부모의 역할을 바꾼 것이다. 두 살 때 기억이 평생을 간다고 했는데 늦은 감이 있지만 작심하고 아이에게 다가서야 한다."

특히 아버지 중에 일이 바빠 자녀에게 소홀한 사람이 많습니다.

사업을 하든 직장 생활을 하든 거기서 인정받고 승진하고 출세하고 싶은 마음이 큰 거라. 아버지가 경제 활동이란 이름으로 부득불 사회생활에 몰두할 수밖에 없게 되면 자연히 빈자리는 엄마의 몫이 되는데 여기서 갈등이 생겨나지.

하여 부인이 남편에게 시비를 따진다. 왜 나만 자녀들을 건사해야 하느냐. 남편에게 아버지 역할을 강조하며 불만을 제기하지. 물론 부인이 힘든 것은 사실이지. 그런데 사회생활을 꿈꾸는 부인은 돈 벌어야겠다며 바깥으로 나간다고. 이쯤 되면 자녀들은 정서적으로 고립되는 것이고.

아이를 낳으면 이것은 공동작업이야. 손 가는 대로 키워야 된다. 책임을 안 지려고 하면 그건 진짜 인간이 아니야. 역할만 충실히 해봐. 그러면 자식은 축복이라고. 뭐 돈이 없어 못 키워? 옛날에 리어카에 연탄 싣고 자식들 어렵게 키우는 사람이 있잖아. 그런 집 애들을 보면 부모를 절대 쉽게 안 본다고.

사회 구조가 문제지만 이걸 극복하고 제대로 사는 것은 본인의 몫이야. 좋은 친구를 만난다는 것, 좋은 스승을 만난다는 것, 좋은 배필을 만난다는 것은 다 신이 주는 선물인데, 그중 최고는 좋은 부모를 만나는 것이지.

아내가 어린 자녀를 두고 사회생활을 하겠다 해서 갈등하는 부부도 많은 것 같습니다.

부부가 맞벌이하며 자식을 키웠다고 하면 실패라. 나중에 후회한다고. 아까 이야기한 그 집 엄마는 지금 자기가 죽고 싶다는 거야. 진짜로 그렇게 허탈할 수가 없다는 거야. 나이가 오십이 넘었는데 내가 그때 그리 안 했으면은 저놈이 저렇게는 안 됐을 텐데, 하고 생각하면 미치겠다 이거야.

한 열몇 살 먹은 아이가 공중화장실에서 애를 낳았어. 그래 놓고 겁이 나니까 달아났어. 그런데 화장실에서 애가 빽 울어서 사람들이 경찰에 신고해. 경찰이 엄마를 어떻게 잡겠어? 일주일만 잠복하면 잡아. 열몇 살 먹어도 엄마는 엄마라. 반드시 찾아와. 왜 왔겠어? 걱정되니까. 그게 눈에 안 보이는 모성애라는 거야. 무서운 거야.

애들 어릴 때는 엄마가 양보해야 해. 목적은? 자식을 위해서지. 집에 조부모가 있어 애를 건사해준다면 그나마 낫지. 그러나 이것도 상당히 어폐가 있다. 애들이 엄마를 기다리지, 할머니를 기다리는 게 아니거든.

엄마가 꼭 있어야 하는 시기가 언제까지인가요?

유아 시절에는 꼭 필요해. 초·중학교는? 좀 이해하지. 우리 엄마는 아침에 나가서 저녁엔 들어온다는 걸. 애들이 학교 마치고 집에 문 열고 들어가잖아. "엄마~" 하고 들어가는데 "어, 왔냐?" 하는 것 하고, 아무도 없는 것 하고 그 마음이 같겠나? 후자는 그 마음을 표현할 길이 없대. 그 공백을. 어린 마음이 스산해져서 대문 밖에 나가 휭 한 바퀴 돌다가 집에 들어가는 거야. 대문 밖으로 두 번만 나가면 집에 다시 안 들어온다.

어린 자녀들이 부득불 남에 손에 자라면 그걸 계기로 정서가 변하게 되는 것이야. 이때의 경험이 평생을 좌우한다고.

아버지와 어머니의 역할은 어떻게 다른가요?

아버지나 어머니나 마음은 똑같지. 그러나 많은 엄마가 자그마한 것 가지고 설친다고. 아버지가 그걸 막아줘야 해. 그럼 효과가 크지. 아이들이 곤란한 건 절대 엄마한테 말 안 하고 아버지한테 말한다고.

그런데 아이들 부탁을 몰래 들어주면 아내가 바가지 긁잖아요.

그때 필요한 게 조율이야. 반드시 아버지가 엄마에게 전해야지. 감춘 걸 뒤늦게 알 때 기분 나쁘고 신경질 나는 거야. 자식들하고 따로 무슨 일이 있었다면 반드시 얘기하고 의논을 해야 해. 엄마는 들고도 모른 척해주고. 그게 장단이 맞는다는 거야. 반대의 경우도 마찬가지야. 경험 많은 부모가 서로 의논해야지. 입 다물고 있으면 안 되지.

자식이 성인이 되면 부모의 태도는 어떻게 달라져야 할까요?

애들이 다 크면 아버지의 태도는 지켜보는 데 목적을 두어야 해. 간섭하지 말고. 자식이 20대면 20대, 30대면 30대, 각각 눈높이에 맞게끔.

예를 들어서 고등학교 다니는 딸이 있다. 애들이 좀 껄렁껄렁하게 말썽도 피우고 그럴 수도 있지. 그런데 아버지가 경직된 이야기만 하지. 그럼 애는 그냥 듣고 흘린다. 눈높이에서 이야기해야 맞장을 뜰 수 있는 거야. 아이들 눈높이에 맞추는 게 아주 중요해. 그래서 자식을 잘 다루는 사람은 반무당이 돼야 하고 반미치광이가 돼야 하고 팔불출이 돼야 해. 자식이 초등학생이면 초등학생 눈높이가 되어줘야 하고.

어른들한테는 다이아몬드 반지가 소중하지만 애들한테는 장난감이 소중하지. 그런데 아버지가 차원이 높아서 이 장난감 얘기를 안 받아주는 거야. 그러면 소통할 수 있는 데를 찾아가. 애들이 집에 와서 발붙일 데가 없으면 반드시 밖에 나가. 밖에 나가면 거짓말이든 참말이든 내 말을 들어주는 사람이 있다는 거야. 또래도 있을 것이고 나쁜 놈도 있을 것이고, 나가는 거야. 거기가 집보다 낫다는 거지.

자녀와 아주 사소한 것까지 다 얘기해야 해요?

꼭 필요한 것만 얘기하는 게 아니라 잡다한 것까지 하는 게 소통이야. 필요한 얘기는 30초면 끝나. 나머지 두 시간, 세 시간 무슨 이야기를 하느냐. 쓸데없는 얘기를 해. 그때 사람은 경직을 풀고 자유로워지는 거야. 돈독해지고. 아버지가 평소에 자녀들에게 할 말이 없다는 것은 관심 부재로 인한 현상이라. 사람이 관심을 받으면 좋은 혈압이 상승한다.

딱 공식적인 얘기만 하는 아버지가 있어. 그러면 애들이 아버지 곁에 안 와. 밖에서도 마찬가지야. 우리가 서로 남 아니냐. 어떻게 해야 재미가 있을까? 맛 간 얘기를 해야 하는 거야. 시금털털한 소리, 생산성 없는 얘기가 사람을 돈독하게 하지. 생산성 있는 말은 칼로 자른 듯이 아주 엄격하지.

말을 가려서 하지 말란 말이야. 좋은 얘기나 정답을 얘기하려고 재면 애들이 거리를 둬. 진짜 거리감을 느끼지.

아버지로서 왜 말만 하면 가르치려고 하고 정답을 알려주려고 하게 될까요?

말만 하면 훈육하듯이 하는 사람이 있어. 그러면 애들이 대번에 이러지. 우리 아버지는 교장 선생님이라고. 자식하고 얘기할 때는 편안하게 하면 된다.

어떤 아버지가 있어. 이 아버지가 파란만장한 사람이야. 자식이 딸 하나 아들 하나인데 다 아버지를 적으로 생각해. 아버지는 자신을 지구촌 최상의 아버지로 생각하는데 뜻밖에도 아이들은 아버지를 피해. 왜 그렇겠어? 이 아버지가 입만 열면 훈육이고 매사에 교육적인 거야. 틀린 것은 꼴을 못 봐. 맨날 잔소리하지. 큰애는 특히 아버지에게 한이 많아. 저기 아버지 차만 보여도 돌아가.

내가 그 아버지를 만나서 말했지. 맘을 바꿔 먹어봐라. 오늘부터라도 지금까지 가진 거 다 버리고 아이들과 재밌게 놀아라. 색안경 끼지 말고. 당신이 알면 얼마나 알겠나. 당신이 당신 시대에 대학 나와 성공했다고 해도 지금 아이들 세대하고는 다르다. 그렇게 한참 쪼았지.

이제는 사람이 엄청나게 바뀌었어. 예전에는 심지어 아들이 아령을 한 개 사 왔는데 왜 그런 색깔을 샀냐고 그것 갖고도 타박을 했어. 아들은 진절머리를 내고. 그런데 그 아버지가 어렵게 마음을 바꾼 거야. 처음에는 애들이 아버지가 다르게 하니까 막 껄끄러워서 두드러기가 날 정도였는데 아버지가 계속 다르게 행동하니까 이제 좋아해. 지금은 그 집 꽃폈어.

사람이 변해야 해. 늦으면 늦은 대로 이르면 이른 대로. 아버지가 안 변하면 자식이 변해야 하는데, 그럼 누가 변해야 하겠어? 아버지가, 부모가 변해야지. 인생을 많이 산 아버지가 변해야 하는 거야.

아버지로서 기본이 안 된 것 같아서 항상 부끄럽습니다.

그런 생각을 하지 말란 말이야. 부모가 자식한테 기본? 참 어리석은 생각이야. 막 무식하게 해도 돼. 아버지가 경험하지 않고 하는 얘기는 없어. 자신이 없다, 그런 생각을 하지 말라고. 엄마 말이, 아버지 말이 좋은 말만 있어서 필요한 게 아니야. 부모가 자식한테 하는 거는 죄 될 것도 없고 걸림돌 될 것도 없고 옳고 그르고 할 것도 없다고. 아버지 엄마가 틀릴 수도 있어. 그럼 고치면 될 거 아냐. 잔소리 군소리해야 애들이 눈치를 보지. 부모 눈치를 봐야 사람이 된다고. 부모는 만능 사전이 아니야. 부모란 자식 앞에서만은 만년 갑질을 해도 부도나는 것이 아니야.

자녀들의 정서는 아버지의 영향을 많이 받는다고 보면 돼. 그러니 아버지의 상像이 평소에 잘 다듬어져야 한다고. 또 아버지나 엄마는 자녀 앞에서 상호 간에 무시하는 말, 거친 말은 절대 하지 말아야지. 만약에 그렇게 한다면 그건 자녀들에게 평생을 간직할 더러운 선물을 남겨주는 것이야. 간혹 엄마가 애들 앞에서 아버지를 험담으로 매도하는 경우가 있는데 이건 자식에게 독을 먹이는 일과 같아.

자식에게 교통정리도 잘해주고 싶고 역할도 하고 싶은데 제 기준이나 생각에 대해서 확신이 없어요.

그것도 참 많이들 하는 얘기다. 틀린 이야기라도 부모 말은 비타민이야. 엄마 아버지 입장에서 어제 본 것도 이야기, 오늘 본 것도 이야기이고 아버지 생각, 옛날 생각, 이런 게 다 이야기이고 아이들에게는 양식이라. 이런 얘기하는 것을 일명 밥상머리 교육이라고 해.

애들은 엄마 잔소리, 아빠 잔소리를 듣고 잠들고 깨야 해. 폭발적으로 그러라는 게 아니라 그만큼 계속 관심을 가져야 한다는 얘기야. 자식한테서는 한시라도 한눈팔면 안 되는 거야.

부친父親, 모친母親이라고 할 때 이 친親이라는 한자 있지? 이게 설립立 밑에 나무 목木 자, 그 옆에 볼 견見 자를 붙인다고. 아버지가 나무에 올라가서 얘가 어디 오나 하고 저 동구 밖을 살피는 모양이 '친'이야. 그게 부모 심정이야. 그 한자를 친할 친 자라고 하지? 친하다는 것이 그런 거야.

아버지나 엄마는 자식을 관찰하는 데 도사가 돼야 해. 아버지가 진짜 아들 관찰을 잘하면 학교에서 오는 걸 딱 보면 오늘 뭐 했는지 알아. 뭣이 불편한 줄 알아. 예를 들어서 초등학생인데 학교 갔다 와서 저녁을 안 먹는다. 매일 맛있게 먹던 놈이 특별히 아프지도 않은데 안 먹는다고 하면, 자식을 잘 관찰하는 아버지들은 왜 밥을 안 먹지? 무슨 일이 있었나? 친구들한테 뭘 얻어먹었나? 어디서 돈이 생겨서 뭘 사 먹었나? 이렇게 생각한다고. 그리고 슬슬 물어보지. 반드시 답이 나온다.

예를 들어서 그놈이 학교 가서 친구 돈을 훔쳐서 뭘 사 먹었고 배가 불러서 집에서 밥을 안 먹는다, 아니면 뭐 전방廛房에서 뭘 훔쳐 먹었다, 이런 걸 살펴야지. 모르고 무심히 넘어가면 큰일이라. 훔치는 건 딱 두 번만 하면 습관이 된다고.

서울역에서 노숙하는 사람들 있지? 제일 힘들었던 게 집 나와서 한 일주일 굶은 일이라는 거야. 구걸해야 하지만 그게 처음에는 그렇게 안 된대. 그래서 고민하면서 일주일 굶는 거야. 입이 안 떨어지니까. 그러다 도저히 안 되겠다 해서 용기를 내고 한번 구걸을 해보니까 되는 거야. 못 하던 걸 하게 되는 거지. 이게 비참한 일이야. 애들도 마찬가지야. 하면 안 되는 걸 한 번 두 번 하다 보면 습관이 되고 그럼 못 고치는 거야. 아버지가 잘 살피지 않으면 어느 새 그렇게 돼 있어.

철쭉님은 대한민국에서 제일 바쁘신 분인데(웃음) 자녀들과 어떻게 지내셨어요?

이것도 많이 듣는 얘기야. 자기네들 질타를 하면 그런다고.(웃음) 나는 아무리 늦게 들어가고 피곤해도 같이 한참 떠들었어. 누워 자는 놈 있으면 깨워서 쇼를 하고, 옛날에는 군고구마 같은 걸 사 가기도 하고 씨름도 해가며 시간을 투자하지. 오늘 무슨 일이 있었냐? 이렇게 시작을 해서 한바탕 진탕을 벌이지. 여기 봐. 혹이 있어. 이게 우리 아이한테 맞아서 생긴 거야. 권투 하다가 맞아서. 초등학생, 조그마할 때 한번 때려보라고 했지. 레슬링도 하고, 한번 해봐라, 덤벼봐라 하는 거지.

치대고 부딪치고 끊임없이 그러셨네요.

큰딸 얘기는 많이 알려진 게 있지. 중학생 때 무용 선생에게 "발레와 댄스가 어떻게 다른가요?"라고 물었어. 근데 그 선생이 아이들 길들인다고 개를 때렸다고. 시커먼 큰 출석부에 우리 딸이 볼태기를 맞았지. 그 선생이 재단 이사장의 조카라. 그렇게 애를 두들겨 패놓고 운동장 400미터 트랙을 돌렸다는 거야. 내가 듣고 눈에 불이 나는 거야. 애가 열이 펄펄 나고 그랬거든.

학교에 가서 얘기를 하니까 씨가 안 먹혀. 그래가 내가 학교 유리창을 다 깼지. 옛날 일은 옛날 일이지. 그다음 날 아침 교무회의에서 난리가 났다길래 변상을 다 해줬지. 그러고 나서 내가 아는 덩치 큰 사람을 학교 운동장 벤치로 석 달 동안 출근시켰어. 딸애를 누가 또 건드리나 싶어서. 어느 날 교장이 와서 저 사람 좀 철수시키라고 사정하기에 그만두게 했지.

만약에 내가 그때 우리 딸한테 "그 선생은 너를 교육시키느라고 그랬다." 그렇게 얼버무리면서 달랬다면 걔가 나를 어떻게 봤을까? 아주 별 볼 일 없는 사람으로 취급했겠지. 우리 딸이 다 커서 결혼을 앞두고 온갖 이야기를 많이 했는데 그 이야기도 해. 그때 뜨뜻하고 기분이 좋았더라는 거야.

성인 자녀를 둔 부모들은 직장 선택이나 결혼 등에서 자녀들의 의사결정에 개입하지 않고 지켜보는 사람들이 많은 것 같습니다.

나는 지금 '자녀들의 의사결정'이라는 그 말이 마음에 걸리네. 애들이 다 컸을 경우, 성인일 경우에는 의사를 존중하지. 100퍼센트.

애들도 대학을 가면 좀 존중을 해줘야지. 대학생 정도 되면 반(半)사회인인데 그때는 지켜보는 자세로 물러나야지. 조언해주고. 네 말도 맞다, 아버지 생각은 이런 게 있다 하고 대화를 해야지. 그런데 조금 전 얘기처럼 요새 아버지들은 인격 존중이라는 이름으로 그냥 전부 깡그리 맡기고 "네가 알아서 해라." 하는 경우가 많아.

이십몇 년 산 경험을 갖고 오륙십 년 산 아버지를 능가해? 아무리 아버지가 금붕어처럼 갇혀 살았다 해도 살아오면서 쌓인 안목과 식견이 있는데. 설사 틀린 이야기일지라도 아버지가 얘기를 해줘야 해. 꼭 맞는 이야기가 아니라 하더라도, 아버지가 살아 있는 등신불이라고 해도, 벽을 지고 아파 누워 있어도 아버지라는 상像이 있어야 해. 전적으로 네가 알아서 하라고 하면 안 돼.

자식들은 생각으로 말하고 아버지는 경험으로 말한다. 아무리 제멋대로 큰 자녀라 할지라도 아버지의 경험에 도전하기란 불가능해. 아버지란 이름은 아무나 갖는 것이 아니야.

자식들과 대화하려면 필수적으로 교감해야 해. 자식들의 쓸데없거나 현실감이 부족한 말이라도 경청해야 하지. 이야기를 정성스럽게만 들어줘도 대화는 절반의 성공이라. 그런데 성질 급한 아버지는 자녀의 말을 듣다가 표정이 변하고 나아가서는 자녀들의 말을 싹 잘라버리기 일쑤야. 그러지 말고, 네가 하는 말도 맞지만 아버지의 생각은 이러하다고 조곤조곤 이야기하면 대부분의 자녀들은 수용한다고.

자식 키울 때 그렇게 할 걸 하고 후회되는 건 없으세요?

사람의 일생은 자식이 아니라도 후회의 연속이란다. 자식을 하루 키우면 하루 변하고 1년 키우면 1년 변하고. 자식을 키우면서 새로운 것을 알아가는 것이니 자식은 부모에게 더없이 새로운 백과사전이라. 이론적인 생각과 생물을 다루는 실제는 180도 다른 거야.

자식은 키우면 키울수록 깨달음의 연속이군요.

자식이 한 살 더 먹으면 먹은 만큼 내가 생각하는 게 더 많아지지. 그러다가 일정한 나이가 되면 내가 거두지 않아도 세월이 딱 잘라 시집보내고 장가보내고.

　자식은 최선을 다해 기를 살려 키워야 해. 스스로 자신이 없어 기죽는 일도 있고, 부모 때문에 경제적으로나 정서적으로 기가 죽기도 하지. 또 부모의 미숙함이나 무관심으로 어둡게 성장할 수도 있어. 하지만 주어진 여건에서 최선을 다해 자식을 바라보면 나중에 부모로서 후회할 일이 그리 많지 않을 것이야.

　부모로서 그래도 큰 짐은 덜었다 하는 그런 시점이 오나요?
　품 안에서 키울 때는 '저 새끼, 저거!' 하면서 고민하다가도 결혼시키고 나면 '아버지로서 고민 끝!' 다들 이럴 줄 알지? 웬걸! 결혼시키고 나니까 새로운 고민이 있는 거야. 저놈이 잘 살아야 되는 거지. 애를 한둘은 낳아야 저놈이 꼼짝을 못 하는데 싶고. 결혼시키면 그 전보다 더 온갖 생각이 들어. 더 고민스러워.
　부모에게 자식이란 평생 버릴 수 없는 짐이라 했다. 그렇다면 잘 보듬고 가꾸어야 한다. 그것이 만고의 진리다.

결혼에 대하여

 결혼이라는 인륜대사人倫大事만큼 사람의 인생을 좌우하는 일은 없는 듯하다. 어떻게 하면 좋은 인연을 만날 수 있을지, 그리고 어떻게 해야 그 인연을 오래 잘 이어나갈 수 있을지, 결혼 당사자들뿐만 아니라 자녀를 결혼시켜야 하는 부모로서도 어렵고 궁금한 것이 많다. 깊고 넓은 인생의 경험을 갖고 계신 철쭉님의 지혜를 빌려보고자 한다.

 일반적으로 결혼 상대를 선택하려고 할 때 잘 살펴봐야 할 중요한 기준이 있다면 어떤 것일까요?
 사람이 물건도 아니고 선택한다는 말은 맞지 않는 말이지만 그래도 좋은 결혼 상대를 찾으려면 무엇을 봐야 하는가.
 당연히 사람 됨됨이를 봐야지. 물론 신체적으로 건강한지는 기본이고. 요즘은 너무 조건만 보는 경향이 팽배한데 인생을 건강하고 행복하게 살려면 무엇보다 먼저 사람을 봐야 해. 한눈에 알아보는 방법이 있느냐고? 그 부모를 보면 다소 알 수 있지. 그 부모가 비중이 큰 참고서라고 할 수 있다.

또 그 사람의 정서를 봐야 한다. 이야기를 나눠보면 알 수 있어. 정서가 안 맞는데 나이가 많아 쫓긴다든지, 조건을 따라간다든지 해서 결혼을 강행하면 이후 많은 부작용이 생길 것이야. 문제가 없는 사람은 없겠지만 내가 감당할 수 있는 문제인지를 냉철하게 판단해야 한다.

상대가 남자라면 특히 땀 흘리며 일하는 사람인가, 마마보이는 아닌가를 살펴볼 일이야. 땀 흘리고 사는 사람이란 자신의 일에 최선을 다하고 삶을 책임지는 사람이라고 할 수 있지. 마음이 건강한 사람은 삶이 긍정적이고 활기차. 하지만 일명 마마보이는 부모에게 의존이나 하면서 할 일을 회피할 뿐, 자기 삶을 주체적으로 결정하고 책임지는 것에는 부족함이 많지. 이런 사람이 가장이 된다면 가정이라는 울타리가 제대로 지켜지겠어?

그리고 또 조심해야 한다면 비현실적이거나 비상식적인 사람이야. 이런 사람하고 같이 살려고 하면 평생 그렇게 고단할 수가 없다. 이러한 점을 염두에 두고 이모저모 사람을 살펴보면 도움이 될 거야.

하지만 그렇다고 결혼해서 안 될 사람은 없어. 사람은 누구나 동기부여만 되면 변하거든. 살면서 다듬어지고 때로 새롭게 태어나기도 하는 것이 사람이니 지금 당장 뭣이 좀 부족하다고 해도 사랑하고 수용하는 마음으로 함께 다듬어 살아간다면 백 년을 지루하지 않게 살 수 있을 것이야.

부모로서 결혼을 앞둔 자녀들이 누구를 만난다고 할 때 어떻게 도와주면 좋을까요?

요즘 사회에서 자식이 결혼 상대를 찾을 때 부모가 할 수 있는 것이 뭐가 있나? 없다. 있어도 없다. 다 자식들이 알아서 하지. 결정권을 가진 부모는 눈을 씻고 봐도 찾을 수가 없어. 대다수 부모가 자녀의 들러리로 전락한 지 오래야. 자식들이 결정하면 나중에 형식적으로 동의나 할 뿐이지. 만약에 결혼이라는 인륜대사를 부모와 상의하는 사람이 있다면 내 당장이라도 만나고 싶네. 참 귀하거든. 이게 다 누구 잘못이겠나? 부모들 탓이지. 부모의 자리를 지키는 부모가 없는데 부모와 상의하는 자식이 있겠어?

하지만 선택이라는 것에는 책임이 따르기 때문에 항상 신중해야지. 살아봤으니 알 것 아니냐. 순간의 선택에 평생 얼마나 큰 책임이 따르는지. 그러니 상식의 눈과 삶의 경험으로 최선을 다해 결정하도록 평소에 많은 얘기를 해주면 좋다. 불안하거나 자신이 없을 때, 부모에게는 안 물어도 반드시 지인이나 주변에 묻고 도움을 받도록 이르는 것도 그나마 해줄 수 있는 말이겠다.

제대로 된 부모 자녀 관계에서라면 많이 다를까요?

그렇지. 자식이 이미 사귀고 결혼을 결정한 후에 부모에게 통보하지는 않을 것이야. 부모는 자식보다 더 많은 인생을 살았고 사람에 대한 상식과 보는 눈이 발달해 있지. 그러니 자식은 사람을 만나면 부모에게 먼저 인사를 시키고 검증을 받아보지 않겠나? 그러면 부모는 최선을 다해 그 사람이 자식의 인연으로 적절한지 함께 고민해줄 것이고. 그런 과정을 거쳐서 결정한다면 실수할 확률이 훨씬 낮아지지. 제대로 된 부모 밑에 큰 자식이라면 그렇게 큰 결정을 하는 데 부모라는 존재를 절대 지나가는 과객 취급하지 않는다고.

결혼 준비를 할 때 예단이나 기타 등등 절차를 둘러싸고 갈등이 생기는 경우가 많습니다. 부모로서 어떤 기준으로 해주면 좋을까요?

상황에 따라 천차만별이기 때문에 서로 맞춰 조율해나가야지. 그런데 두 집안의 경제력 차이가 심할 때는 상당히 조심스러워. 그러나 이 역시 양가에서 부담 갖지 말고 서로 의논하면 된다.

돈으로는 물건을 흥정하는 것이지 사람을 흥정해서는 절대 안 돼. 어느 한쪽이 경제적인 여유가 있다면 상대에 대한 배려가 필수란다. 보통 결혼 과정에서 파투가 나는 경우는 가진 쪽 때문이야. 알게 모르게 말에 힘을 실어서 하거든. 그러면 다른 한쪽이 자존심 상할 거 아니냐.

반대로 형편이 어려운 집은 여유 있는 집과 사돈을 맺게 되면 두 가지 마음이 교차하게 마련이지. 자랑하고픈 마음과 부담스러운 마음. 이때 명심할 것은 절대 기가 죽으면 안 된다는 거야. 스스로 위축된다는 게 참 무섭거든. 자식에게도 그럴 필요 없다는 것을 부모가 분명히 알려주고 부모 스스로도 그래야 하고. 혹시 사돈 될 사람들이 과한 요구를 해도 부담 가질 필요 없이 되면 된다, 안 되면 안 된다를 분명하게만 전하면 돼. 괜한 자격지심 들이대지 말고 당당하게. 내가 사정이 안 돼서 못 하겠다는데 어쩔 것이야. 그쪽에서 받아들여야지.

반대로 여유가 있는 쪽에서 상대를 배려하고 싶을 때도 있지. 그럴 경우 조심할 것은 상대쪽에 묻거나 의논한다는 식으로 간을 보지 말라는 거야. 배려를 하려면 배려를 해야지, 생색내거나 은근하게 탓을 하거나 그러면 안 돼.

아버지가 결혼 당사자들에게 뚝 잘라서 정리해주는 거야. "집은 아버지가 알아서 했으니 너희들은 신경 쓸 거 없다." "아버지가 얼마를 줄 테니 너희들이 알아봐라." 이런 식으로. 묻지 않고 이렇게 딱 통보하면 모두 마음 편하고 훈훈하지.

무엇보다 경제적인 조건을 우선시하여 선택한 결혼은 좋은 결혼이라고 하지 않지. 결혼은 처음부터 끝까지 사람이 주인이 되어야 마땅하리라 본다.

며느리나 사위 등 새 식구를 맞이하는 부모의 마음은 어떠해야 좋겠습니까?

요즘은 일정한 시간이 지나고 나면 다 남이나 마찬가지야. 결혼하면 각자 살기가 바쁜 세상이니 스스로 독립할 수 있게 잘 봐줘야지.

부모로서 자식들 울타리 역할만 하고 간섭해서는 안 돼. 자식들 앞에서 평상심을 유지하는 게 가장 필요한 일이야. 아들 가진 부모는 며느리에게 가족이 된 것을 환영하는 마음가짐이 좋고, 딸 부모는 마찬가지로 사위를 환영하며 사위가 든든한 마음만 갖도록 해주는 것이 좋을 듯해. 그리고 이런 마음을 반드시 말로 표현하는 것이 좋아.

그럼 결혼한 자식에게는 반찬도 해주지 말아요?(웃음)

반찬 해주려고? 요즘 부모들이 너무 나서서 온갖 방정을 떨지. 자식들은 자기들끼리 재미있게 살고 있어. 그런데 부모가 오늘 깍두기 담가놨으니 가져가라, 뭐 해놨으니 가져가라. 자식들이 맞벌이하면서 바쁘기도 하니 부모 마음에 해줄 수도 있지. 그게 좋다 나쁘다기보다는 해주면 자식이 감사함을 느낄 줄 알아야 해. 그러니까 정답이 있다기보다는 정도가 있어야 하지. 자식이 필요할 때 적당히 도와줘야지 자식에 대한 집착으로 시도 때도 없이 개입하면 되겠어? 해주고도 좋은 소리 못 듣는다.

결혼 생활을 시작하려는 자녀에게 부모로서 어떤 당부를 하면 좋을까요?

아들인 경우, 어떤 경우라도 아내를 외롭게 하지 말라고 해. 옛날에는 너무 먹고살기 힘들어서 밤샘도 하고 바빴지만, 요즘 세상은 여유가 있으니 더욱 아내를 외롭게 해서는 안 돼. 아내를 외롭게 만들면 시간이 갈수록 서로에게 틈이 생기고 나중에는 회복할 수 없는 거리가 벌어져. 그럼 어떻게 해야 하나? "호적초본 들고 너 하나 보고 오는 사람이다. 절대 외롭게 하지 마라." "절대 외박하지 말아

라. 시시콜콜한 얘기라도 대화를 많이 해라." 이렇게 말해줘야 해.

또 아들이나 딸이나 사이가 아무리 좋아도 부끄러운 이야기는 상호 간에 절대 하지 말라고 해. 특히 집 바깥에서 있었던 안 좋은 일들은 절대 집에 와서 말하지 마라. 결혼해서 처음 2~3년간은 더 말 조심, 행동 조심을 해야 해.

결혼 초기에는 입에 있는 사탕도 넣어줄 만큼 서로 더없이 좋지? 그래서 자칫 있는 얘기, 없는 얘기 다 하게 된다. 우리 집의 안 좋았던 과거 얘기나 부모님에 대한 부정적인 얘기도 신나서 하고. 서로 좋을 때는 그런 얘기 듣고 위로도 해주고 품어주지. 하지만 권태기라도 들어서면 그것들이 부메랑이 되어 돌아오는 거야.

옛날 이야기야. 교통단속을 하며 뒷돈을 받는 경찰이 있던 시절에 이 경찰관이 그걸 아내에게 자랑삼아 얘기한 거야. 오늘 얼마를 벌었다, 오늘은 어떤 놈이 짜게 굴었다, 계장에게 얼마를 줬다. 나중에 서로 앙숙이 되니까 이 아내가 그걸 신고했네.

바깥에서 일어나는 일은 얘기를 안 하는 게 자기관리야. 이건 부부뿐만 아니라 모든 대인관계에서 필요한 얘기다. 친구 간에도 널 믿으니 너에게만 얘기한다고 이런저런 얘기를 털어놓으면 그 자리에서는 맞장구를 쳐주거든. 근데 딱 돌아서면 다른 사람한테 가서 흉을 본다고.

그래도 힘든 일은 집에서 얘기도 하고 그래야 위로가 되지 않을까요?

남자가 밖에 넥타이 매고 멋지게 나가니 좋을 것 같지? 하지만 무슨 문구멍이 있어 남편이 종일 일하는 것을 보면 어떻겠어? 지옥이야. 윗사람들 불편한 요구 맞춰야지, 성과를 내려고 용을 써야지. 물론 그런 게 부끄러운 것은 아니지. 그렇지만 꼭 자랑해야 할 일도 아니잖아.

남편이 그런 얘기를 아내에게 하면 아내는 처음에 '아, 저렇게 하루를 마치고 오는구나.' 싶어 안쓰럽게 여기지만 시간이 지나면 차츰 남편을 부담스러워하고 아래로 보게 된다고. 그게 사람의 마음이야. 간사하지. 특히 회사에서의 일들은 이권에 관련된 일들도 많아서 가능하면 얘기 안 하는 것이 좋다.

누구나 부끄러운 점은 다 갖고 있지. 하지만 굳이 내 입으로 전달하지는 말라는 것이야.

철쭉님은 따님이 결혼할 때는 주로 어디에 역점을 두고 말씀해 주셨나요?

남의 집에 가면 싫은 것도 받아들이고, 좋은 것도 받아들이고, 이상한 것도 받아들여야 한다고 했지. "우리 집에서는 이렇게 하지 않았는데?" 그러면 안 된다. 매사에 알려고 하고 받아들여야 하는 거야. 그게 결혼이고 시집이지. "네가 살려면 네가 맞추어야지 시집 식구가 너에게 맞추길 바랄 수는 없는 것이다." 하고 일렀지.

요즘 젊은 사람들은 시댁이 조금만 다르거나 이상하다 싶으면 바로 친정엄마한테 전화해서 얘기하는데 그런 짓 하지 말라고 했다. 아무리 힘들어도 친정 와서 시집 안 좋은 얘기는 하지 말라고.

그럼 힘든 얘기는 어디 가서 해요? 가장 가까운 게 엄마인데.

안 좋은 얘기를 하지 말라고 아무리 미리 말해도 결국에는 와서 하거든.(웃음) 그런데 요즘 엄마들이 그런 얘기를 들으면 가만히 안 있고 그럼 살지 말라고 아주 쉽게 말한다는 거야. 친정 부모는 그런 딸에게 맞장구를 치면 안 된다. 딸은 거기에서 엄청난 탄력을 받는다고.

오히려 한마디로 "애야, 시집은 원래 그런 거야." 하면서 포괄적으로 받아주고 위로하는 차원에서 끝내야 해. 안 그러면 딸은 밑도 끝도 없이 안 좋은 말을 하게 되지.

친정 부모가 잘못 개입하면 시댁이나 남편에 대한 딸의 부정적인 마음을 부추겨 결혼생활을 망치는 마귀가 될 수 있으니 조심해라.

결혼한 자녀에게 부부 갈등이 생겼을 때 부모로서 어떻게 해야 할까요?

상당히 성가신 문제다. 자녀들이 부부 갈등을 겪는 데는 나름의 이유가 있는 거야. 민감한 젊은 사람들의 갈등을 부모들이 다 알기는 어려워. 결혼해서 살면 자기 프라이드도 있고 가치관도 다르니 함부로 편승해서 편견으로 질책하지 마라. 내 자식 편을 들거나 아니면 다른 쪽이라도 한쪽 편만 들면 갈등에 불붙이는 격밖에 안 돼.

그렇다고 나 몰라라 해서도 안 되고, 부모의 깊은 관찰이 필요하다. 며느리, 사위도 다 내 자식이니 현명하게 조절해주어야지.

내 아들이 엇나갔거나 큰 잘못을 한 경우는 어떻게 해야 할까요?

그런 경우에는 100퍼센트 며느리를 보호해야지. 내 자식도 귀하지만 며느리도 그 집에서 귀하게 키운 자식이야. 특히 며느리는 시집에서 외로울 수 있어. 아들이 잘못했을 때 그것을 덮으려고 하지 말고 책망해서 며느리를 보호해야 한다. 그러면 며느리가 큰 위로를 느낀다. 감사함도 느끼고.

결혼한 부부가 서로 지켜야 할 예절과 도리에 대한 말씀을 부탁드립니다.

예절이란 사람에게만 있는 것으로 꽃보다 아름다운 것이라. 하지만 그런 것이 실종된 요즘 세상에 부부의 금도를 말하자니 답답한 생각이 먼저 드는구나. 사람이 저절로 예와 도를 안다면 얼마나 좋겠냐마는 그렇지 못한 것이 현실이지. 그래도 말을 하자면 예절이란 어릴 때 부모로부터 바른 교육을 받음으로써 형성되는 것이겠다. 그러니 기회가 있다면 부모로서 힘써라.

부부간의 예절이라면 세 가지가 있다.

첫째, 상호 부담스러운 언행을 삼가야 한다. 상대 부모에 대해 함부로 말한다든가 서로를 비난하는 말은 삼간다. 둘째, 남과 비교하지 말고 특히 남자는 여자에게 암묵적으로 배려라는 정서를 가져야 한다. 셋째, 자기관리를 잘해라. 아무리 한 이불 덮고 자는 부부라고 해도 고유한 자기 영역이 있다. 그러니 자기 영역은 고수하고 반대로 상대의 영역은 존중해라. 요새 흔히 서로의 핸드폰이나 지갑 등을 뒤지기도 하는데 이는 절대 금물이다!

사춘기 자녀의 양육에 대하여

중학교 상담 선생님들이 가장 많이 받는 전화는 이런 것이라고 한다. "초등학교 때 정말 말 잘 듣던 아이였는데 너무 달라졌어요. 우리 아이가 정상일까요?" 아이 키우기는 늘 어렵지만 특히 사춘기로 접어들면 부모에게 아이는 종종 외계인처럼 낯설어지기도 한다. 부모의 영향권을 벗어나고 싶어 하는 사춘기 아이들, 예민해지고 반항심이 늘어 대화가 어려운 아이들과 어떻게 지내야 좋을지 구체적인 조언을 부탁드렸다.

사춘기 자녀에게 가장 신경써야 할 것이 있다면 무엇일까요?
사춘기란 남녀를 불문하고 신이 인간에게 하사한 신성불가침의 선물이라고 한다. 하지만 사춘기 아이들의 상식의 범주를 넘는 언행들은 본인에게는 물론 주변 사람들에게도 공해가 될 수 있는 요소를 갖고 있어 관심을 많이 가져야 하는 시기다.

교과서적인 얘기지만 이는 그동안 아이에게 밥상머리 교육을 얼마나 했느냐에 달렸어. 밥상머리에서 부모와 대화를 꾸준히 해온 아이는 부모가 하는 얘기가 다소 자신의 뜻과 달라도 귀를 기울이거든. 하지만 그렇지 못한 아이는 부모가 아무리 필요한 얘기를 해도 어느새 그 말을 저 멀리 귀양 보내기 일쑤지. 부모가 자녀의 어린 시절 얼마만큼 정성과 관심으로 그 어린 욕구를 채워주었느냐에 따라서 사춘기를 맞이하는 친구들의 면면이 달라지는 것이야.

어린 시절 밥상머리 교육을 놓친 부모가 이제라도 자녀를 잘 가르치려면 어떻게 해야 할까요?

때를 놓쳤다는 것은 참으로 쓰디쓴 일이야. 자녀를 키우는 과정에서 그때그때 필요한 것은 나중에 채워주지 못하거든. 한번 휘어져 자란 나무는 아무리 애를 써도 다시 곧게 펼 수가 없고 간혹 편다고 해도 엄청난 힘이 들 뿐만 아니라 반드시 상처가 남아. 그만큼 자녀가 필요로 할 때 그걸 채워주는 부모 역할이 지대하고 절대적이라는 얘기야.

하지만 때를 놓치고 나면 부모 역할을 더 할 수 없는 것이냐? 그건 아니야. 더 정신 차리고 부모 자리를 지켜야지. 말 안 듣는 사춘기 아이를 둔 부모는 흔히 자식들 손바닥 위에서 놀아나게 마련이야. 자식이 말을 안 들으니 부모가 엎드리고 맞추는 거야. 자식은 부모의 이런 약한 마음을 기가 막히게 알아채고 이용하지. 그러니 부모가 얼마나 억세냐에 따라 자식의 태도가 달라져. 부모가 최선을 다해 자기 자리를 지킬 때 사춘기 자녀의 방황도 서서히 가닥을 잡는다.

사춘기라 아이들이 예민하고 반항적이다 보니 하고 싶은 말을 참게 됩니다.

아이들에게 놀아나지 않는다는 것은 강압적으로 누르라는 말이 아니야. 부모로서 정도定道를 지키라는 것이지. 아버지라면 아버지 자리와 역할, 어머니라면 어머니 자리와 역할을 고수하며 아이들에게 되는 것과 안 되는 것을 편안하지만 분명히 알려주면 되는 거야.

자식이 말을 안 듣는다고 부모가 자식을 겁내면 되겠나. 다부지게 할 수 있는 그때그때 필요한 이야기를 해주는 것이 부모 자리를 지키는 첫 번째 일이란다. 자식에게 하는 엄마 말에 법률적인 제약이 있겠나, 사회적인 제약이 있겠나. 온갖 소리를 하라는 것이야. 그러면서 관심도 가지고 대화도 하면서 자녀의 사춘기 변화나 감정에 대해서 잘 이해도 하고 수용도 하고.

특별히 강압적으로 말하는 것도 아닌데 자녀들과 대화하기가 힘이 듭니다.

자녀와 대화가 안 되는 이유는 여럿이지. 첫째로 자녀 마음에 응어리가 있으면 그래. 마음의 응어리라는 게 뭐냐. 어릴 때 부모가 이유 없이 자주 싸운 경우, 부모가 술이든 일이든 바람 때문에든 가정에 충실하지 않은 경우, 필요한 경제적인 지원을 받지 못해 위축된 경우 등이지. 아이들을 폭행하는 등 특별하고 극단적인 경우를 제외하고 평범한 가정에서 아이들에게 생기는 마음의 응어리는 대체로 그런 것들이야. 대화를 통해 아이들에게 그런 응어리가 있다는 것을 알게 되면 부모는 즉시 사과할 일이다.

그런 응어리도 없는데 대화가 잘 안된다면 그건 부모가 말하는 요령이 없어서 그래. 아이들뿐만 아니라 누구라도 말하는 과정에서 상처를 받으면 더 이상 소통이 안 돼. 혹여 말을 할 때 자녀들의 자존심을 건드리는 건 아닌지 살펴볼 일이다. 많은 부모가 아이들에게 직면을 안 시켜. 다시 말해 아이들에게 현실적인 옳고 그름을 알려주지 않는다고. 반면에 직면을 시킨답시고 아이들의 자존심을 건드리면 그것도 안 되는 거야.

아이들의 능력이나 인격을 거론하는 것이 자존심을 건드리는 것이지. 잘못한 일이 있으면 그 일만 얘기를 해야 하는데 네가 머리가 나빠서 그랬느니, 친구들한테 인기가 없어서 그랬느니 하면 안 되는 것이야. 아이들도 인격이 있지. 어릴수록 인격을 존중해서 대화해야 해.

아이들 마음의 응어리를 풀어주기 위한 사과는 어떻게 하면 좋을까요?

사과가 어려운 게 아니야. "내가 오늘 저녁에 옛 친구를 만났는데 얘기하다가 문득 이런 생각이 들더라. 네가 어릴 때 엄마가 관심도 많이 못 주고 충분히 돌봐주지 못했어. 참 후회가 된다." 아니면 "엄마가 아빠랑 많이 싸워서 네가 많이 힘들었겠구나." 이런 식으로 하면 된다.

사과를 한 번 한다고 아이 마음이 풀리겠나. 처음에 아이는 "엄마가 난데없이 왜 이러지? 돌았나? 뭘 잘못 먹었나?" 하고 의아해하지. 한 번, 두 번, 세 번, 아이 마음이 풀릴 때까지 계속 노래를 불러야 해. 그러면 어느 날 아이가 그렇게 사과하는 엄마 얼굴을 가만히 쳐다본다. 그렇게 야금야금 마음이 돌아서는 거야.

사과하는 와중에도 부모로서 할 소리는 해야지. 사과는 사과고, 부모의 역할은 역할이고. 처음에 부모가 사과를 하면 많은 아이가 그걸 빌미로 부모의 목줄을 쥐려고 해. 첫째, 외출을 마음대로 하려고 한다. 둘째, 집에서도 제 하고 싶은 대로 하려고 한다. 그런 데 놀아나면 안 되고 무엇이 옳은지 그른지는 반드시 이야기하고 가르쳐야 해.

부모로서 해야 할 잔소리와 하지 말아야 할 간섭은 어떻게 다른가요?

잔소리가 30초를 넘으면 간섭이 된다. 간섭이 더 길어지면 질타와 강압이 되고. 엄마들이 흔히 잔소리로 시작해서 점점 언성을 높이다가 간섭으로, 강압적인 질타로 이야기를 마무리하지. 그쯤 되면 아이들이 다 썩은 표정이 된다. 해야 할 엄마의 말을 하되 30초를 넘기지 말아라! 결국 말을 전달하는 태도의 차이야.

자녀가 이성 교제를 하는데 임신 등이 걱정입니다.

딸아이가 그렇게 걱정스러울 정도로 남자 친구에 빠질 때까지 부모들은 어디서 뭘 했나? 애들이 집안에 정 붙일 곳이 없었던 것 아닌가. 집에 정이 없으면 밖으로 나돌게 돼 있어.

예전에는 아주 강압적인 수단으로 눌러 앉히기도 했는데 다 소용없더라. 밤도망을 가더란 말이지. 이미 벌어진 일을 어쩔 것이야. 자녀에게 더더욱 바짝 신경쓰면서 평소보다 두 배의 대화를 나누어야 해. 그만큼 가깝게 지내라는 얘기다.

대화할 때도 이성교제에 대한 얘기를 직접적으로 하면 좋아하겠나. 평범한 이야기에 섞어서 슬쩍슬쩍 "엄마 친구 아들이" "엄마 친구 딸이" 하면서 남의 얘기를 하듯 필요한 이야기를 해줘라. 준비 안 된 임신을 하면 얼마나 괴롭고 고통스러운지 현실적으로 구체적으로 알려주란 말이다. 털털하게 이야기를 시작하면서 슬슬 현실적인 정보를 알려주면 좋다.

부모가 자식 키우는 일에는 포기라는 단어가 없다. 관 뚜껑이 닫혀야 끝나는 일이 자식 일이야. 혹여라도 자식이 버겁다고 생각하는 부모가 있을까? 그 사람은 그 생각을 하는 그 순간부터 불행하다.

철쭉님은 자녀가 사춘기일 때 성교육을 어떻게 시키셨어요?

딸아이 같은 경우는 어느 날 불러서 말했지. "이제부터 네 속옷은 네가 빨아라." "왜요?" "생리는 이제 여자로서 인간으로서 네가 완성됐다는 증거다. 그런 네가 생리한 흔적을 부모한테 보이면 되겠나." 이렇게 말하면 자긍심도 갖고 책임감도 느끼게 되지. 무슨 얘기든 아이들 눈치 보면서 너무 힘들게 꺼내면 아이들이 경직되고 말지. 이야기는 늘 편안하게 해라.

아들 같은 경우는 이렇게 말했다. "○○아, 뭐든 깊이 빠지면 환자다. 아무리 맛있는 음식도 욕심을 내면 탈이 나지? 자위도 그런 것이야. 자위는 꼭 필요한 것이지만 많이 하면 부작용이 많다. 술도 한 잔은 좋잖아? 두 잔, 세 잔 마시다가 취하면 어떻게 되나? 자위도 마찬가지야. 자위에 몰두하면 손가락도 까딱하기 싫어. 낮에도 정신없이 잠이 온다거나 시도 때도 없이 눕고 싶어지면 과한 거야. <u>스스로 알고 조절해라.</u>" 아들이라면 아버지가, 딸이라면 엄마가 자기 경험을 바탕으로 얘기하면 된다.

사춘기 성교육은 자기관리의 측면에서 생활적인 걸 자꾸 얘기해 주는 게 좋아. 교육이란 사전 교육을 해야지, 일이 벌어지고 나서 하는 사후 교육은 의미가 없어. 사후에 하는 것은 교육이라고 안 해. 수습이라고 하지.

아이가 친구들과 자주 놀고 싶어 하는데 횟수나 시간에 제한을 둬야 할까요?

이러한 질문 자체가 밥상머리 교육이 전혀 안 되었다는 증거야. 보편적으로 아이들이란 적당히 놀기도 하고 친구를 좋아하기도 하지만 부모가 걱정할 만큼 그런다면 대단히 잘못되었다고 하지. 그런 단계에 이른 아이라면 이는 그리 쉽게 해결되는 문제가 아니야. 이런 경우는 부모가 자녀에게 일방적으로 지시하는 사람일 수 있어. 가정에서 부모와 자녀 관계의 기본이 안 되어 있다는 증거지. 늦었지만 인내하고 소통하는 시간이 많이 필요해.

아이가 집안일을 돕도록 하는 게 좋을까요?

이미 길들여진 정서를 단번에 변하게 한다는 것은 어렵지만 아이가 할 수 있는 것들을 야금야금 시키는 것도 효율적이지 싶다. 요즘 부모들은 공부에 올인한다고 자녀에게 안 시킨다. 우리 애 머리가 좋은데 공부해야 한다고 하면서. 그렇게 해서 서울대학교 가면 뭐 하나. 사회생활을 못한다.

"오늘 엄마가 몸이 불편한데 엄마 대신 설거지 좀 할래?" 하면서 시작해라. 일부러라도 기회를 주어 시키지만 보상하지는 말아라. 이거 하면 뭐 해줄게, 얼마 줄게, 이렇게 조건적으로 하면 안 돼. 마음을 알아주는 차원에서 정 뭘 주고 싶으면 다른 명목으로 주어라.

아이가 사춘기라 감정 기복이 심한데 다 받아줘야 할까요?

이 역시 눈높이에 맞는 대화를 많이 하며 풀어가는 것이 좋아. 사춘기의 감정 변화가 죄는 아니잖아? 소통하는 마음가짐이라면 무난히 잘 넘길 수 있어. 사춘기 아이라도 자식은 자식이다!(웃음)

노년에 대하여

어느 날 문득 계절이 바뀌고 있음을 깨닫게 된다. 퇴직을 고민해야 하는 나이도 된다. 아직 실감 나지 않는 죽음이라는 것도 생각해봐야 하는 때가 온다. 무엇이 좋은 삶인가? 어떻게 살아야 할까? 이것은 평생 모두의 마음을 흔드는 질문일 것이다. 어떤 일이 멀리 있을 때는 계획도 세우고 미리 이런저런 생각도 하지만 막상 닥치면 평소의 습관대로 하게 된다. 순간순간의 생각과 말과 행동의 결과로 지금 내가 만들어진 것이다. 아직 살아갈 날이 많이 남은 후학들을 위해, 언젠가는 맞게 될 퇴직이나 노년의 삶을 위해 무엇을 준비해야 할지 인생 선배이신 철쭉님께 여쭈었다.

퇴직 이후 삶의 준비는 어떻게 해야 할까요?
퇴직하면 퇴물 된다. 퇴직하지 마라. (웃음)

왜 퇴직은 할 수 있으면 최대한 나중에 하라고 하시는지요?

조금만 있어 봐라. 퇴직하고 나이 드는 것은 자연스러운 일이지만 곁에 있는 사람들이 한 사람, 두 사람 알게 모르게 떠난다. 노년에는 파리도 안 붙는다는 말이 있는데 그렇게 점점 혼자가 되어가게 마련이라. 어느 날 만나기로 약속을 한 친구가 안 나와. 전화했더니 어디가 아프다, 안 좋다 하는 소리를 해. 이러면서 점점 멀어지는 거야.

철쭉님도 공식적으로 사회적인 지위에서 내려오셨을 때 마음이 다르셨어요?

사람마다 조건이 다르잖아. 성향도 다르고. 퇴직하고 한가한 사람이 있는가 하면 어떤 사람은 퇴직하고부터 고민이 시작되지. 더불어 살기를 연습하지 않고 살았던 사람들은 퇴직하면 고립되게 마련이다. 언론계 고위직 나온 사람도, 공직에서 어디 국장으로 은퇴한 사람도 김밥 한 줄 사 들고 혼자 산에 간단 말이다.

나는 공직을 떠나고 회사를 떠나서도 아버지로서 늘 숙제가 있었어. 아버지로서 앞날을 구상해야 하고 자식이 어떻게 실행해가는지 살펴보고 잘하도록 도와줘야 했어. 일 하나를 해결하고 나면 회사 일이든 집안일이든 그다음에 해야 하는 걱정거리가 늘 있었지. 할 일이 많았다.

나이가 들수록 나를 드러내기 위한 공부보다는 내면이 온전해지는 공부에 집중해야겠다고 생각해요.

그런 생각은 고립되었다든지, 주변에 사람이 없다든지, 뭔가 남다른 모티프가 있을 때 하는 생각이야. 사람이 원래 친해지고 싶은 사람은 나 말고 다른 사람이란다. 사람은 정보로 만들어진 것이기 때문에 다른 사람과 친해야 젊게 사는 것이고 나하고만 친해진다면 고립되는 거야. 명상한다, 수련한다, 그런 사람들 많지? 나 자신을 잘 닦는 것은 좋은 일이긴 하지만 현실적으로 명상센터 같은 곳은 고립된 사람들의 온실이기 십상이란다.

나이가 들면 외롭지 않을 도리가 없어. 사람은 원래 외로운데 나이가 들면 외로움을 더 크게 느끼지. 나이 들면 인자해지는 것이 아니라 힘이 없어지는 거야. 노년에 외로우면 몸도 더 아파.

20, 30대에 누구한테 외로워 보인다는 소리를 듣는 것하고 나이 들어 그런 소리 듣는 건 하늘과 땅 차이야. 젊음은 그 자체로 선망의 대상이니 외로워 보인다는 얘기도 듣기 좋지. 하지만 나이 들어 그런 소리를 듣는다? 어떤 사람들은 그걸 치욕으로 여긴다. 그만큼 듣기 싫다는 얘기야.

나이 들어 주변에 사람이 없다, 혼자다 하는 것은 젊은 시절 인간관계를 잘못하며 살아온 결과이기에 피할 도리가 없어. 싫든 좋든 외면할 수 없는 내 현실이라는 것이야. 나는 명상하기에, 개를 기르기에, 고상한 취미가 있기에 외롭지 않다? 이런 사람은 무딘 습쩝이 있어 외로움을 잘 못 느끼든지, 아니면 참고 견디든지 둘 중 하나야. 사람 사는 것이 별것 아니야. 별것처럼 얘기하니까 별것인 양 되는 것인데, 사람은 상식대로 보고 듣고 말해야지. 말하는 나도 편안하고 듣는 너도 편안한 것. 그것이 상식 아니겠나?

나를 연구한다고 하지 말고 어떻게든 사람들 속에서, 사람들과 함께하려는 몸짓을 해야 하루라도 기분 좋게 살다 죽을 수 있는 거야.

철쭉님도 외로움을 느끼세요?
그렇지. 외롭지 않은 사람이 어디 있어. 외로움은 지옥이야. 외롭기에 인간관계를 하는 것이고.

나이 들면 어쩔 수 없이 외롭다면 그걸 최소화하기 위해 어떻게 살아야 할까요?
이건 정의가 없다. 결혼생활이 파투가 났을 때 속을 들여다보면 원인은 외로움이야. 제공자는 남녀 구분이 없지. 인간사회에서 외로움이란 숙명이지. 이것은 피할 수가 없으니 그럼 어떻게 해야 하느냐. 무서운 질병을 예방하기 위해 노력하듯이 노력하는 것이지. 혼자서 있는 것은 처방이 아니야. 사람은 혼자 있으면 절대 안 된다. 아무리 똑똑하고 가진 것이 많아도 혼자 있는 것은 병이야.

둘이 있어도 외롭다면 혼자 있는 것이 낫지 않을까요?
그건 자살행위야. 두 사람이 있으면서 너도 외롭고 나도 외롭다면 서로의 외로움을 가지고 씨름도 하고 그것이 알게 모르게 서로의 울타리가 되지. 갈등할 대상이 있는 것이 갈등 없이 고적한 것보다 백배 낫다.

왜 혼자서 자신의 외로움과 씨름하는 것은 안 되나요?

그것이 제일 무서워. 어떻게 무섭냐고 하면, 예를 들어 바보라도 두 명이 있으면 혼자 있을 때보다 활기차고, 세 명이 있으면 반드시 그중에서 대장이 나온다. 사람 살아가는 것이 교과서에 나와 있는 것은 아니지만 내가 살면서 보니까 그렇더라고. 서로 갈등하고 맞추기도 하는 것이 사는 것이야.

노년의 외로움은 결과물이다. "그럼 이 외로움을 어떻게 할 것이냐?"라고 물으면 나는 답하지. "마음을 열면 된다!" 그러면 어렵다고 해. 이런 사람은 마음 여는 법을 모를 수도 있고 소갈머리가 나빠서 그럴 수도 있어. 마음은 그냥 여는 거야. 무슨 특허품이 아니야.

그럼 또 물어. "마음을 열었는데 주변에 사람이 없다. 어쩌면 좋나?" 그럼 내가 말하지. "마음을 열면 반드시 누군가 있다. 누구라도 만나서 얘기를 해라."

그럼 아무라도 만나면 되나요?

음식은 아무거나 먹어도 사람은 가려라. 누구를 만나야 하는지 말아야 하는지는 딱 잘라 얘기할 수 없는 사항이지만 나는 이런 사람은 피하라고 한다. 만남이나 약속을 가볍게 여기는 사람, 그리고 인색한 사람.

같이 모여 배드민턴을 치고 밥을 먹기로 했다. 회비는 2만 원이다. 그런데 "나는 운동하고 밥 먹을 시간은 없으니 밥값을 빼달라." 이런 식으로 말하는 사람 곁에는 가지 말아라. 하지만 그 앞에서 기분 나쁜 표는 절대 내지 마라. 할 말이 있으면 할 말만 하고. 사람은 원래 다 각양각색이라. 그러려니 해라.

노후를 위해 경제적인 준비 다음으로 준비해야 할 것은 무엇일까요?

나이 먹는 것은 자연법칙이고 어떻게 사느냐는 인간의 법칙이야. 돈이 아무리 많다고 해도 일체유심조一切唯心造라고, 내가 지옥이라고 생각하면 지옥이야. 나이가 들어보니 곁에 있는 사람이 중요해. 주변에 좋은 사람을 둬야 해.

그러려면 먼저 내가 좋은 사람이 되어야 하고, 그다음에는 무엇을 해야 할까요?

고사에는 베풀라고 해. 돈이 있는 자는 돈으로 베풀고 돈이 없는 자는 마음이라도 베풀고. 그게 쉬운 이야기 같지? 엄청 어려워. 우리가 사람들을 만났을 때 서로가 불편할 주제로는 이야기하지 말라고 하지? 왜 그러겠어? 내 사고가 다르고 네 사고가 다르니 말 한마디에 기분이 나쁜 거야. 그래서 맘으로 베푼다는 것, 그것도 엄청스레 부담스러운 거야. 인내도 필요하고 상당히 고찰되는 정신세계도 필요해. 남의 말 듣고 화도 안 내고 내 의사와 다른데도 불구하고 침묵을 지킨다는 것, 힘들지.

돈이 있건 없건 일차적으로 베푸는 마음이 있어야 해. 돈이 있으면 더 좋고 돈이 없으면 인정으로 베푸는 마음이라도 가져야 한다는 거야. 쉬운 거 같지?

어려워요. 그래서 몸에 배게 자꾸 연습해야 한다는 말씀이죠?

그렇지. 다시 말해 손해 보고 살아라. 경제적인 것만 의미하는 것이 아니라 말 한마디라도 이기려고 들지 말고 양보하는 연습을 해야 해. 손해 보고 살면 두 다리 쭉 뻗고 잘 수 있고, 이익을 보고 살면 불안해. 인간관계가 그런 거야.

주변에 사람이 없다는 것은 간단해. 베풀지 않아서 그렇지. 내가 좀 손해 보면 사람이 많아. 젊을 때 열심히 일하고 땀 흘려 살면서 베푸는 것도 연습해야 해. 요즘 세상에 이런 말 하면 미쳤다고 할 수도 있지만 그게 결국은 남는 장사야. 노후에도 그렇지만 청소년 시절도 마찬가지지.

의견이 다른 사람과 충돌이 생겼을 때 해결 과정에서 무엇에 초점을 두셨어요?

먼저 반론을 하면 안 돼. 그러면 끝이 없거든. 내가 옳다는 욕심에서 자기주장만 하다 보면 고립된다.

철쭉님은 누구에게도 지지 않고 말씀을 듣게 만드시잖아요.(웃음)

아니다. 많이 진다. 말할 필요가 없다고 생각되면 말을 안 해서 그렇지. 말이 안 먹힐 것 같으면 시작을 안 한다. 집단상담에서도 꽉 막힌 사람에게는 말을 안 하거든. 그러면 자기가 답답해서 먼저 슬쩍 다가오지. 그때 말을 해주는 거야.

상대방에게서 들어갈 기미가 보여야 말을 한다는 말씀이시죠?

그렇지. 문을 열어야 들어가지. 대화가 안 된다는 것은 둘 중 누군가가 마음의 문을 닫고 있다는 증거야. 소통의 숨통은 서로 상충되지 않고 주거니 받거니가 될 때 트이지. 친구 간에도 소통이 될 때 오래가는 것이다.

그런데 왜 우기는가? 턱도 없는 욕심을 부리니 그러는 거야. 자신을 성찰하고 훈련해야 하는데 그걸 안 하니까. 다듬어지지 않은 채 브레이크 없이 인생을 살아온 사람은 인간관계도 안 되고 주변에 사람도 없다.

'노No'를 해야 하는 상황과 우기지 말아야 하는 상황은 다르죠?

당연하지. 우기지 말라는 것은 내가 답을 말해줬을 때 상대가 안 받아들이고 안 고치면 내버려두라는 말이야. 한편 상대의 말을 거부하고 내 고집대로만 우기는 사람을 그러려니 하고 받아주는 품이 있으면 멋진 사람이다. 그런 사람을 만나면 욕심이 나.

내가 옳다는 쓸데없는 욕심을 부리면 반드시 피해 보는 사람이 생긴다. 옛날 공무원 연수원에 있을 때 4, 5급 공무원들에게 이 말을 참 많이 했어. 내가 말을 하면 혼자 하는 것이 아니라 상대라는 존재가 있으므로 상대방의 정서를 헤아리면서 하면 금상첨화라고. 자기주장만 하는 사람은 자기 말에 동의를 안 하면 화를 내지. 부부간에도 밖에서 볼 때는 안 그런 것 같은데 집에 가면 이상한 고집을 부리는 사람이 있어.

철쭉님은 사모님 말씀 잘 들으세요?(웃음)

요즘은 무슨 생각이 드냐면 늙어가는 세월의 그림자가 측은하다는 생각이 들어. '소싯적에 나한테 와서 한평생을 사느라고 욕봤다.' 아내는 집에서 할 일이 있고 나는 바깥에서 할 일이 있잖아. 나는 평생 바깥일을 집에 가져가서 이러쿵저러쿵 입 밖에 낸 적이 없어. 바깥일은 대문에 걸어놓고 들어가는 거지. 어쩌고저쩌고 푸념을 안 한다는 말이야. 그러나 내 범주가 아닌 말은 반드시 듣지.

친구도 좋은 관계를 유지하려면 내 주장이 먼저가 아니어야 해. 친구에게 맞춰야지. 그러면 친구가 모르는 것 같지? 집에 가서 잠을 자려고 누우면 다 생각나거든. 다 안다. 미안한 마음도 들고. 이런 게 상생이야. 그런 사회가 되면 참 좋지. 그리 안 되는 것은 모두 욕심 때문이야.

건강관리는 어떻게 하고 계세요? 젊을 때부터 꾸준히 하셨죠?

젊어서는 유도를 해서 공인 4단이야. 선수권대회에 나간 적도 있어. 테니스도 쳤고, 골프도 쳤고, 달리기도 했고, 요즘은 속보를 한다. 땀 흘릴 정도의 빠른 걸음으로. 상품 타려고 친구랑 마라톤 대회에 나갔다가 죽을 만큼 힘들었던 적도 있지.(웃음) 운동하고 싶으면 땀이 날 정도로 빠르게 걸어라.

철쭉님 연세에는 어떠세요? 죽음이 멀리 있나요?

아니다. 아침에 눈을 뜨면 문득 '아! 살아 있구나!' 하는 생각이 들 때가 있어. 나이 앞에 장사 없다고 '어떻게 건강하게 살다 어떻게 고통스럽지 않게 죽어야 하나?' 고민이 되지. 세상에 안락사 같은 것은 없어. 아름다운 죽음이란 말은 다 장삿속으로 하는 말이지. 죽는 순간은 표현 못 할 만큼 고통스럽고 죽으면 끝이야.

'잘 죽는다'는 것은 '잘 살아야' 오는 결과 아닐까요?

잘 살아온 사람이 잘 죽는다는 것도 거짓말이다. 죽음이라는 것을 한마디로 말하면 고통이야. 고통 뒤에 평안이 오는지는 모르겠지만.

죽음은 어떤 면에서 고통인가요? 모든 것이 끝나서? 지금과 단절되어서?

죽음을 예고당하면 후회라면 후회라고 할 수 있는 것이 엄청나게 밀려온다. 평상시에 생각지도 않았던 걱정거리가 숙제를 못 하고 가는 느낌이 되어 감당하기 어렵게 오지. 이런 면에서 고통이기도 하지만 육체적인 면에서도 '임종臨終'의 뜻이 끝을 맞이한다는 거잖아. 더 이상 고통스러울 수 없을 만큼 죽는 과정이 힘들단다. 정서적으로는 더 말할 수 없고. 끝내지 못한 것들에 대한 후회가 그 고통에 수반되지.

어떻게 죽는 것이 좋은가에 무슨 정답이 있겠나. 언제 갈지도 모르고 어떻게 갈지도 모르니 살아 있는 이 순간을 중요하게 생각해야 해. 이 순간이 가장 소중한 거야.

다른 이야기지만 나는 이미 석비石碑도 하사받아 놓았거든. 죽으면 거기에 이렇게 쓸 거야. "나는 사람이 좋아 사람을 사랑하다 사람 곁을 떠난다."

죽는 건 너무 허무하잖아. 너희들도 못 보고. 가까운 사람이 갔다는 얘기를 들으면 간이 철렁한다. 그래서 다음 생에는 인간으로 태어나는 것은 번뇌스러워서 싫고, 백 년 묵은 노송이나 큰 바위로 태어나고 싶어. 천년만년 시름없이 살고 가게.

어떨 때는 사는 것도 허무하잖아요? 죽음이 있어서 삶이 허무한 가요?

사람들에게 왜 사느냐고 물어보면 사랑하는 사람이 있어서 산다고 해. 소설에나 나올 법한 말이지만 곱씹을수록 깊이 있는 말이야. 인생을 살면서 사랑을 안 해본 사람은 참 쓸쓸하지. 자식을 두고 씨름을 하는 것도 사랑이고, 사람 때문에 고민하는 것도 사랑이고. 이런 것 없으면 살 가치가 없다는 거지.

언행일치言行一致된 삶을 살아오시는 길이 힘들지는 않으셨어요?

나도 실수 많이 했어. 사람이 실수를 안 하고는 살 수 없어. 실수를 통해서 삶이 두꺼워지는 부분도 있고 얇아지는 부분도 있지만 실수는 사람이 살아가는 데 빼놓을 수 없는 거야. 그래도 세태의 흐름에 발맞춰 가며 도덕적, 윤리적, 사회적으로 나 자신을 지켜나가려고 노력하는 거지.

철쭉님은 하시는 일도 많고, 만나시는 사람도 많고, 철쭉님께 길을 구하는 사람도 많잖아요.

좋고 나쁘고의 이야기는 아니지만, 그릇이 작은 사람은 작은 대로의 세계가 있고 큰 사람은 큰 대로의 세계가 있어.

베푸는 삶이나 언행일치된 삶이 더 힘들지 않으셨을까요?

그건 하루아침에 된 것이 아니고 내가 받은 밥상머리 교육 때문이야. 어릴 때 부모에게 듣고 자란 말들이 그때는 잘 모르는데 사회생활을 하다가 갑자기 머릿속에서 소용돌이치게 되지. 그래서 밥상머리 교육이 평생을 좌우한다고 하는 거야. 사람은 갑작스럽게 생기는 것이 아니고 어릴 때부터 보고 듣고 느끼는 데서 만들어지는 거야.

부모님의 죽음과 상(喪)에 대하여

부모님은 기다려주지 않는다는 말이 있다. 부모님이 연로해가실 수록 부모님과 어떻게 잘 지낼 수 있을까 하는 생각과 언젠가 떠나실 그 날을 위해 무엇을 어떻게 준비해야 할까 하는 고민이 깊어간다.

살면서 치르는 큰일 중 가장 무거운 것이 부모님의 상(喪)이라고 하는데, 부모님의 남은 날들과 마지막 가시는 길, 어떤 마음으로 함께하고 미리 준비해야 하는지 여쭈었다.

부모님을 어떻게 보내드려야 하나요?
생로병사란 인간사에 피할 수 없는 숙명이야. 편안하게 죽는다는 것? 다 말장난이지. 임종 직전에 자식들이 아무리 좋은 말을 한다고 해서 들릴 리가 있겠는가마는 하지 말라고 말릴 수도 없지.

그것이 자식들의 애통함일 테니. 하지만 할 수 있다면 부모님은 차분한 마음으로 떠나보내면 좋다.

  나아가 부모가 제일 부담 없이 떠날 수 있는 배경은 살아생전에 보아온 자식들의 좋은 모습이야. 돌아가실 때가 되어 울고불고할 것이 아니라 평소에 잘 사는 좋은 모습을 보여드려라.

  부모를 잘 보내는 것은 효의 연장으로 보지. 부모를 떠나보낸 비통함, 안타까움, 아쉬움은 전할 길이 없잖아. 그래서 정성껏 장례를 치르는 거야. 장례를 치르며 주변에 베풀기도 하고.

연명치료에 대해 고민하는 사람이 많습니다. 아쉬움 때문에 그런 것 같은데요.

  그것은 대개 부모가 바라는 바가 아닐 터. 연명치료 받으며 고통스럽게 누워 있는 부모님을 지켜보는 마음도 고통스럽지 않겠어? 그에 수반되는 현실적인 문제들도 자식들에게는 부담일 테고. 될 수 있으면 하지 않는 것이 좋다고 본다. 그러기 위해 모든 수단을 동원하여 가족들이 합의를 도모할 일이야.

가족 중 누구라도 연명치료의 중단을 극구 반대하는 경우에는 어떻게 해야 하나요?

  그런 경우도 있지. 그럴 때는 설득하고 조율해야지, 다수결로 무리하게 밀어붙일 일은 아니라고 본다. "나는 아버지 연명치료 중단하는 걸 용납할 수 없다." 불뚝성을 갖고 턱도 없는 자존심으로 그러는 사람도 있지만 대개는 연명치료에 따른 제반사항에 대해서 실제로 책임을 질 수 있는 사람이 그런 주장을 하게 마련이지. 반면에 돈이 많아도 우리 아버지 더 이상 고생시키지 말자고 하는 사람도 있는 법이다. 이런 건 어디에 정해진 것이 없으니 서로 조율하여 합의하는 인내의 미덕을 가져야 한다.

화장이든, 매장이든 장례 방법에 대해서는 생전 부모님 뜻을 따르는 것이 맞나요?

화장해서 뼛가루를 산천에 뿌려라, 선산에 묻어라, 부모마다 말이 다 다르지. 하지만 장례는 죽은 자의 몫이 아니고 산 자의 몫이라. 산 자가 편안해지려고 장례도 잘 치르는 것이고, 제사도 그런 것 아니냐. 죽은 날 밥 안 차려준다고 동티 내는 귀신 있나, 제사 안 한다고 데모하는 귀신 있나.(웃음) 부모님이 돌아가신 날을 기억하려고 모여서 하는 것이 제사 아니냐. 마찬가지로 망자 가는 길을 어떻게 할 것이냐, 이 역시 산 자들이 마음 편한 대로 하는 것이다. 생전 부모님의 뜻을 따르든 안 따르든 산 자의 선택이나, 다만 후회 없이 해라.

그런 사람들이 있다. 돈이 있어도 매사에 빠듯하게 해. 수의도 그렇고 장례 절차 모든 것에서. 그때는 몰라도 어느 날 문득 생각하면 후회스러울 것 아니냐. 그게 두고두고 오래 간다고. 후회할 짓 하지 말라는 것이야. 수의만 해도 그렇지. 3만 원짜리 수의도 있고 수십만 원 하는 것도 있다. 너무 인색해도 후회가 남고, 너무 허황하게 속아서도 안 되고. 상식적으로 순리대로 해라.

산 자의 고민과 선택으로 장례를 치르되 망자가 가는 길에 장애가 있어서도 안 되겠지. 매장을 했는데 집안에 시끄러운 일이 많이 생겨. 묘를 파보니 안에 물이 고여 있어. 이런 얘기, 한번쯤 들어봤을 거 아냐. 그런 일도 없게 해야지.

사람이 죽으면 혼이 있다고 하잖아요. 그래서 그런 일이 생기나요?

혼에 대한 관점은 한마디로 정의하기 어렵다. 눈에 보이지도 않고 만질 수도 없고. 이 역시 각자의 몫이다. 화장할 때 관이 화구로 들어간다. 그때 "아버지, 불 들어갑니다!" 하고 알려드리지. 혼이 있다고 보기 때문에 불길을 피하라고 그러는 것이지.

귀신이 있나? 있다는 소리도 안 하고 없다는 소리도 안 한다. 귀신을 본 사람이 많겠나, 안 본 사람이 많겠나. 하지만 살아온 경험 법칙에 의해서 있다고 보는 것이 편하다. 종교라는 것도 산 자들의 필요와 이익을 위해 만들어진 것이잖아. 장례와 관련한 것도 다 마찬가지야. 전통이고 문화니까.

어떤 사람이 아버지 상을 치르게 됐어. 산에서 매장하려고 준비하는 사이에 마침 밑에 아는 형 아버지도 죽어서 땅을 파고 있더라는 거야. 이 사람이 객토도 하고 제를 지내려고 상도 봐놓고 하는데 아래 있던 그 형이 올라와서 얘기해. 잘 모르는 것이 있으니 내려와서 봐달라고. 어떡해. 잠시 가서 봐주고 왔지. 그런데 돌아와 보니 자기가 차려놓은 밥그릇이 없어졌어. 실제 있었던 일이라. 부정을 탔나? 죽은 혼이 화를 내서 그런가? 산신이 노했나? 지나가던 거지가 훔쳐 갔나? 수수께끼라. 그것을 해석하는 것 또한 산 자의 몫이야. '내 초상 치르면서 남의 초상 들여다보지 마라.' 이렇게 해석하는 거지.

흉몽대길凶夢大吉이라고 하잖아? 흉한 꿈이어도 해석만 잘하면 크게 길하다는 거야. 해석이라는 것은 현실을 논하는 것이다. 어떤 것도 현실을 능가하는 것은 없어. 꿈 얘기를 듣고 그게 너 죽을 꿈이다! 이러면 기분이 나쁘겠지. 비록 듣기에 흉몽이라고 해도 참 재수 좋은 꿈이다 하면 기분이 좋을 것이고.

추석이면 사람들이 길도 막히고 힘들기도 힘든데 기를 쓰고 산소에 간다. 왜? 자신을 위해서야. 마음 편해지려고. 안 가면 일 년이 찝찝하다는 거지. 살다가 무슨 안 좋은 일이 생겼다 그러면 당장 추석에 산소를 안 갔다 와서 그런가 하지. 뭐가 안 풀리면 조상 탓도 하고. 실패에는 반드시 원인이 있어. 그런데 그 원인을 찾지 않고 조상 탓을 한단 말이야. 그게 사람이야.

결혼식 날 눈이 온다, 비가 온다 하면 불편하고 성가실 거 아니냐. 눈이 오면 잘 산다, 비가 오면 잘 산다는 말이 그래서 나온 거야. 세상일은 마음먹기대로 간다.

부모님이 연로하시면 준비해야 할 것들이 있을까요?

큰일 중에 제일 정신없는 것이 초상이라. 영정사진도 살아계실 때 준비해놓는 것이 좋아. 초상이 나서야 허겁지겁 사진을 찾는 경우가 있는데 잘 갖춰 입고 찍은 좋은 사진을 준비해놓는 것은 부모님도 좋아하실 일이야. 수의도 미리 준비하는 것이 좋지.

수의를 해놓는다고 하면 미리 돌아가실 준비를 하는 것 같아 조심스러운데요.

부모 중에 수의한다고 하면 싫다고 할 사람 아무도 없다. 물론 나이 한 오십 먹은 부모한테 그런 소리 하면야 안 되지.(웃음) 칠십이 넘으면 다 좋다고 해. 옛날에는 관도 오동나무로 짜서 미리 갖다 놓기도 했어. 사랑채에 두고 영감님이 생각날 때마다 아주까리 기름으로 가꾸지. 아주 반들반들해지는 거야. 모든 의식에는 한 국가의 문화적 특색이 있고, 지역의 특색이 있고, 더 들어가면 그 가정의 특색이 있지. 그건 누가 뭐라고 할 것이 아니야.

"아버지, 수의를 미리 준비하면 오래 사신답니다. 올해에는 윤달이 들어서 더 좋대요. 장만하겠습니다." 그러면 십중팔구 "됐다. 죽어서 썩어질 목숨, 그런 걸 뭐 하러 하냐."라고 하지. 그렇지만 마음이 나쁘지 않아.

사실 자식이 얘기하기 전에 본인이 그런 것을 먼저 느끼고 생각할 줄 알아야 제대로 인생을 산 사람이 아니겠어. 가는 데 번지수 있는 것도 아니고 날짜 받아놓은 것도 아니고.

또 어떤 걸 미리 준비하면 좋을까요?

생전에 부모에게 들을 수 있는 이야기도 차분하게 들어둬야 해. 유언이란 현대에서는 자식들의 분쟁을 막기 위해 꼭 필요한 일이 됐어. 물론 유언은 가진 자들의 고민이자 할 일이긴 하지. 유언을 남길 정도가 되면 뭣이든 걸리적거리는 것이 있어야 할 거 아니냐.(웃음)

종신終身이라고, 기를 쓰고 부모의 임종을 지키려고 하는 자식이 있다. 그런다고 아버지가 더 오래 사나? 예전에는 가진 자의 자식 중에 그런 이가 왕왕 있었다. 죽기 전에 무슨 소리를 할까 싶어서 눈을 부릅뜨고 마지막을 지키려고 하는 거지. 요즘에는 공증이라는 제도가 있어서 그걸 많이들 활용하지.

생전에 자식들에게 냉정하게 정리를 잘해주면 사후에 서로 싸울 일도 없고 좀 좋아. 그런데 그게 그렇게 어렵다. 설마 내가 죽겠나 싶은 것이 사람 마음이야. 목숨이 경각에 있어도 내 마음으로는 곧 자리를 털고 일어날 것 같대. 그래서 미리 유언한다, 공증한다, 이런 게 실제로 그리 쉽지 않다는 거야. 부모들은 나이 들면 내가 최대한 오래 갖고 있어야겠다는 생각도 많이 하지. 미리 줬다가 푸대접받을까 걱정도 하고.

그렇지만 가고 싶을 때 가는 사람이 어디 있어. 죽을 때가 되면 금방 일어날 것 같다가도 한순간에 풀썩 주저앉고 마는데. 그때는 정작 말을 하고 싶어도 말이 안 나와. 정리도 못 하고 경황없이 가는 거라. 그러고 나면 자식들이 아주 난장이 되지. 부모한테 서운한 게 많은 놈이 제일 먼저 틀고 일어난다.

옛말에 자식은 부모가 돌아가시면 백 년 죄인이라고 했어. 잘살고 가시든 못살고 가시든, 짐을 주고 가시든 안 주고 가시든, 다 살아있는 내 몫이야. 부모의 속마음이나 내면세계를 자식들이 아나? 모르니 왈가왈부하지 말아라. 그저 "아버지, 어머니, 모든 것을 다 잊으시고 편안하게 가십시오." 이런 마음만 가지면 돼.

사후 세계라는 것은 우리가 안 가봤기 때문에 있는지 없는지 모르잖아. 부모님 살아생전에 열심히 들여다보고 드나들고 해야지. 청춘도 한때, 사랑도 한때, 정상에 올라가면 반드시 내려와야 하는 것처럼 부모님 살아계시는 것도 한때, 다 한때라.

부모 모시는 것은 흔히 장남 몫이라고 하는데 그것도 옛날이야기야. 어디서 죽느냐. 그건 부모 마음이야. 반드시 부모가 원하는 자식이 있어. 큰 자식이든 막냇자식이든 살아생전 편안한 곳에서 살다 죽고 싶은 부모 마음을 존중해주는 것이 자식 도리 아니겠나. 옷을 잘 사주는 자식, 용돈을 잘 챙겨주는 자식, 전화를 자주 하는 자식, 다 다르지. 그런데 나이 많은 부모 마음이 가는 곳이 반드시 있다고. 부모가 누구에게 가고 싶어 하든 그 뜻을 받아주는 것이 좋아.

효는 흉내만 내도 효라. 꼬장꼬장한 속마음 안 드러내는 것도 큰 효라. 겉으로 잘하는 것이 쉬울 것 같지? 절대 쉽지 않아. 그래서 그게 효라. 예의를 지키는 것이니. 부모한테 속까지 좋은 자식이나 며느리가 얼마나 되겠나. 긴 병에 효자 없다는 말도 있지 않나. 그렇지만 돌아서서 후회할 짓 하지 마라. 효라는 것도 내 마음 편해지자고 하는 것이다.

막상 상을 당하면 부고를 해야 하는데 주의할 점이 있을까요?

길흉사에 받는 축의금이나 조의금은 절대 공짜가 아니라고 한다. 그런데 요즘은 어찌 된 일인지 눈인사만 해도 어김없이 경조사의 고지서가 날아들어. 대단히 잘못된 것이야.

단체나 조직의 경우는 대부분 회원의 길흉사에 동참하는 것을 원칙으로 한다. 부모님이 돌아가시면 먼저 집안에 알려야지. 꼭 알려야 할 사람, 안 알리면 예의에 어긋나는 사람에게 알린다. 직접 알리는 것이 제일 좋고. 아까도 말했지만 부고를 아무 데나 날리는 건 망자를 욕보이는 일이야.

부모님 친구분들께도 알리는 것이 좋을까요?

원래 알리지 않아. 상이 끝나고 혹시 연락이 오면 "그렇게 됐습니다." 하고 말씀드리기나 할 일이지 일부러 알리지 말아라.

내 친구 하나가 명절 전에 죽었어. 같이 모임 할 일이 있어서 연락했는데 답이 안 와. 한참 기다리다가 문득 생각이 나서 아들에게 전화했지. 아들이 뜸을 들이다가 "돌아가셨습니다. 한 달 넘었습니다. 돌아가시면서 연락하지 말라고 하셨습니다." 하네. 이 친구가 생전에 핏기 있을 때나 모습을 보이지, 죽고 나서는 보이기 싫다고 했대. 친구들이 그 소리를 듣고 비판도 하고 탓도 했지만 뭐 어째. 인정하는 수밖에. 나이 들면 친구 죽은 데 안 간다. 이도 빠지고 뼈마디도 쑤시는데 어딜 가겠어. 가면 마음만 아픈데. 나이 칠십 넘으면 미친 짓을 해도 욕먹을 게 없고 좋은 짓을 해도 빛날 게 없는 거라.

부모님의 유품 정리는 어떻게 하는 것이 좋을까요?

사람마다 집마다 다르다. 우리는 어머니 돌아가시고 한참 뒤에 했어. 꼭 즉시 해야 하는 건 아니야. "죽은 사람 물건을 왜 두고 있어?" 하는 것도 우리의 관념이라고 본다. 물론 감당이 안 되고 괜히 마음에 걸릴 것 같으면 바로 치우는 게 낫고.

  나는 아직도 어머니가 쓰시던 목도리나 염주를 갖고 있네. 때 묻은 물건은 그대로 뒀어. 주민등록증도 있다. 한 번씩 보면서 "할마씨, 이때 이랬네." 하지. 건강보험증도 있고. 예전 건강보험증에는 병원 어디서 진료받았다 하는 게 적혀 있잖아. 하관식 촬영한 것도 있어서 그것도 한 번씩 본다.

  조문객으로서의 예의는 어떻게 해야 하나요?
  참석하는 것만으로 예의는 다하는 것이야. 얼마 전에 이런 사람이 있었어. 자기가 직장에서 왕따라는 거야. 그런데 자기를 따돌린 그 사람 중에 하나가 상을 당했대. 거기를 가야 하는지 물어. 내가 물었지. "왜 왕따를 당했나?" 직장에서 초상이 나면 회람을 돌리는데 매번 "난 안 갈 겁니다." 하면서 도드라지게 행동했다는 거야. 내가 "왜 그랬나?" 하고 물으니, 특별한 이유도 없어. "제가 그 사람하고 별로 안 친해서 그랬는데요?" 하는 거야.
  그래서 "가라. 가면 된다." 그랬더니 걱정이 많아. 가면 뭘 어떻게 해야 하냐고. 자연스럽게 들어가서 꽃 하나 받아서 제단에 놓고 고개 숙이다가 나오면 되고, 상주를 만나면 "큰일 당하셨습니다." 하면 된다. 시험 보는 것처럼 어려운 것 하나도 없다고 했지. 그래도 그 상주가 자기를 보고 뭐라고 하면 어쩌나 온갖 걱정을 하면서 가더라고. 그런데 상갓집에 가서 내가 말한 대로 다 하고 나오도록 상주가 아무 말도 안 하고 서 있기만 하더래. 아마 이 사람이 올 줄 몰랐는데 놀라서 그랬겠지. 이 사람은 여기서까지 나를 그림자 취급하나 싶어서 몸을 돌려 후다닥 나오는데, 상주가 급하게 쫓아 나오더니 고맙다고 인사하더래.

그런데 이 사람이 또 걱정인 거야. 그 상주를 직장에서 만나면 그땐 또 어떡하냐고. 그래서 만나면 "큰일 치르느라 수고 많으셨습니다." 하고 인사하면 된다고 해줬지. 그런데 정작 상주가 먼저 다가와서 인사하더래. "와주셔서 고맙습니다." 하고. 그러니까 미웠던 마음이 절반은 사라지더라나.

부모님의 마지막을 준비하는 우리도 나이가 적지 않습니다. 어떤 마음으로 살아야 할까요?

어리석은 질문이야. 그런 건 생각할 필요가 없어. 그래도 묻는다면 간단해. 현실에 충실하면 된다. 현실이라는 것이 정말 중요해. '현실'이라는 것도 더 구체적으로 말하면 '바로 지금!'

심연회에 대하여

심연회 역사가 벌써 24년입니다. 만드신 이유가 궁금합니다.

『큰산에 기대어-내 삶의 어른께 드리는 감사』가 나올 때 시를 하나 써 주었지.「소망을 향하여」라는 시인데 표지에 실렸을 거야. 거기 쓴 내용대로야. 상부상조하고 살라고.

장 교수가 하는 집단상담에 참석하면서 상담하는 사람들을 많이 만났지. 상담도 상담이지만 저래서 인생을 어찌 살겠나 싶은 마음에 조직을 만들어서 도움을 주고 싶었어. 마음을 모으면 없던 용기도 생기고 자신감도 생기니까. 대외적으로 힘도 생기고.

또 모두 가방끈이 긴 사람들이라 자칫하면 자기중심적인 성향에 빠져 삶의 재미를 모르고 살 텐데 그러면 얼마나 헛헛할까도 싶었어. 모여서 서로 부대끼면서 살아보라는 마음이었지. 심연회라는 울타리로 회원들에게 닥치는 외풍도 다 막아주고 싶었어.

몇 명으로 시작하셨나요?

몇 명 안 됐다. 처음에 적극적으로 밀어줬더니 살이 붙기 시작하여 순식간에 회원 수가 늘었지. 많을 때는 거의 200명 가까이 되었어. 하지만 무작정 회원이 많다고 좋은 것은 아니니, 시간이 갈수록 결속력을 다지는 방향으로 회를 운영해갔지.

초창기에 큰 규모의 세미나도 많이 여셨잖아요. 왜 하셨나요?

심연회를 결성하고 회칙을 만들어서 정식으로 법인화를 했지. 학술법인 극동으로. 학술 세미나는 전국 팔도를 돌면서 했어. 회의 외연을 더 단단히 하기 위해서 시작한 거야. 기존의 상담 문화와는 차별화된, 한국 문화에 맞는 현실역동 상담이라는 것을 알리기도 해야 했고. 발표자를 정하고 주제를 정해서 토론을 했는데 세미나 첫 번째 도시는 부산으로 정했어. 첫 나들이였지. 내 텃밭이 부산이니까 회원들이 실수해도 커버할 수 있을 것으로 생각했다.

회를 거듭할수록 세미나가 성황을 이루었죠.

마음이 하나가 되니까 거대한 힘이 생기더라고. 해마다 전국 투어를 했어. 제주도 라마다호텔에서는 400여 명이 모였고, 생각지도 않았는데 제주시장이 와서 인사말을 하겠다고까지 했지. 심연회는 짧은 시간에 무시하지 못할 영향력 있는 단체가 되었어. 세미나에 와서 현실역동 상담의 실제를 본 사람들이 "아! 상담이 이렇게 분명할 수 있구나! 원래 이래야 하는 것 아닌가?" 하더라고.

대전에서 할 때도 행사장이 미어터졌다. 교육청에 공문을 보내

내용을 안내하고, 확인 작업하고, 호텔 컨펌하는 기타 등등의 업무를 회원들에게 배당해줬지. 다들 하나가 되어서 일사불란하게 움직였어. 연출과 기획에 관해서 공부가 많이 되었을 거야. 서울을 마지막으로 학술 세미나는 끝을 냈지.

이 과정에서 심연회와 극동상담심리연구원이 상담하는 사람들에게 각인이 되었지. 또 그동안 쌓인 경험은 회원들에게 눈에 안 보이는 자산이 되었을 거야. 역사라는 건 다 같이 총대를 메고 올인하지 않으면 만들어지지 않는 거야. 가만히 앉아서 얻어지는 이익이나 성과는 하나도 없다는 것이 현실 사회의 진리이고. 노력하고 심혈을 기울여야 하지.

그래서 오늘날의 심연회가 있는 거겠죠.

그렇지. 나도 기분이 좋고 신이 나서 그 당시에 내가 머그잔을 직접 구웠지. 회원들이 좋아하는 글귀를 미리 받아서 거기에 이름과 함께 써서 선물한 거야. 그 글귀는 지금도 가지고 있어. 그때 참 피곤한 줄도 모르고 했다.

학위 받은 사람들에게 특별한 도자기도 선물하셨다면서요?

맞다. 도자기를 만들다 잘못되면 깨고 다시 만들고를 몇 번이나 반복해서 잘될 때까지 했어. 맘에 들게 만들어지면 내 지인인 화가에게 그림을 부탁하고, 그림이 다 그려지면 내가 다시 거기에 글귀를 써서 완성했지. 그 정성을 알려나!(웃음) 그런데 언제부터인가 손이 떨려서 할 수가 없는 거야. 그때 얼마나 절망했는지 모른다. 내가 손이 떨려서 이제 이런 것도 못 하는가 싶으니 좌절감이 컸지.

심연회를 이끌어 오시면서 후회되는 것은 없으신가요?

없다. 하지만 생각도 다르고 서로 지향하는 바도 다르기에 그 많은 사람이 똑같을 수야 없지 않겠나. 내가 사람에 대한 욕심이 많으니 응당 아쉬움은 있지. 때로 본인도 모르게 이기심이나 아상我相으로 분별없는 말과 행동을 하는 고집스러운 회원을 바라볼 때 아쉬웠어. 그럴 때마다 싫은 소리, 좋은 소리 엮어가며 그 마음을 수없이 넘나들었다. 사람 냄새가 안 날 때도 참 아쉬워.

실망하신 적은요?

실망할 때도 있기야 있지! 나도 사람이라. 이렇게 하면 좋은 길이라고 알려줘도 안 듣는 사람을 보면 미운 마음이 들 때도 있지만 모르고 그러는 걸 어쩌겠나. 알려줘야지. 내가 신경질이 나서 나무라지. 무지해서 그런 것이니 좀 알아라 하고.

진짜 입에 단내가 나도록 설명하지. 습관이라면 습관이야. 그렇게 미움도 받고 잔소리도 들었던 사람이 세월이 지나면 어느 날 와서 애교스럽게 "철쭉님~" 하고 부르지.

사람에 대한 그런 남다른 애정은 어디에서 기인하는 걸까요?

남다르다고 할 것도 없어. 남들은 어떤지 몰라도 나는 그렇다. 그냥 누군가 불이익을 본다든지 하는 건 용납이 안 돼. 또 누가 잘못된 길로 간다 치면 어떡하든 도와주고 싶어. 몰라서 그런 거니까 알려줘서 당당하게 살게 해주고 싶은 거야. 힘들게 사는 사람을 보면 그냥 지나치기도 어렵고.

예전 시골길을 지나가는데 어느 집이 상을 당한 것 같더라고. 그런데 찾는 발길도 별로 없고 너무 고적해 보여. 해서 모르는 집이지만 부조를 좀 하고 밥 한 그릇 얻어먹었지. 상주가 낯선데 누구시냐고 물어. 지나다가 적적해 보여 잠시 들렀노라고, 고인의 명복을 빈다고 했지.

어려운 사람을 보면 지나치지 못하시는 건 어릴 때부터 그러셨나 봐요.

고등학교 때 친구가 있는데 도시락을 못 싸 오는 거야. 형편이 어려워서. 점심시간이 되면 그 친구를 찾아서 내 도시락을 주고 나는 도시락 뚜껑을 딱 들고 교실을 순회하지. 우리 담임 선생님이 나보고 "저놈, 저거 이상한 놈"이라고 그랬지.

젊었을 때 가을에 나락을 베어 놓으면 밤에 도둑이 많았단 말이야. 내가 나름 효자 짓을 하겠다고 전등을 가지고 나섰어. 그러다 나락 훔쳐 가는 도둑이 있어서 잡았단 말이야. 그런데 아버지가 어디서 나오셨는지 "야야, 그러면 안 된다." 하고 야단을 치셔. 그때는 왜 도둑은 안 잡고 나한테 뭐라 하시지? 하고 이해가 안 갔는데 세월이 가니까 백번 알겠더라고.

내가 글에도 한 번 쓴 적이 있는데 아버지 돌아가시고 난 어느 추석 무렵 그 사람을 만났어. 그 사람은 그 뒤로 고향을 떠났는데 그날 내가 산소 갔다 오는 길목에 서 있더라고. 나를 보더니 손을 잡고 그렇게 울더란 말이지. 아마 돌아가신 아버지 생각이 나서 그런 것 같아. 마을 입구 어디에 닭을 잡아놨으니 가재. 기다리고 있었다는 거야. 그때 내가 많은 것을 배우고 느끼고 그랬지.

그런 게 눈에 보이지 않는 교육이야. 많이 보고 듣고 느끼는 사람이 성장하는 거야. 안 듣고 안 해보고 안 느끼면서 성장할 수 있는 사람은 아무도 없다고. 반드시 겸사후謙事後라야 박물군자博物君子라. 글로 배우는 것은 기본이고, 사람의 형상을 만드는 것은 경험이야. 경험이 스승이지. 이론이 스승이 아니고. 이론이 스승이라는 건 쌍팔년도 얘기야.

세상을 살아가는 사람으로서 꼭 갖춰야 한다고 생각하는 덕목이 있으신가요?

첫째로 의리지. 사람이라면 신의가 있어야 한다고 생각해. 입에 달면 흥얼거리고 좀 쓰면 뱉고 그러면 세상을 어찌 사느냔 말이야. 한 번 신뢰가 가면 죽어도 고Go지. 독특하게 떠들 필요도 없는 거야. 나는 신의가 없다고 여기는 사람은 안 봐.

존경하고 믿었던 친구, 스승, 연인 그 누구라 하더라도 살인자가 됐다고 하면 싫어지나? 내가 사랑했던 게 변하나? 내가 그 사람을 A로 봤으면 A인 거지, 어느 날 B가 될 수 있나? 난 신의나 의리 문제에 있어서는 아주 칼이야. 살다 보면 미울 수 있지. 하지만 내가 A라고 봤던 그 첫 마음은 안 변한다는 거야.

예전에 어떤 사람이 사업을 하다가 부도가 났어. 채권자가 한 10여 명 됐는데 연판장을 돌리고 야단이야. 채권단이 구성되었는데 나도 일원이었지. 다음 날까지 경찰서에 넣을 연판장에 이름을 쓰라는데 그날 밤새도록 생각했어. 자기 돈 아깝지 않은 사람이 어디 있어. 그래도 내가 그 사람하고 거래할 때 그 사람을 믿었고 의리가 있다고 생각했는데 그 사람의 상황이 달라졌다고 해서 이렇게 해야 하나 싶었지. 결국 다음 날 난 이름을 안 쓰고 포기를 하련다고 했지.

그 사람이 구속되어 경찰서에 있을 때 내가 두어 번 사식을 넣어줬어. 그 사람은 연판장을 확인하면서 내 이름이 없는 것도 봤겠지. 결국 집행유예를 받고 나왔는데 어느 날 날 찾아온 거야. 인사하러 왔대. 그러면서 가방에서 부스럭부스럭 뭔가를 꺼내는데 37평 숨겨놓은 땅이 있었다면서 그 판 돈을 주더라고. 은혜는 평생 잊지 않겠다고 하면서. 거기에서 또 많은 것을 느꼈지.

첫 번째가 의리. 그다음은 뭔가요?

두 번째는 성실성이야. 사람들은 선을 본다, 사람을 소개받는다고 하면 대체로 직업이 뭐냐고부터 묻는데 멋진 일을 한다는 게 중요한 게 아니라 땀을 흘리며 성실히 일한다는 게 중요한 거야. 남보기 하잘것없는 일이라도 열심히 하면 난 합격이야. 나는 어떤 직업을 가져야만 한다고 생각하는 사람은 곱표야. 어디 가도 개척정신을 갖고 사는 사람이냐, 그게 중요한 것이지.

신의나 의리, 그리고 성실성. 이것만 있으면 세상을 잘 살게 되지. 없으면 사회생활이 어려워.

심연회를 통해 보람을 느끼신 때는 언제였어요?

당당하고 사리가 분명한 회원들을 볼 때 더없이 기쁘다. 사람은 상대적이기 때문에 대상에 따라 거듭 태어나곤 하지. 살면서 누구를 만나느냐에 따라 좋아지기도 하고 나락으로 떨어지기도 한다고.

워낙 다양한 사람으로 구성된 조직이다 보니 말도 많고 탈도 많은 게 사실이지만, 흙탕물이라도 바다에 들어가면 바닷물에 섞이듯이 심연이란 연못에 들어와 서로 상부상조하고 경험을 통해 다듬어지고 새로워지는 회원들의 역동을 볼 때 보람을 느끼지. 초반엔 저래서 사람 구실 제대로 하겠나 걱정도 했는데 이제 무슨 일이든 다들 척척 알아서 잘해내는 모습을 보면 기쁘기도 하고.

심연회원들에게 바라는 것이 있으시다면요?

고리타분한 말인지 모르겠어도 나는 똑똑하고 영리한 사람보다 제대로 된 사람이 좋다. 회원 모두가 긴 가방끈을 더욱 다듬어 어느 곳에서라도 자기 두 발로 당당하게 설 수 있기를 바라는 마음이야.

또 이익을 위해 살지 말고 베푸는 마음으로 사는 것이 관계의 미덕이자 핵심이야. 내가 심연회라는 울타리를 만들었으니 그 안에서 조화를 이루며 잘 살기를 바라지.

마지막으로 재밌게 살았으면 해. 살다 보면 필요한 얘기는 30초면 끝나. 수더분하니 서로 마음을 열고 쓸데없는 소리도 해가면서 살아야 세상이 재미나지. 하긴 이제 송년회나 엠티 때 보면 참 재미있게 놀더라고. 처음엔 다들 샌님들이어서 그때는 내가 일부러 방정을 떨었지. 긴장을 풀어주려고. 이젠 그럴 필요가 없어.

철쭉님께 심연회는 어떤 의미인가요?

나는 유가의 전통에서 살아온 사람이라 흔히 말하는 꼰대다. 옛날 옷을 입고 있는 사람이야. 요즘 시대와 눈높이를 맞추려면 내 본 정서와 달리 행동할 때도 있어서 스스로 이중인격자라고 자평하는 사람이다.

심연회원들과는 세대를 뛰어넘어 만나는 셈이지. 삶의 방식이나 살아온 길이 달라 서로 낯설기 그지없지만, 난 회원들과의 인연을 특별한 인연이라 여긴다. 오랜 세월 미운 정, 고운 정, 아주 때 묻은 정이 들어서 눈빛이나 음성만으로도 삭신이 쑤시는 아픔을 감지할 수도 있으니 말이야.

유가의 전통을 고수하신다는 분이 어떻게 그렇게 다양한 세대와 잘 통하시나요?

눈높이를 맞추기 때문이지. 그리고 무엇보다 잘 들어야 한다. 관심 가지고 잘 들으면 보이고, 보이면 맞추어 소통할 수 있단다.

에필로그

책이 마무리될 즈음 철쭉님께 글을 부탁드렸다. 촉박한 일정으로 바쁘신 중에 팔순을 맞이하는 소회를 담아 글을 주셨다.

삶에 대한 연민
-늦은 밤 오랜 벗이 입원한 병동 앞에 앉아

교만과 좌절이 교차하는 인간 세상
영욕의 길에서 한평생을 살았다
꿈결 같은 한나절의 삶이건만 천년이라도 살 듯
이것저것 떼고 나면 단 사십 년도 못 사는 걸

군상들의 홍수 속에 광대들의 무대 위에
주연도 하고 조연도 하며 칼날 위 춤을 추었다
때로 너로 하여 웃고 울었지만
네가 있어 외롭지 않았고 그렇다고 즐겁지만도 않았네
그래도 사람이 좋아 사람을 사랑하다 떠나겠지만
너와 함께한 세월이 발목을 잡는구나
돌아보면 모두가 고맙고, 촉촉한 사람 냄새뿐이라
구름처럼 덧없이 살고 싶었지만 세상인심이 소매를 잡았고

청산은 말없이 살라 했지만 가혹한 현실을 뿌리칠 수 없었네
어떻게 살아야 잘 살아온 것인가!
지사智士에 묻는다

세상이 나를 힘들게 했노라 푸념도 했지만
삶이란 자업자득自業自得이요 자작자수自作自受라,
버리고 체념할 수 없기에 감내하고 보듬는 것, 어디 한두 가지인가

문득 발길 멈추고 바라본 석양이 찬란하구나
누가 노년의 아름다움을 성숙이라 했던가!
성숙보다 더한 것은 겸손이라지만
내 갈 길이 바쁘네

황혼의 먼 길
처음 가는 길이라 서툴고 두렵구나
팔십 년 사는 동안
그 많은 친구, 사랑하는 사람 다 어디 갔는가
길동무가 없어 외롭겠네

(큰산에 기대어 2) **세상 살아가는 이야기**: 어른에게 길을 묻다

초판 1쇄 인쇄 2023년 4월 12일
초판 1쇄 발행 2023년 4월 19일

엮은이 심연희
펴낸이 안현주

국내 기획 류재운 이지혜 **해외 기획** 김준수 **메디컬 기획** 김우성
편집 안선영 박다빈 **마케팅** 안현영
디자인 표지 최승협 본문 장덕종

펴낸 곳 클라우드나인　**출판등록** 2013년 12월 12일(제2013-101호)
주소 우) 03993 서울시 마포구 월드컵북로 4길 82(동교동) 신흥빌딩 3층
전화 02-332-8939　**팩스** 02-6008-8938
이메일 c9book@naver.com

값 20,000원
ISBN 979-11-92966-12-0 03800

* 잘못 만들어진 책은 구입하신 곳에서 교환해드립니다.
* 이 책의 전부 또는 일부 내용을 재사용하려면 사전에 저작권자와 클라우드나인의 동의를 받아야 합니다.
* 클라우드나인에서는 독자 여러분의 원고를 기다리고 있습니다.
  출간을 원하시는 분은 원고를 bookmuseum@naver.com으로 보내주세요.
* 클라우드나인은 구름 중 가장 높은 구름인 9번 구름을 뜻합니다. 새들이 깃털로 하늘을 나는 것처럼 인간은 깃펜으로 쓴 글자에 의해 천상에 오를 것입니다.